文史哲學術叢刊

葉程義著

莊子寓言研究

文史哲出版社印行

莊子寓言研究

目錄

丁、雜篇

二八、讓王

甲、緒論

一、莊子寓言概說

寓言者，有寄託之言也，謂言在此而意在彼也。其表達方式，以比喻法行之，即詩之比也。夫「自吹自擂」之自我吹噓宣揚，不僅不易令人接受，難收成效，且有排斥抗拒，適得其反。蓋世俗之人，各是其所是，非其所非，如瞎子摸象然，終不見眞象也。莊生以寓言說道，亦不得已也。故莊子曰：「寓言十九，藉外論之。親父不爲其子媒。親父譽之，不若非其父者也；非吾罪也，人之罪也。與己同則應，不與己同則反；同於己爲是之，異於己爲非之。」

張默生云：「言在彼而意在此，就叫做寓言。因爲人與人常常有爭勝的心理，我有一種見解，無論怎樣眞切，同輩的人總是不肯承認。譬如說：『知子莫若父。』但是兒子有好處，做父母的不便替他宣揚，若是替自己的兒子宣揚，就是毫無虛語，人家就說你是『內臺叫好』；因此，自己的兒子縱然有好處，還得借外人的譽揚，才能見信於人。這種情形，在莊子看來，是眞理受了委屈；但世俗如此，他也是無可如何的。莊子的寓言，正是處在這種無可如何的當兒而說的。他有時借河伯（河神）和海若（海神）來談道，有時借雲將（雲神）和鴻濛（太初之氣）來說法，甚至鴟鴉狸狌，山靈水怪，無一不可渲爲故事，表達自己的哲學。在莊子全書中，這種寓言的成分佔得最多，所以說：『寓言十九』，就是說寓言的部分佔了全書的十分之九。若是把莊子中的寓言抽出來，作爲硏究的題目，也是十分有趣的事。但是要知道，無論是那一則的寓言，必然有個莊子藏在裏邊，你只要明瞭這個故事，也就懂得莊子的哲學了。大凡人與人是好爭勝的，人與下等動物不一定來爭勝，人與下等動物既無好惡，則下等動物的是是非非，就可得到客觀的評價了。既能得到客觀的評價，則眞理才不至於被掩沒。莊子寓言的功用，正是如是。惟其如此，所以莊子書除了哲學的成分以外，還具有濃厚的文學色彩。」其言闡發莊生之意，頗合我心，故有莊子寓言研究之作也。

莊子一書，寓言佔十分之九，然重言又佔十九之七，似令人費解。張默生云：「莊子書中，往往寓言裏有重言，重言裏也有寓言，是交互錯綜的，因此寓言的成分，卽便佔了十分之九，仍無害於重言的佔十分之七。」其言頗有卓見，誠爲的論。據筆者研究之結果，所謂「重言裏也含有寓言」一語，就形式言，以重言方式表達；就內容言，乃寓言也，故謂之「重言式寓言」耳。至於無論形式內容，皆爲寓言者，則謂之「純粹寓言」，以示區別耳。

重言者，借重古聖先哲時賢，年高德劭長者之言，以令人信服者也。其表達方式，以直敘法行之，亦卽詩之賦也。蓋世俗之人，崇拜偶像，迷信權威，莊生不得不僞託之，以表現其思想者也。其與後世腐儒，託古以自重者，則有天壤之別矣。是故莊生所引古人，或有其人，或無其人；或雖有其人，而無其言；或雖有其言，而非其本義，皆僞託以立意。故莊生筆下之孔子，似有多重人格，明乎此，則不難理解矣。是故莊子之重言，亦卽寓言耳。故莊子曰：「重言十七，所以已言也，是爲耆艾。年先矣，而經緯本末以期年耆者，是非先也。人而无以先人，无人道也；人而无人道，是之謂陳人。」。

張默生云：「重言是借重古先聖哲或是當時名人的話，來壓抑時論的。不過莊子的眞意，並不是崇拜古先聖哲和當時名人的，他是利用世人崇拜偶像的觀念，來借著偶像說話的。那末，『託古改制』之說，我看還是起於莊子。他有時借重黃帝，有時借重老聃，有時借重孔子；歷史上的人物不夠用，他便另造出許多古代的『烏有先生』來，讓他們談道說法，讓他們互相辯論，或褒或貶，沒有一定；但是每一個場合中，必然隱藏著一個莊子。你明白了某一古人的見解錯誤，你自己就當反省，看看有無同樣的錯誤；你服膺了某一古人的理論正確，那知這正確的理論，正同於莊子的所見？自黃帝老聃，以至於牛溲馬勃，無一不是莊子行文的材料，他要你爲他充做什麼，你就不得不隨著他的意想筆端變做什麼。就拿孔子一人來說罷：孔子在莊子書中，可說有數重人格；有時他把孔子抬得高高在上，做了孔子自身的代表；有時他把孔子放到次一等，和老聃關尹差不多（在天下篇中，老聃關尹是一流，比莊子是次一等的。）；有時他把孔子還到本來面目，常常受到老聃的教訓；甚至有時他痛罵孔子，說他假借詩禮的文句去盜發墳墓（外物篇儒以詩禮發冢的大儒，明明是暗指孔子。）莊子對孔子如此，對於其他的古聖先哲，亦無不如此。在莊子全書中，這種重言的成分，也佔得不少，據他自己說，是佔全書的十分之七。我常想：若是把莊子中的重言也抽出來，作爲研究的題目；或是只把論孔子的地方摘出來，標題爲『莊子書中所見的孔子』，加以分析的研究，都是很有趣的。我們若是明白了莊子這個佻皮傢伙，則莊子一書，只可當作莊子這一派的哲學思想看，不能在莊子書中採取別一家的學術史料。往年見某一有名學者，於編著孔子哲學時，也到莊子書中去取材，就未免上了大當！要之，莊子的重言，只是讓許多死鬼替他說話，來恫嚇膽怯無識的人；他自己却退到幕後，和死鬼們唱起了双簧。」其言分析透徹精微，可謂淋漓盡致，於莊生重言之理，表現無遺矣。故學鸚鵡之饒舌，藉以說明也。

余濫竽政大教席多年，每與諸生言及莊子，無不想見其爲人，五體投地，敬佩不已。夫以宇宙舞台譬之，孔子如老生，莊子則如小丑，以喜笑怒罵，道盡人世酸甜苦辣，刻劃人生美醜百態，其逍遙一世，而亦寂寞一生，知音如惠施者，亦僅一人而已，況惠施亦非其眞知也。噫！古來聖賢皆寂寞。何其悲哉！余雖非莊生之知音，然喜讀莊子之書，尤愛其寓言，日夜瀏覽，無不心遊目想，移晷忘倦，逍遙其海濶天空之自由境界，遨遊其漫無邊際之思想領域，浸沈陶醉，怡然自樂！謹就莊子一書，摘錄其寓言，計得一九二則，爲之命題，仍循內外雜篇之序排比，加之剖析，以透視其思想也。茲爲求簡明扼要，一目瞭然起見，特列表敘述於后，以見莊生寓言之含義也。自惟學識譾陋，譌誤遺漏，在所難免；如蒙指正，無任欣幸！

二、莊子寓言表解

類別	篇目	主題	人物	要旨	備註
甲、內篇	一、逍遙遊	1.燕雀焉知鴻鵠之志	鯤魚、鵬鳥、蜩蟬、學鳩、朝菌、惠蛄、冥靈、大椿、斥鴳。	託鯤魚化爲鵬鳥，逍遙海濶天空自由自在之境，而遭蜩鳩之譏笑，以寓燕雀焉知鴻鵠之志。	本節爲純粹寓言（以下簡稱純寓言）
		2.越俎代庖	唐堯、許由、鷦鷯、偃鼠、庖人、尸祝。	託堯讓天下於許由，以鷦鷯偃鼠，尸祝庖人爲喻，言鷦鷯偃鼠，滿足於自然生活；尸祝縱嫌庖人調味不美，亦難以越俎代庖。	本節爲重言式寓言（以下簡稱純寓言
		3.心智聾盲	肩吾、連叔、接輿、神人、瞽者、聾者、堯舜。	託神人無功，喻道人不聞，言形上之道，非耳聞目見，猶聾盲無得乎聲，豈唯形骸有之，心智亦有聾盲。	）重寓言

篇章	人物	內容	類別
4. 宋人資章甫	宋人、章甫、越人、唐堯、四子。	宋人以己之好尚度人，未能忘己，販售殷冠於越，而越俗禿頭赤身，殷帽雖富麗堂皇，然於其何用？以寓徒勞無功，如堯治天下然。	重寓言
5. 不龜手藥	惠子、莊子、魏王、瓠種、不龜手藥、客人、吳王、越人、大樽。	惠子以瓠瓢大而無用，暗譏莊子之言。莊子以不龜手藥，或因以富貴受封，或不免於貧窮洗衣，何不以大瓠爲腰舟，而浮乎江湖，陰射惠子拙於用大也。	重寓言
6. 大而無用	惠子、莊子、大樹樗、狸狌、斄牛、鼠。	惠子以擁腫之樗，無所取材，明譏莊子之言，大而無用。莊子亦設喻作答，言狸狌自以爲智詐便捷，終死於網罟，陰射惠子如自作聰明，亦將受害於社會險惡之陷阱。	重寓言
二、齊物			
7. 天地人三籟	南郭子綦、顏成子游、	言天地人三籟之理：天籟者，自然之聲；地籟者，衆竅之聲；人籟者，人爲之聲。子綦	重寓言

篇目	人物	內容	類別
	人籟、地籟、天籟。	形如槁木，心如死灰，已達忘我之境，如天籟然，物我不分，萬物齊一矣。	
8.朝三暮四	狙公、狙。	以狙公賦芧爲喻，言朝三暮四與朝四暮三，名實未虧，而衆狙喜怒不同之情。	純寓言
9.十日並出	堯舜、宗膾、胥敖、十日。	堯欲伐三國而問乎舜，舜以三子存乎蓬艾，猶十日並出雲霄，各不相礙，高下齊一也。	重寓言
10.齧缺與王倪論是非	齧缺、王倪、鰌魚、猿猴、芻豢、麋鹿、薦蝍蛆、帶、鴟鴉、鼠、猵狙、毛嬙麗姬、至人。	夫以住言：鰌喜濕寢，猿善木處，而人則兩不適宜，究以何者爲安適之處？以食而言：人食蔬菜肉類，麋鹿食草，蝍蛆喜食小蛇，鴟鴉酷嗜腐鼠，究以何者爲美食？以色而言：猵狙配猿，麋與鹿交，鰌與魚遊，人喜美女毛嬙麗姬，然魚鳥見之而遠避，究以何者爲美色？由是觀之，仁義是非利害奚辨？	重寓言
11.瞿鵲與長	瞿鵲、長梧	言聖人遊乎塵垢之外，旁日月而挾宇宙。夫	重寓言

	梧論是非	、孔子、黃帝、時夜、鴞、麗姬、艾封人。	人生若夢，能識大化，破生死，泯是非，則物論又何自而起？	
	12. 罔兩問影	罔兩、景、蛇、蜩。	夫影隨形動，形隨心行，以罔兩問影爲喻，寓世俗之人，焉知形影之主宰，亦即宇宙萬物之道也。	純寓言
	13. 莊周夢蝶	莊周、胡蝶。	以莊周夢蝶爲喻，言物我一體，而證齊物論之極境。	純寓言
三、養生主	14. 庖丁解牛	庖丁、文惠君、牛、刀。	以庖丁解牛，喻順任自然，說明緣督爲經，而寓養生之道。	純寓言
	15. 右師獨足	公文軒、右師、介。	言右師獨足，形殘神全，不怨天尤人，順時安命，乃養生之道。	純寓言
	16. 澤雉飮啄	澤雉	以澤雉飮啄爲喻，雖覓食不易，而逍遙自在，不願入籠而服養，寓善養生者，不以物傷	純寓言

		身，而求精神生活之舒適。	
17. 秦失弔老聃	老聃、秦失。	以秦失弔老聃而不哀爲喩，而寓生死爲一之理。夫視生死如四時之象，自然運行，循環不息，不以生榮死悲，哀樂不入於心，以善養生之道。	純寓言
四、人間世			
18. 顏回見仲尼論處世	顏回、仲尼、衞君、至人、桀、關龍逢、紂、比干、堯、叢枝胥敖、禹、有扈、舜、伏羲、几遽。	言處世之道，毋求名實，不可內直外曲，固執成見，唯有心齋一法。莊子筆下之孔子，一變而爲宣揚莊子學說之道家人物。蓋寄顏孔以顯化導之方，託聖賢以明心齋之道也。	重寓言
19. 葉公問仲尼論處世	葉公子高、仲尼、楚王	以辨外交事，論處世之法。仲尼言爲人處世，其法有二，曰命與義。以孝事親命也，爲	重寓言

	。	天子之依歸；以忠事君義也，爲人事之當盡也。尤當遷合大道，以養其心，順任自然，則雖蠻貊之邦行矣。	
20. 螳臂擋車	顏闔、衞靈公太子、蘧伯玉、嬰兒、螳臂、車轍、養虎者、愛馬者、蚊虻。	夫螳臂擋車，不自量力，自伐其美，必遭粉身碎骨之禍。顏闔恃才以當儲君之勢，何異乎螳螂哉？養虎愛馬，當順其性，而事君亦然，能不愼乎？故曰：形莫若就，心莫若和。此爲其主旨也。	重寓言
21. 櫟樹以不材而長壽	匠石、櫟社樹、文木、相梨橘柚果蓏。	櫟社樹以不材而長壽，蓋無所可用，匠石不屑一顧，免遭斧斤之災。言其所保與衆異，韜光隱晦，以無用爲用，此乃自全之道也。	純寓言
22. 不材之木	南伯子綦、大木、楝梁	商丘大木，一無可取，故免遭斧斤，茁壯長大。宋荊氏楸柏桑，以有用而夭折。白顙之	重寓言

篇名	標題	人物	意義	類別
		、棺槨、神人、楸柏桑、狙猴、牛豚、巫祝。	牛、亢鼻之豬，痔病之人，以不祥享年。子綦因之而悟神人以不材全生。	
	23. 支離疏以奇醜而享年	支離疏、武士。	借支離形殘之人，以喻支離其德之義。支離疏雖奇醜無比，然其神則完美無缺，而以身殘形缺，足以養身，終其天年，頗有塞馬失馬之意。	純寓言
	24. 楚狂接輿之歌	孔子、接輿、鳳、聖人、迷陽、山木、膏火、柱漆。	借接輿之歌，以寓人皆知有用之用，而莫知無用之用也。夫人處亂世，應知趨吉避凶，養生全身。山木自寇，膏火自焚，食桂可伐，用漆可割，人爲財死，鳥爲食亡，名利喪身，此皆咎由自取也。	重寓言
五 德充符	25. 王駘形殘而德全	王駘、仲尼、常季、松柏、舜。	王駘能保守本性，忘去形骸，雖形體偏殘，然內德充實；循外以葆中，即體以證道；自然心地活潑，而眞機流露；宜乎立不敎，坐	重寓言

篇目	人物	寓意	類別
		不議，即收潛移默化之功也。	
26.子產羞與兀者同行	申徒嘉、鄭子產、伯昏無人、鑑、賢人、堯、羿。	借子產羞與兀者同行，寓申徒嘉安命自得，形骸可外之意。夫世間刑網，籠罩人類，猶處於羿之射鵠中，或不幸而中，或幸而不中，然而不中者命也。前者固不必有所怨尤，後者亦不可譏笑他人。應當安天任命，視軀殼爲寄寓，等富貴如浮雲，勿忘生命之本源，而惟內德之是務。	重寓言
27.無趾以名聞爲桎梏	叔山無趾、仲尼、老聃、桎梏。	無趾不惟重德輕身，而且生死可齊，是非善惡可忘，視名聞爲桎梏，與孔子之不忘現實，而侈談仁義者，爲强烈之對比矣。	重寓言
28.婦人競爲哀駘它媵妾	魯哀公、仲尼、㹠子、閔子。	哀駘它形雖奇醜，內德具足，令人益覺其可愛，而忘其形體，丈夫爭與爲友，婦人競與爲妾，蓋其德也。	重寓言
29.靈桓悅醜者視全人	闉跂支離無脤、衞靈公	虛構奇醜之人，而寓德有所長，而形有所忘之義。靈桓因愛其無形之美德，而忘其有形	純寓言

		、齊桓公。	之醜態也。	
	30.惠子與莊子論人情	惠子、莊子。	夫不能忘形，又不能忘情之人，徒具全形，不知內充其德，外神勞精，以致形怠心倦，終成可憐之態，此中得失，不言而喻，安能與殘疾之人相比，而德充於內，應符於外哉！	重寓言
六、大宗師	31.道無所不在	狶韋氏、伏戲氏、維斗、日月、堪坏、馮夷、肩吾、黃帝、顓頊、禺强、西王母、彭祖、有虞、五伯、傅說、武丁。	借狶韋氏等人物，說明道無所不在之意。筆下諸神，半屬子虛，但取以寓意，不暇論也。莊子所謂之道，非造物主上帝，而是宇宙事物之原理，不受時空之限制，故道無所不在也。	純寓言

篇名	人物	內容	類別
32.南伯子葵問道於女偊	南伯子葵、女偊、卜梁倚、聖人。	借南伯子葵問道於女偊，說明學道之次第。女偊年高而色如孺子，蓋有道之人，無是非利害患得患失之心，無憂無慮，悠閒自得，道蘊於內，而形諸於外，自然容色佳美也。	重寓言
33.祀與犂來四友	子祀、子輿、子犂、子來、鷄、彈、鴞、輪、馬、鼠肝、蟲臂、鏌鋣、大鑪、大冶。	子祀、子輿、子犂、子來四子，以生死存亡爲一體，結爲莫逆之友。夫生老病死，爲人生莫大之痛苦，生樂死苦，爲人之常情，孰能看破生死哉？子輿患病，奇形怪狀，不僅毫無怨言，且心地坦然，言化左臂爲鷄，因以司晨報曉；化右臂爲彈，因以求鴞炙，化尻爲輪，以神爲馬，因以乘之，何其灑脫哉！	純寓言
34.臨尸而歌	子桑戶、孟子反、子琴張、孔子、子貢、贅疣	寓託方外三士，借孔子之口，說明相忘生死之理。以魚相忘乎江湖爲喻，言人相忘乎道術之理。是故子桑戶死，其友臨尸而歌也。	重寓言

	、疣癰、魚、畸人、小人、君子。		
35. 孟孫才母喪不哀	顏回、仲尼、孟孫才、鳥魚。	夫人生若大夢，夢爲鳥而厲乎天，夢爲魚而沈於淵，此與莊周夢爲蝴蝶而栩栩然，頗有異曲同工之妙。孟孫氏盡方內之禮，行方外之道，視塵世若大夢，生死變滅無常，所以不必生樂死悲，大有不可知論之味。推其主旨，歸依自然，安排而任化，與大道冥合。	重寓言
36. 意而子見許由論仁義	意而子、許由、堯、盲者、瞽者、無莊、據梁、黃帝。	借重古賢人之言，揭示大宗師之主旨，以見仁義是非之害道也。老子云：大道廢，有仁義。吾人必須忘去仁義，泯除是非，以涉道之藩籬，冀以升堂入室。是故，學道，必先排除成見，易心誠心與虛心；傳道，必須愼重將事，因材施教，不可忘授及躐等，如意而子與許由者，足以爲人師法矣。	重寓言

37.顏回忘我	顏回、仲尼。	借孔聖顏賢之對話，說明坐忘之義。坐忘與心齋雷同，亦即忘我之意。夫人之患，患在有我，人若無我，離形去智，則無禍福利害是非苦樂之可言矣。	重寓言
38.子桑鼓琴而歌	子輿、子桑。	夫萬物生存死亡，得失禍福，皆爲命也。萬物之所以爲萬物，可謂之命；萬物之各有其形性，可謂之分。吾人若能安分守命，即合乎自然，合乎天道。自然天道，二而一也。夫子桑之安分守命，安貧樂道，取法於大宗師，以人合天也。	重寓言
七、應帝王			
39.齧缺問道於王倪	齧缺、王倪、蒲衣子、有虞氏、泰氏。	借齧缺問道於王倪，說明治理天下，不可藏仁以要人；應當體道而行，絕去物累。道本不可知，而知者非道；道亦不可言，而言者非道。道合乎天，而人歸之，此應帝王之首義也。	純寓言
40.肩吾見接輿	肩吾、接輿	借接輿之言，說明內聖外王之義。言以法度	重寓言

與論法治	、日中始、聖人、蚊、鳥、鼷鼠。	治國，猶涉海鑿河，使蚊負山。夫治天下，當正己以正百物，是治內，非治外；是治本，非治標；由體而用，由內聖而外王也。	
41. 無名人論治天下	天根、無名人。	借無名人之口，說明治天下之理，應順物自然，而無容私。夫治理天下，當無欲無私，清靜無爲，先有出世之心，然後始可入世爲治。	純寓言
42. 老聃論明王之治	陽子居、老聃、聖人、虎豹、猿狙、斄狗。	借重古聖老聃之名，說明治理天下，立乎不測，遊於無有之理。夫治理天下，不可自居功德，自揚名聲，當無心任化，以盡其無爲而爲，爲而不爲之理。虎豹以文獵，猿猴以敏繫，庶人無罪，懷璧其罪，知能足以招禍，宇宙萬物，莫不皆然，豈可不愼乎！	重寓言
43. 壺子四相	季咸、鄭人、列子、壺子。	借重列子之賢，壺子之口，示神巫季咸以四相：地文、天壤、太沖莫勝、萬象俱空之境。夫人之喜怒，不形於色，心如死水，形如	重寓言

			搞木，如壺子者，神威豈能測知？善治天下者，亦當以壺子爲法。	
	44. 一竅不通	儵、忽、渾沌。	借儵忽爲渾沌鑿竅而死之故事，以寓有爲而治，違反自然、於事無補，足以衰生。此喻揠苗助長，違反天性，愛之惜以害之也。人類之愚蠢，有如儵忽者，比比皆是，自以爲聰明，實則一竅不通，當知老子大智若愚之言，而爲惕勵也。	純寓言
乙、外篇				
八、駢拇	45. 臧穀亡羊	臧、穀、羊、伯夷、盜跖。	以臧穀亡羊爲喻，寓殘生損性之義。夫伯夷盜跖爲名利而亡身，臧穀爲讀書博塞而亡羊，其理一也。推而廣之，小人殉利，士人殉名；大夫殉家，聖人殉天下，其理一也。世俗之人，爭名逐利，終以名利亡身，與臧穀之亡羊何異？	純寓言
九、馬蹄	46. 伯樂陶匠治馬埴木	伯樂、馬、陶者、埴、	以伯樂善治馬，陶匠善治埴木爲喻，寓苛政猛於虎之意。夫馬自由生活於原野，爲其眞	純寓言

篇名	寓言	人物	內容說明	類別
		匠人、木。	性，伯樂自以爲善治馬，結果殘害馬之生命；陶匠自以爲善治埴木亦然。是故伯樂治馬，陶匠之治埴木，亦猶人君之治天下也。	
十、胠篋	47.盜亦有道	盜跖之徒、盜跖。	以盜亦有道，寓大盜竊國之意。夫竊鉤者誅，竊國者侯，其竊一也，而有天壤之別。如田成子者，不僅竊齊國，並盜聖智之法以護身，其與跖何異？禮法既爲繩小民有餘，防大盜不足，故主張莫若絕棄聖智禮法，以免爲大盜所乘；而慨乎言之：聖人生而大盜起，聖人不死，大盜不止。	純寓言
十一、在宥	48.絕聖棄知而天下治	崔瞿、老聃、黃帝、堯舜、讙兜、三苗、共工、三王、桀跖、曾史、	借重古聖老子之言，說明絕聖棄知而天下治之理。夫人心內而好勝向上，外而虛僞善變，則忽冷忽熱，動靜無常，喜怒不一。故應使人心靜如止水，無攖人心也。黃帝以仁義攖人心，堯舜矜其血氣以規法度，於是愚智相欺，善否相非，禮教刑具叢生，天下大亂	重寓言

	儒墨。	，罪在攖人心。統治者黥鼻五刑，遂使鐐銬刑戮成衢，殊死者相枕，殘兀滿路，慘酷之狀，觸目驚心。仁義聖智復爲統治工具，成爲刑具之楔木孔柄，在此慘絕人寰之人間地獄，不得不感慨系之，而發出絕聖棄智之嘆息矣。	
49.廣成子論修道永生	黃帝、廣成子、至道。	借廣成子之言，說明至道之精，在於治身永生之理。夫物之形質，非至道之精。至道之精，靜寂無形，目無所見，耳無所聞，可以養生。至道無窮，深不可測，與日月同光，天地並存。夫形而上之道，先天地而有，充塞乎宇宙萬物之中，不受時空之局限，不生不滅者也。	重寓言
50.鴻蒙論養心	雲將、鴻蒙。	藉雲將鴻蒙之問答，說明徒處無爲而物自化之理。夫道家崇尚無爲，順乎自然；故凡人爲之治，謂亂天之經，逆物之情，玄天弗成；	純寓言

			解獸之羣，而鳥皆夜鳴；災及草木，禍及止蟲。惟有養心，物固自化。	
十六、天地				
	51. 黃帝遺玄珠	黃帝、玄珠、知、離朱、喫詬、象罔。	借黃帝遺玄珠故事，喻無心得道之理，頗有阿難拈花微笑，而覺佛理；六祖棒喝，頓悟禪機。夫以玄珠喻道，以知喻心智，以離朱喻目，以喫詬喻耳，以象罔喻無心。言有心尋玄珠，反不可得，因道非耳目所能見聞也。唯有棄除心機智巧，於靜寂無心之中，方能體會大道。	純寓言
	52. 許由論治亂之率	堯、許由、齧缺、王倪、被衣。	借重堯與許由之問答，說明治爲亂之率也。夫堯欲以齧缺配天命而爲天子，許由謂其師齧缺聰明過人，以人爲而棄自然，審乎禁過，而不知過之所由生，禍亂之賊也。	重寓言
	53. 華封人論壽富多男子	堯、華封人、鶉鷇。	借華封人之言，說明聖人隨遇而安，順乎自然，如鶉居鷇食，鳥行無迹。夫多男子，若不施以良好教育，造就其材，不堪援之以職	重寓言

		，如今之不良少年然，爲非作歹，禍延父母，則豈非有多懼之患？若爲富不仁，驕奢淫逸，小則傷身，大則喪命；或庶民無罪，懷璧其罪，則豈非有多事之患？若長壽處世，競於名利，奔走鑽營，患得患失，勢必自取其辱，則豈非有多辱之患？唯有羽化登仙，至於帝鄉，則三患莫至，何辱之有？	
54.子高責禹德衰刑立	堯、伯成子高、舜、禹。	借子高之言，說明刑立德衰之理。禹治天下，子高責以行刑政，指桑罵槐，以譏後世之君也。	重寓言
55.孔子問道於老聃	孔子、老聃、狸狗、猿狙。	借孔子問道於老聃，說明統治者當忘己之理。夫人之患者，患其有身，因其有身，而不能忘我，故爲物之所役也。如胥吏治事，爲技能所累，案牘勞形，苦骸心神。獵犬捕狸，因技受縶，焦急憂思。猿猴因靈巧，捕於山林，此皆不能忘己之故也。	重寓言

56. 將閭葂見季徹論政	將閭葂、季徹、螳螂、車軼、堯舜。	借將閭葂見季徹論政，說明大聖之治，順乎民性，滅其賊心，進其獨志之理。夫爲政之理，使民順乎自然而心安理得。若違反自然，猶東施之效顰，醜態畢露矣！爲政之理，何尚不然也。	重寓言
57. 渾沌氏之術	子貢、丈人、孔丘、渾沌氏。	借爲圃者之言，申說爲政者當去機心而反樸歸眞。夫道無機心，聖人之道神全者也。渾沌氏之術，明白入素，无爲復朴，體性抱神。道家崇尚自然，反對人爲，桔槔挈水雖利，然以人爲，故圃者不屑爲之；抱甕灌園雖苦，然以合乎自然，故圃者樂而爲之也。	重寓言
58. 苑風論聖治神德	諄芒、苑風、德人、神人。	借諄芒遇苑風，言聖治、德人、神人之理。聖治自爲而化、德人無是非美惡，神人萬物復情。夫返樸歸眞，爲道家之最高境界。人以物質之欲望，迷失本眞。陽明之明心見性，禪宗之勤拭明鏡，頗有異曲同工之妙。六	純寓言

		祖之本無一物，境界益高，與老子無名之道同矣。	
59. 赤張滿稽論政	門無鬼、赤張滿稽、有虞氏、武王、禿病、孝子、慈父、聖人、野鹿。	借赤張滿稽論政，言至德之世，人民相愛於自然之境。夫禿頭，才需戴假髮；有病，才需飲湯藥；天下混亂，才需仁義忠信以治民，故至德之世，行而無迹，事而無傳，毋須仁義忠信之治；猶健康之人，毋須湯藥之療也。	純寓言
60. 厲人夜半生子	厲之人、子、木、犧尊。	以厲人夜半生子爲喻，言醜婦亦冀生美女，惡人亦期爲善也。此皆人之本性，雖一時因物慾而迷失，然皆有浪子回頭，迷途知返之日耳。至於百年之木，破而爲二，一爲廟堂之犧尊，一爲溝壑之棄木，貴賤榮辱不同，然其喪失本性，同爲之枯，兩者無異耳，此猶臧穀之亡羊也。	純寓言

十三、天道

篇目	人物	內容	類別
61. 堯舜論王天下	堯舜、黃帝。	言王天下者，法乎天地之理。夫天何言哉？四時行焉；地何言哉？百物生焉。春夏秋冬，循環不已；宇宙萬物，生生不息。此皆自然之理，何庸揠苗助長哉！爲政之道，亦復如是也。	重寓言
62. 擊鼓求亡子	孔子、子路、老聃、亡子。	言高舉仁義，猶擊鼓而追捕逃亡之人，鼓聲愈大，而亡子其奔愈速，則適得其反，以喻雖欲求道，而離道愈遠。夫仁義爲人爲所定之標準，儒家貴人本主義，一切以人類爲中心，其是非好惡，皆以人之利害關係而言，所謂益蟲害蟲者，無不以人之主觀而謂之，若以蟲之本身言，何有益害之理？道家貴自然主義，人類亦爲萬物之一，與萬物一視同仁，則人之與螻蟻地位相等，有何高下之別，故莊子謂仁義亂人之性。	重寓言
63. 士成綺見老子	士成綺、老	言修身應去智巧驕泰。老子無聖人之仁，神	重寓言

老子問修身

子。

聖之人無智巧。智慧巧黠，傲容外現，皆非本性也。夫老子云：道可道非常道，名可名非常名。故曰子呼我牛也而謂之牛，呼我馬也而謂之馬。牛馬皆名也，若未定名前，呼牛爲馬，呼馬爲牛，皆可也；若一旦定名，則不可易也。士成綺譽之爲聖人，毀之非聖人，老子皆漠然無動於衷，不計毀譽，非常人所能及也。

64. 輪扁斲輪

得手應心

桓公、輪扁、聖人、古人、糟魄。

輪扁以斲輪爲喩，以道之不可言傳也。佛家云：如人飲水，冷暖自知。宇宙間事理，頗有不可言傳者，蓋口舌之代心，尚不能說明，何況文字之代口舌者也，又何能表達哉！孟子云：盡信書，不如無書。禪宗之不立文字，又豈無微旨哉！是故，吾人讀書，不可咬文嚼字，僅求文字之表面，應去其糟粕，取其精華，透視文字內涵之意義，心領神會

重寓言

		其無形之原理，方得其中三昧矣。	

十四、天運

65.巫咸袑論爲政	巫咸袑。	夫天地運行，日月輪轉，雲雨風化，萬物動靜，全賴六合五行，自然之象，順治逆凶，爲政之道也。莊子於天地宇宙之觀念，頗合今日自然科學思想，已無天帝鬼神之迷信色彩，可見神權思想已漸趨沒落矣。	純寓言
66.莊子論至仁無親	商大宰蕩、莊子、虎狼、堯舜。	莊子言至仁無親，老子謂天道無親，句法相似，意義亦同。其謂至仁者一視同仁，無所偏愛。故老子云：天地不仁，以萬物爲芻狗；聖人不仁，以百姓爲芻狗。	重寓言
67.黃帝奏咸池之樂	北門成、黃帝、有焱氏。	借北門成與黃帝論樂，言心隨樂而變化，此以樂喻道也。	重寓言
68.東施效顰	孔子、顏淵、師金、芻狗、舟車、桔槔、三皇	夫禮義法度，應隨時空而改變，不可食古不化，蓋古今異風，中外異俗，莊子舉例取譬，頗爲淺顯適切，以芻狗、舟車、桔槔、櫨梨、猿狙、妍醜爲喻。首言取先王陳狗，拾	重寓言

	五帝、柤梨橘柚、猿狙、周公、西施、醜人、富人、貧人。	古人牙慧，已不適時也。水行用舟，陸行用車，自然之理也。行周禮於魯國，猶推舟於陸，不適於地，因空間不同也。桔槔引舍，隨之俯仰，柤梨橘柚，甘苦可口，皆適性而變化也。否則，如猿狙而衣周公之服，東施捧心而矉其里，爲有識者之所竊笑矣！	
69.老子論采眞之遊	孔子、老聃、聖人。	言孔子求道而不可得，老子告以采眞之遊，返樸歸眞之理。夫道無形，無可觸摸，耳目所不能見聞，然其充塞乎天地宇宙萬物之間，故曰使道而可獻進，則人莫不獻進於其君親；使道而可告與人，則人莫不告與其兄弟子孫也。	重寓言
70.老子語仁義	孔子、老聃、糠、蚊虻、鼓、鵠、烏、魚、龍	言仁義皆亂人心之理。夫白鶴之羽，不須日日洗而白；烏鴉之毛，不須日日染而黑；黑白之色，質性自然。仁義亂心，失其眞樸，猶三皇五帝之治天下也。	重寓言

		、子貢、三皇五帝、聖人、堯舜禹湯、文王、紂、武王、黃帝、蠣蠆、獸。		
	71 六經乃先王之陳迹	孔子、老聃、白鶂蟲、類、鳥鵲、魚、細要。	言六經乃先王之陳迹。夫痕迹，猶言足跡鞋印，而非足與鞋也。六經爲先王之事迹，而非先王之道也。	重寓言
十五、刻意	72. 干越之劍	水、劍。	以干越之劍，寶而藏之，珍惜愛護，不敢輕用，以喻養神之道也。夫身體髮膚，受之父母，不可毀傷，而況精神者乎！世俗之人，爭名逐利，勞形傷神。終日沈迷於歌臺舞榭，陶醉於聲色犬馬之中，或身敗名裂，或毀	純寓言

身喪生，可不愼哉！

十六、繕性	73.去性從心	燧人、伏羲、神農、黃帝、唐虞。	借燧人伏羲、神農黃帝、唐堯虞舜，說明道德衰落，每下愈況，離道求善，行險背德，終棄本性，順從心慾矣。	重寓言
十七、秋水	74.河伯與海若論道	秋水、百川、牛馬、北海、仲尼、伯夷、蛙、蟲、冰、曲士、石木、丘山、稊米、太倉、舟車、豪、天地、三王、五帝、仁人、任士、大	借河伯與海若對話，推演齊物論之意義，旨在反樸歸眞，勸人無以人滅天，無以故滅命，無以得殉名。夫宇宙事物，是非善惡，大小美醜，甚難以一定標準衡量，蓋以時空之關係，中外古今觀念不同；或以思想情感之因素，喜怒哀樂，好惡各異。世俗淺薄之徒常以己爲是，以人爲非，此猶瞎子摸象，永不見眞象也。蓋宇宙事物，均具有是非美醜，陰陽善惡之兩面，無法舍惡而取善，舍醜而取美也。且以善惡美醜，均以時空人爲而異，非一成不變者也。至於是非善惡，亦非常人所能分也，必須有大知之人，始可辨別也	純寓言

	人、門隷、道人、堯桀、虞舜、之噲、湯武、白公、梁麗、騏驥驊騮、鼠、狸狌、鴟鵂、蚤、纂夫、義徒、水火、禽獸。	。庸俗之徒，誤以莊子無是非善惡，則又不如何伯矣。夫無是而不明其非，無善而不明其惡，如東西之相反，而不可以相無，即無東方不能定出西方，反之亦然。其他美醜之理，善惡之道，陰陽之別，男女之分，亦復如是也。	
75. 夔蚿蛇風相憐	夔蚿蛇風、心、唾者、珠、霧、大木、大屋、聖人。	以夔蚿蛇風之對話，喻無形勝有形之理。夫風無形而行，雖衆小不勝，不能勝人手足之所指，然折木蜚屋，爲大勝者，唯聖人能之。夫人忍小忿而就大謀，此猶風也。老子云：柔弱勝剛强。風雖柔弱無形，然無物不能	純寓言

		摧毀也。	
76. 孔子困於匡	孔子、宋人、子路、堯舜、桀紂、蛟龍、漁父、兕虎、獵夫、烈士、聖人、陽虎。	借重孔子之言，以述莊道，言窮通時命也。夫窮困，命也；不達，時也。堯舜桀紂，無窮通人，非知得失，時勢適然。漁父獵夫，不避蛟龍兕虎，烈士視死若生，聖人不懼大難，知窮通有時命。此順乎自然，聽於天命，老莊之思想也。	重寓言
77. 坎井之蛙	公孫龍、魏牟、莊子、坎井、蛙、東海、鼈、虷蟹、科斗、禹、湯、蚊、商蚷、	借公孫龍與公子牟之對話，頗似河伯與海若之言，喻無以得殉名之理。公孫龍如河伯之多於水，以堅白同異之說，服衆人之口，及聞莊子言，自感弗如也。次以井蛙海鼈之對話，井蛙坎井之樂，海鼈言海之大，不以旱災而枯竭，不以水災而盈滿。夫莊子之言，如海之汪洋，欲窺其究竟，則如蚊負山，商	重寓言

	管、天、錐、地、壽陵餘子。	蚷馳河，以管窺天，用錐刺地也。	
78. 楚之神龜	莊子、楚王、神龜、二大夫。	借莊子與楚使對話，以楚之神龜爲喻，言莊子適性自然也。夫卿相，尊位也；千金，重利也，人人之所欣羨也，而莊生棄之如敝履，其淡泊名利之情，溢於言表，流於翰墨矣。	重寓言
79. 鵷雛之志	惠子、莊子、鵷雛鳥、梧桐、練實、醴泉、鴟、腐鼠、梁國。	莊子以梁相喻如腐鼠也。夫燕雀焉知鴻鵠之志，莊子以鵷雛自喻，止於梧桐，食於練實，飲於醴泉。言鳳鳥擇木而棲，君子擇主而侍。以鴟喻惠子，以腐鼠喻梁相。夫卿相尊位，千金重利，然莊子視之，猶敝履腐鼠也。	重寓言
80. 儵魚之樂	莊子、惠子、儵魚。	莊生因物我一體，故知魚樂，如夢蝴蝶然，栩栩然如莊周也。惠子未能忘我，爲外物所	重寓言

		役，追逐於名利之途，豈能體會儵魚悠閒自得之樂境哉！	
十六、至樂			
81 莊子妻死鼓盆而歌。	莊子、惠子	莊子妻死，始有悲戚之心，此人之常情也。察其始本無生，變而之死，猶春夏秋冬四時之循環不息也，此非常人之所能諒察也。明乎此，莊子妻死，鼓盆而歌，庸俗之人，焉能知之。惠子之責，莊子之歌，又何足怪哉！	重寓言
82 滑介叔左肘生瘤	支離叔、滑介叔、黃帝、瘤。	以左肘生瘤之故事，喻人生應順時變化。夫人之喜美厭醜，此常理也。左肘生瘤，無不惡之，惡之又有何用？不僅於事無補，徒增煩惱而已，不如順其變化，曠達心境。蓋人生不如意之事，十常八九，左肘生瘤，以喻逆境中之波折而已，凡事皆作如是觀，則可逍遙於人世矣！	純寓言
83 髑髏之言	莊子、髑髏	莊子借髑髏之言，喻死無生人之累患，其樂	純寓言

編號／篇名	人物	內容	類別
	。	之情，勝於南面而王也。夫螻蟻尚且偷生，而人生不如死，以死爲解脫，上無暴君苛政之患，下無臣民生計之累，亦無一年四季春夏秋冬之勞苦工作，無拘無束，逍遙自在於大自然之中，縱使南面爲王，亦不及此樂耳。莊生身處亂世，目覩民生疾苦，故借髑髏之言，發此感慨耳。	
84. 魯侯養鳥	顏淵、孔子、子貢、管子、回、齊侯、堯舜、黃帝、燧人、神農、海鳥、魯侯、鰌鯈。	以魯侯養鳥，而喻適性自然之理也。夫鳥棲森林，獸居深山，各得其宜，其樂融融。若金絲雀之受人寵愛，金衣玉食，養尊處優，雖滿足於物質生活，然精神不得自由，終於羽毛無光，憔悴而死於金籠矣。是故養鳥之道，宜棲之山林，若以養人之道而養之，則愛之惜以害之也。	重寓言
85. 百歲髑髏	列子、髑髏	借列子見髑髏之感言，喻生死若一，憂樂無	重寓言

篇名	編號及標題	人物	說明	類別
		。	異，不以生歡，不以死悲也。莊子以髑髏為知音，何聖人之寂寞也，蓋以曲高而和寡乎？	
九、達生	86. 醉者墜車	列子、關尹、至人、醉者、聖人、復讎者、忮心者。	以醉者墜車，雖疾不死為喻；說明至人神全，莫之能害之理。夫嬰兒墜樓，雖傷不死，因嬰兒不知墜樓之險，故恐懼死亡暗陰不入於心，雖皮傷骨折，不致於死，反之亦然。如死囚臨刑，間有刀鎗未入，毫髮未傷，而已魂飛魄散，其故安在？恐懼死亡之情，已入於心也。	重寓言
	87. 駝子捕蟬	仲尼、痀僂者、蜩。	借痀僂丈人捕蟬之道，說明專心一志，聚精凝神，萬事無不克之理。夫駝者捕蟬，由於累丸不墜，捕蟬如拾取，此言其技之精也。身如木樁，臂如槁枝，此言心定也。萬物雖多，唯知蜩翼，不反不側，心無二念，安神定志，不以萬物易蜩翼，故捕蟬如反掌之易	重寓言

篇名	人物	寓意	類別
		，如探囊取物之便。夫神乎其技，安心定志，此乃駝者捕蟬之道也。	
88. 船夫駕舟	顏淵、仲尼、津人、游者、沒人。	以津人操舟若神爲喻，說明就外物所役者，則內心笨拙也。夫善泳者，易習操舟，因忘水也；潛水者，見舟便操，視淵若陵也。以瓦注者巧，以鉤注者憚，以黃金注者殙，蓋投鼠而忌器，外重而內拙也。	重寓言
89. 養生若牧羊	田開之、周威公、祝腎、單豹、嬰兒、餓虎、張毅、仲尼。	田子以養生若牧羊，鞭其後者爲喻；說明養生之道，應內精外形並重，矯正其不及之理。夫單豹養生，偏重修心，行年七十，色如嬰兒，餓虎食之，何其不幸！此不重於外之過也。張毅養生，偏重修身，行年四十，熱病喪生，何其悲哉！此重於內之過也。是故，吾人養生，應體德兼修，身心並重也。	重寓言
90. 祝宗人說彘	祝宗人、彘。	以祝宗人說彘，言祭祀之豬，豢養三月，死供彫俎之上爲喻，而諷權貴人物，惑榮華而	純寓言

		遭害，逐權位而取禍，雖生有軒冕之尊，而死得腞楯之上，其與夫豬何異！	
91 桓公見鬼患病	桓公、管仲、鬼、皇子告敖、履、髻、雷霆、倍阿鮭蠪、泆陽、罔象、莘、夔、彷徨、委蛇。	以桓公見鬼而病爲喻，說明心神不寧而患病，心神釋然而病癒。夫心中有鬼，心神恍惚，而幻象現乎前，致憂慮而患病，皇子以心理治療，探知病源，對症醫治，可謂與現代精神科之醫師媲美矣！	重寓言
92 紀省子養鬪鷄	紀省子、王、鷄。	以紀省子爲王養鬪鷄爲喻，說明養神之理。夫養神之理，猶養鷄也，去其虛憍盛氣，安靜沈着，形似木鷄，其德全矣。	重寓言
93 呂梁泳者	孔子、黿鼉、魚鼈、丈夫	以呂梁泳者爲喻，說明安習成性之理。夫急流而泳，神乎其技，此無它，生於陸而安於	重寓言

	。	陸，是故常；長於水畔而安於水，是習性；不知所以然而然，是命定，順乎水之自然本性也。豈唯游泳，萬事皆然矣。	
94. 梓慶削木爲鐻	梓慶、鐻、魯侯。	以梓慶削木製鐻爲喻，說明成器之理。夫梓慶爲鐻，猶鬼斧神工。其將爲鐻，蓄精養銳，齋戒靜心。復去慶賞爵祿，毀譽巧拙，輒然忘我，則無患得患失之心。公無顧慮，技巧專一，外慮消失，然後入山採木，以其本性，應合樹木自然，故成巧奪天工之鐻也。其唯爲鐻，萬事皆然矣。	重寓言
95. 東野稷御馬	東野稷、莊公、顏闔、馬。	以東野稷御馬而敗爲喻，說明凡事應順乎自然，不可勉强而爲，若有意矜勢誇能，耗神過度，若馬力竭而困敗也。夫宇宙事物，不宜强求，適可而止；若違反自然，勉强爲之，追逐於名利之途，則必勞形傷心，身敗名裂，有違達生之道矣。	重寓言

96.工倕畫圖	工倕、規矩、足、屨、要、帶。	以工倕手指旋轉而與規矩合爲喻，說明忘適之適之理。夫倕工畫圖，指與物化，精巧絕倫，融合爲一。忘足適屨，忘腰適帶，忘是非適心，內心專一，外不役物，而致忘適之適也。	純寓言
97.扁子論至人之德	孫休、子扁慶子、至人、聾盲跛蹇、鳥、魯君、太牢、九韶、委蛇、䑕、車馬、鴳、鐘鼓。	借孫休與扁子對話，以魯侯養鳥，車馬載䑕，鐘鼓樂鴳爲喻，言孫休不適於論至人之道。夫至人之行，忘去形體，遺棄聰明，超乎塵外，逍遙無爲之境也。然孫休以駑愚飾知，以明汙修身，若擧日月之照明而行，得保形體無缺，亦幸運矣，又何怨天尤人哉！	重寓言
廿、山木			
98.木以不材壽	莊子、大木、豎子、雁、弟子、主	莊子以山木不材得終其天年，雁以不材死爲喻，言處世之道，唯有如龍蛇與時俱化。夫木以不材壽，雁以不材夭，其因相同，其果	純寓言

	人、龍蛇、神農、黃帝。	不同。究其原因，蓋時空因素之不同，表面視之，兩者皆爲不材，然詳之，則不同也。就空間言，木處於山中，詳析無所可用，砍伐運輸，勞命傷財，故不取也，得享其天年。雁處於平地人家，雖其不善鳴，然其肉美味可口，可作食物，故殺而烹之。反之，若易地而處，則兩者壽夭不同矣。	
99.豐狐文豹以皮亡身	市南子、魯侯、豐狐文豹、罔羅機辟、皮、堯。	市南子以豐狐文豹爲喻，言魯國之君位，如狐豹之皮，爲禍患之因也，唯有虛己以處世也。夫庶民無罪，懷璧其罪，狐豹以皮禍，鹿以角災，象以牙害，紅顏薄命，君位亡身。諸如此類，不勝枚舉也。	重寓言
100.北宮奢賦斂爲鐘	北宮奢、衞靈公、鐘、王子慶忌。	以北宮奢賦斂製鐘爲喻，言專心一志，而無雜念，豈唯爲鐘，萬事皆然。夫爲政之道，順任自然，毋巧立名目，苛捐雜稅，榨取民	重寓言

編號	人物	說明	出處
		脂民膏；若北宮奢摹款爲鐘，皆順乎民心，自由樂捐，是故鐘成而民無損，何況用大道化民，則民益順矣。	
101. 甘井先竭	孔子、大公任、意怠、直木、甘井。大成之人、至人、弟子。	以東海之鳥爲喻，言不死之道，唯有去功與名。夫東海之鳥，不敢爲天下先，故能免患；而直木先伐，甘井先竭，豐狐文豹，鹿角象牙，皆若世間之功名利祿，有則患之；應若去水火然，速避免禍，方能達養生之道。	重寓言
102. 棄千金之璧	孔子、子桑雽、假人。林回、璧、赤子、水、醴、舜。禹。	以假人逃亡，棄璧負子爲喻，言以利合者，禍患相棄，而以天屬者，患難相共。夫君子之交淡若水，小人之交甘若醴，君子以義合，故淡以親，小人以利合，故甘以絕。中國人言義，西方人言利，故國際之間，無道義可言，唯有利害而已。明乎此，假人棄璧負子，與夫見利忘義，何足怪哉！	重寓言

103. 莊子衣弊履穿	莊子、魏王、衣履、騰猿、枬梓豫章、羿、蓬蒙、柘棘枳枸、比干。	以騰猿行於荊棘爲喻，言處昏君亂相時期，唯有安貧樂道。夫猿猴跳躍於枬梓豫章，何其逍遙自在，一旦行於荊棘叢中，恐懼戰慄，何其悲哉！比干剖心，悽慘在目；悲痛之情，流於翰墨。莊生以騰猿自喻，枬梓喻太平，荊棘喻亂世，其衣弊履穿，亦不得已也。孔子云：富與貴，人之所欲也，不以其道得之，與我如浮雲。俗云：寧作太平犬，毋作離亂人。痛哉斯言！噫！莊生之生不逢辰，何其哀哉！	重寓言
104. 孔子窮於陳蔡	孔子、顏回、鷾鴯、聖人。	以困厄陳蔡而歌爲喻。言處逆境當怡然自得。夫人處逆境而怡然，不怨天尤人，安貧樂道，順乎自然，非常人所能及也，唯有君子固窮，小人則窮斯濫矣。	重寓言
105. 螳螂捕蟬	莊周、異鵲、蟬、螳螂	以螳螂捕蟬，異鵲在後爲喻，言美蔭得利，而忘其身形眞性。夫螳螂捕蟬，異鵲在後；	純寓言

	、虞人、蘭且。	異鵲捕螳，彈弓在後；莊周捐彈反走，虞人逐而誶之。瓜田李下，莊生豈有不知，蓋以此設喻耳。吾人覩此情景，弱肉強食，觸目驚心，危機四伏。豈唯蟲鳥，人類亦然。夫人處世，無論順逆，皆應戒愼恐懼，戰戰兢兢，臨淵履冰，如蹈虎尾，切莫得意忘形，失眞喪性。莊生文筆流暢，刻畫生動，萬物相剋之象，如剪刀石頭布然，宇宙人生哲理，深入淺出，眞不愧爲哲人矣。	
106. 美醜二妾	陽子、美醜二妾。	以美醜二妾爲喻，言行賢而去自賢之行。夫美醜二妾，美者因美而驕傲，則失其美矣；醜者因醜而謙卑，則掩其醜矣。宇宙事物，豈唯美醜，萬事皆然也。莊子美學觀點，不以外形而定其美醜，而以內在之美爲重也。	重寓言

三 田子

107. 東郭順子道貌自然	田子方、魏文侯、谿工	以東郭順子之爲人爲喻，言貌合自然，順乎本性。夫聖知之言，仁義之行，爲儒家爲人	重寓言

方	。	之準繩。道家崇尚自然，人爲之聖知仁義，反爲人生之束縛，故稱讚質樸純眞耳。	
108. 溫伯雪子論禮義	溫伯雪子、魯人、僕人、仲尼、子路。	以龍虎父子爲喻，言魯人明禮義而陋知人心。夫禮義形諸於外，耳聞目見者也，如進退合乎規矩，動容猶若龍虎，諫道似乎父子；而道存諸於內心，非耳目所能察知也。偏重於禮義，往往流於形式主義，如燒香唸佛之徒，口誦彌陀，而心存邪念。僞君子者，滿口仁義道德，一肚子男盜女娼，內外不一，表裏各異。如斯之徒，令人不齒。莊生之輕禮義而重道德，豈無因哉！	重寓言
109. 唐肆求馬	顏淵、仲尼。	以唐肆求馬爲喻，言宇宙萬物，無動而不變，蹈前人之陳跡，拾其牙慧，永落其後。是故，夫子步趨言辯，奔馳言道，而回雖亦步亦趨，然夫子奔逸絕塵，而回則瞠乎其後矣。夫宇宙事物，瞬息萬變，吾人若一味盲從	重寓言

		摹仿，蹈其足印，若刻舟求劍，其愚不可及。蓋足印究非原物，刻舟焉能求劍？	
110. 老聃神游物初	孔子、老聃、槁木、獸、蟲、至人、君子、顏回、醯鷄。	以水蟲草獸不惡變易水藪爲喻，言游心於物初之境。夫神遊物初，則形若槁木，心無喜怒哀樂，萬物變化無窮，若天高地厚，日月之明，皆自然之道也。吾人不明斯理，若甕中小蟲，井底之蛙，永見笑於方家矣！	重寓言
111. 魯少儒士	莊子、魯哀公、儒士、圜冠、句屨、佩玦、君子。	以魯國儒士爲喻，言多假儒，明道之儒者一人耳。夫舉魯國而儒服，未必知其道也；君子有其道者，未必爲其服也。以今日視之，何尙不然！舉世西裝革履之士，自命不凡之徒，號稱學者專家者，比比皆是，然眞正通古今之變，了中外之理者，又有幾人？殆鳳毛麟角耳！夫農學博士，覩麥苗而謂之韭菜？眞如孔子所言不如老農矣！噫！莊子謂魯國儒者一人耳，以今證古，豈妄言哉！	重寓言

寓言	人物	說明	類別
112. 奚舜心無爵祿死生	百里奚、有虞氏、牛。	言百里奚心無爵祿，有虞氏心無死生也。夫心無爵祿死生，非常人之所能及也。庸俗之徒，慕高官厚祿，貪生怕死，此人之常情也。	重寓言
113. 宋元君召史畫圖	宋元君、史、眞畫者。	借宋元君召史畫圖之事爲喻，言眞畫者一人耳。以今視之，今之畫家，亦何其衆也。夫淺薄之徒，狂妄自大，讀書無多，自命不凡，習西洋之皮毛，以眩耀國人，信筆塗鴉，如驢尾然，旣無思想，又乏美感，尚且大言不慚，恬不知恥，謂之曰超現實，言之曰超想象。噫！無怪乎于右老尙慨乎言之，遠視似花，近視是疤。豈徒然哉！	純寓言
114. 姜太公釣魚	文王、臧丈人、顏淵、仲尼。	借文王遇姜太公釣魚，其釣莫釣爲喻，言爲政無爲之理。夫臧丈人者，姜太公是也，其垂釣莫釣，示文王爲政之道。臧丈人觀魚遊於渭水，何其樂也！何必釣而殺之，覩其痛	重寓言

苦哀號之狀？觀宇宙萬物，草木鳥獸蟲魚，自由生長，自得其樂，情趣盎然！又何必自私自利，據爲己有，奪而取之，傷害萬物耶？然庸俗之徒，用盡心機，捉鳥捕魚，摘花折草，養入私家庭園，心胸何其狹窄？蓋大自然非吾人生之大樂園乎？悠遊其間，靜觀萬物皆自得，豈不樂趣盎然！而爲政之理，牧民之道，又何尙不然耳！

115. 伯昏无人論射箭

列禦寇、伯昏无人、至人。

以列禦寇射箭爲喩，說明是射之射，有爲之爲；不射之射，無爲之爲之理。夫列禦寇射箭，身履平地，靜如木偶，百發百中，猶人生處於太平盛世之順境，無往而不利也。伯昏無人射箭，身履危石，臨於深淵，背側於後，足二分於外，神態凝定，神氣不變，猶人生處於烽火亂世之逆境，危機四伏，而能應付自如，誠不易也。

重寓言

三、知

編號	篇名	人物	內容	類別
116.	孫叔敖不計毀譽	肩吾、孫叔敖、仲尼、眞人、知者、美人、盜人、伏義、黃帝。	以孫子三爲令尹而不榮，三去之而無憂爲喻，說明不計毀譽之理。孫子以富貴榮華，來去自然，得之不喜，失之不憂。仲尼以眞人喻之，知者美人，不得說濫，盜人伏義，不得刼友，死生無變，況爵祿乎！夫舉世譽之而不加勸，舉世毀之不加沮，非常人之所能及也。一人向隅，滿室爲之不樂，孩稚調笑，戾夫爲之破顏。李廣夜行，霸陵尉辱之，殺之而後快；諸如此類，不勝枚舉矣！	重寓言
117.	凡未始亡	楚王、凡君。	借凡君之言，說明生死存亡之理。夫楚王左右再三勸其興兵滅凡，凡君聞之，言凡國滅亡，不足以影響其存在；同理，楚國之存在，亦不足以保障其存在。蓋生死存亡，自然之象也；猶月之陰晴圓缺，人之悲歡離合也。	重寓言
118.	智者不言	知、無爲謂	借知與黃帝之對話，說明無爲之道。夫知者	純寓言

	、狂屈、黃帝、聖人、大人。	不言，言者不知，道尚無爲而無不爲，生聚死散，天下一氣耳。	
119.初生之犢	齧缺、被衣。	以初生之犢喻道，言體正神凝，虛寂寧靜。夫道純眞無知，如初生之犢，形若搞骸，心若死灰耳。道爲形而上者，視而不見，聽而不聞，爲無形者也。達官貴人，尚不能明，況販夫走卒乎！莊生欲說明斯理，故反覆設譬耳。	純寓言
120.舜問丞於道	舜、丞。	言道爲天地之氣，胡可得而有。夫身爲天地之委形，生爲天地之委和，性命爲天地之委順，子孫爲天地之委蛻，皆爲天地之所賦予也。夫吾人之身體，佛家所謂臭皮囊是也，終必棄之。身既不可保有，而金銀珠寶，洋房汽車、嬌妻美妾、父母子女，焉得保有？而生命短暫，百歲幾何？何必勞苦形骸，碌	重寓言

		祿於名利之途？	
121. 老聃論至道	孔子、老聃、聖人、堯桀。	老聃言至道之理。夫道無形，萬物賴之而生，雖耳目所不能聞見，然充塞乎天地之間，上則爲日星，下則爲河嶽。故道無所不在，花草樹木，鳥獸蟲魚，無不有道。失之則物滅，得之則物生，生聚死散，皆天地自然之道也。	重寓言
122. 每下愈況	東郭子、莊子、螻蟻、稊稗、瓦甓、屎溺、正獲、監市、履狶。	以道在屎溺爲喻，言道無所不在也。夫道無所不在，既無貴賤，亦無限界。庸俗之徒，以爲道甚尊貴，高不可攀；莊子謂道在屎溺，常人以爲臭穢不堪，豈有道邪？就醫學言：醫生欲知病情，常抽取病人血液或屎溺而化驗之，其間豈非大有學問哉！莊生之言，誠不我欺也。	重寓言
123. 論道非道	妸荷甘、神農、老龍吉	言老龍吉死，無復談玄垂訓，啟發人心，說明大道無形無聲，論道非道也。夫道視之無	純寓言

	、弇堈弔。	形，聽之無聲，生存於古今，充塞乎天地也。	
124. 泰清問道	泰清、无窮、無爲、無始。	言道不可聞見，不可言傳，不當命名。夫道不可聞，聽之無聲；道不可見，覩之無形；道不可言，如人飲水，冷暖自知；道不當名，名可名，非常名也。	純寓言
125. 有無之道	光曜、无有。	借光曜之言，說明有無之道。夫道無形，故搏而不得，耳目之所不能見聞也。光曜能有無，而未能達無無之境，及覩無有狀貌，始而悟道也。	純寓言
126. 捶鉤不失豪芒	捶鉤者、大馬。	以捶鉤不失豪芒爲喻，言聚精會神，無事不成，何況捶鉤乎？夫捶鉤之翁，年二十而好捶鉤，專心凝神，心無雜念，至年八十，故捶鉤不失豪芒，其敬業精神，令人欽慕！	純寓言
127. 愛人无己	冉求、仲尼、聖人。	言天地萬物生生不息，故聖人之愛人也無已。夫天地自然循環，生生不息，聖人愛人，	重寓言

			永無休止，此法乎天者也。	
128.	化與不化	顏淵、仲尼、狶韋氏、黃帝、有虞氏、湯武、君子、聖人。	借顏淵與仲尼對話，說明安化安不化之理。夫古人外化而內不化，今人內化而外不化，聖人順應自然之變化，不傷物，而物亦不傷也，化與不化，皆無心耳。	重寓言

丙、雜篇

二三　庚桑楚

129.	春生秋成	老聃、庚桑楚、聖人、至人、巨魚、鯢鰌、巨獸、孽狐、堯舜、弟子、小子、罔罟、蟻、鳥獸、魚鼈。	言春生秋成爲自然之象，以喻爲政之道亦當如是。夫虎落平陽被犬欺，龍在淺水遭蝦戲。故曰：函車之獸，介而離山，則不免於罔罟之患；呑舟之魚，碭而失水，則蟻能苦之。俗云：樹大招風，人怕出名豬怕肥。是故欲全生免身，當韜光養晦。故曰鳥獸不厭高，黿鼈不厭深；全其形生之人，藏其身也。	重寓言

130.心若死灰

南榮趎、庚桑子、盲者、聾者、狂者、奔蜂、藿蠋、越鷄、鵠卵、魯鷄、老子、兒子、至人、槁木、死灰。

以嬰兒爲喻，言保全本性，如保赤子然。夫養生之道，身若槁木，心若死灰，如嬰兒然，喜樂不入於心，則禍福不及於身也。如嬰兒遇地震而無懼，由高樓跌下，安然無恙，而成人則不然。蓋境由心生，苦樂一念耳。昔一囚犯，法醫謂其抽血五千西西即死，囑醫務人員行之，隨時告其所抽數量，未達其數即逝。其實滴血未抽，其故何在？哀莫大於心死也。

重寓言

三四、徐无鬼

131.魏武侯悅相馬術

徐无鬼、女商、魏武侯、狸、狗、馬、藜藿、跐鼬、眞人。

以相犬馬之術爲喻，譏刺武侯充滿嗜欲，增長好惡也。夫聲色犬馬，人之大欲存焉。夫子嘗嘆曰：吾未見好德如好色者也。武侯說之以詩書禮樂，而未嘗啟齒，聞徐士相犬馬之術而悅；武帝說之以治國之道，而不入於耳，聞賈生析鬼神之事，至深夜而不倦。噫

重寓言

		！此二君者，其氣味相投者乎？	
132. 徐无鬼論爲義偃兵	徐无鬼、武侯、鶴、驥。	言君主爲耳目口鼻之慾，以苦一國之民也。夫莊生目覩當時之君主，假借仁義，以行其私慾，殺人之士民，兼人之土地，以苦一國之民，以養其耳目口鼻之慾。明黃宗義原君篇所謂：敲剝天下之骨髓，以供我一人之淫樂也。	重寓言
133. 治天下若牧馬	黃帝、方明、昌寓、張若、諧朋、昆閽、滑稽、牧童、長者、天師。	以牧馬爲喻，言治天下者，當去其害馬者而已矣。夫牧民如牧馬，順其自然之性也。若以制刑法以治民，如絡馬首以繫馬，此皆傷民害馬者也。老子無爲而爲之思想，發揮無遺矣。	純寓言
134. 魯遽調瑟	莊子、羿、惠子、堯、儒墨楊秉、	以魯遽調瑟誇耀弟子爲喻，言是非無定見，各是其所是，天下非有公是也。夫魯遽調瑟，各是其是；齊人蹢子求鍾，棄貴取賤，買	重寓言

篇名	人物	內容	類型
	魯遽、齊人、楚人、舟人。	櫝還珠；楚人蹢閽鬬舟人，語而不休，非愚則誣也。	
135. 匠石斲泥	莊子、惠子、從者、郢人、蠅翼、匠石、宋元君。	以匠石斲泥爲喻，言惠子死後，無以爲質，悲知音之難求也。夫人之相知，貴相知心，莊子與惠施，可謂知心矣，雖思想每不合，爭辯不休，然其私交甚篤，故經惠子墓，既弔逝者，復悲無與言之矣，眞摯之情，溢於言表。蓋人生之悲哀，莫過於此矣。夫人生於世，知音甚難求也。鮑叔與管仲，子期與伯牙，皆可遇而不可求也。	純寓言
136. 隰朋可屬國	管仲、桓公、鮑叔牙、善士、隰朋、黃帝。	以隰朋可屬國爲喻，言上忘其國，下忘其民之理。夫鮑叔牙之爲人廉潔善良，無友不如己者，以人爲鏡，不蹈覆轍，使其治國，上束於君，下逆於民。隰朋則不然，其爲人冥同物化，忘情一切，自愧德不及黃帝，同情	重寓言

		不如己者。夫聖人施德，賢人施財，以善行謙虛對人，未有不得民心者，不干預國事，不苛察家事，故可託之以國政。莊生此則寓言，無非强調為政之道，順任自然，無為而治也。	
137. 獼猴以靈巧喪生	吳王、狙、相者、顏不疑、董梧。	以獼猴恃靈巧而射死為喻，戒人不可以色驕人。老子曰：大智若愚。夫狙以恃巧誇能而死，而人何尙不然。人生於世，若恃才傲物，目空一切，小則不容於世，潦倒一生；大則招惹禍患，喪生忘身。若獼猴者，何其愚也！	重寓言
138. 南伯子綦之悲	南伯子綦、顏成子、槁骸、死灰、田禾。	以形若槁骸，心若死灰為喻，嘆世人自喪眞樸。夫人超然物外，則身如枯骨，心如死灰，喜怒哀樂無動於衷，毀譽禍福無喪於身矣。	重寓言
139. 孔子述不	仲尼、楚王	以弄丸解難，秉羽投兵為喻，述不言之義。	重寓言

言之義	、孫叔敖、市南宜僚、郢人。	夫天何言哉，四時行焉；地何言哉，百物生焉；為政之道，亦當如是也。	
140. 子綦悲子梱食祿	子綦、九方歅、梱、牂、鶉、盜、渠公。	以梱有食祿為喻，言口福之慾，不如順任自然為樂。夫食君之祿，享盡人間榮華富貴，是人人之所樂也，子綦何以悲之哉！老子曰：禍兮福所倚，福兮禍所伏。夫禍福相倚，循環不息。梱遭刖足而鬻，食肉終身，豈不悲哉！	重寓言
141. 許由逃堯	齧缺、許由、堯、賢人。	以許由避堯為喻，言達官貴人多假仁義以取利，仁義因而成為野心家之工具。夫仁義之道，為聖人之所倡，後世之人，假借仁義，行其私利；不僅君主借之以達其家天下之慾，盜跖亦借之以刼奪財物，所謂盜亦有道也。故莊生曾慨乎言之曰：聖人不死，不盜不止也。	重寓言

篇	編號	寓言	角色	寓意	類別
	142	暖姝濡需卷婁三者	暖姝、濡需、卷婁、豕蝨、屠者、舜、羊、蟻、百姓、堯、神人、眞人、魚。	以暖姝寓淺見自滿，濡需寓苟安自得，卷婁寓勞形自苦，刻畫此三種人物之形態，進而襯托神人棄知自得之狀。夫淺見自滿之徒，所見不廣，所知不深，一曲之見，沾沾自喜，而一無所得。苟安自得之徒，如豕蝨然，寄生於疏鬣奎蹏曲隈乳股，自以謂廣宮大囿安室利處，一旦屠者操煙火，與豕俱焦。勞形自苦之徒，如舜然也。蟻慕羊肉，羊肉羶也，舜有羶行，至年長明衰，而不得休歸也。神人抱德養和，以順天下也。夫順乎物性，不以人爲毀滅天然，生死得失，任其自然，則無憂無慮，逍遙自得，此道家之所求也。夫人生貪慕富貴榮華，汲汲乎利祿之途，與夫豕蝨何異也。	純寓言
則陽 二五	143	公閱休冬江夏山	則陽、夷節、楚王、王	以冬揭鼈於江，夏休乎山樊爲喻，言公閱休恬淡和樂，如聖人然；而遊士干祿競進，如	重寓言

果、公閱休、鼈、虎、佞人、聖人。

彭陽然，成一强烈之對比也。夫夷節者，逐利之徒也，沈迷於富貴，損人德行，若冬寒盼春風如添衣，中暑求冬風以解暑。楚王者，尊貴威嚴，嫉惡如仇，其於罪犯，如除虎豹然，絕不寬貸赦免。聖人者，窮而忘其貧，富而忘其貴；於物同娛，與人同樂。莊生以遊士干祿求進之可鄙，益顯聖人恬淡和樂之可貴也。

144. 蝸牛兩角相爭

魏瑩、田侯牟、公孫衍、忌、季子、胥靡、華子、惠子、戴晉人、蝸、觸氏、蠻氏、堯舜。

以蝸牛左右角喻觸蠻氏，譏諷戰國君主爭伐。夫蝸牛之左角曰觸氏，右角曰蠻氏，時相爭地而戰，伏屍數萬，以喻戰國君主之相伐也。

重寓言

145. 宜僚聲銷陸沈	孔子、夫妻臣妾、子路、聖人、市南宜僚、楚王、佞人。	以市南宜僚聲銷陸沈爲喻，言隱士不慕榮利之境。夫道家主清靜無爲，而儒家主仁義之道，兩者思想不同，表現各異。孔子應聘，門徒甚多，車馬威儀，驚異駭俗。而市南宜僚匿影銷聲，羞與之俱，星夜逃去，何足怪哉！	重寓言
146. 爲政治民如種禾	長梧封人、子牢、莊子。	以種禾爲喻，言爲政魯莽，治民滅裂之弊害。夫一分耕耘，一分收獲，牧民如種禾，耕地耘草，魯莽潦草，則糧食禾稼，瘦小不豐；若深耕鋤草，則禾實繁茂豐盛，而牧民之道亦然。殘民自肥，則衆叛親離；愛民順性，則萬衆歸心。噫！夫民爲邦本，本固邦寧，爲政之道，淺而易行，君子焉可不察焉！	重寓言
147. 人君日行虛僞	柏矩、老聃、辜人、盜、君、民。	借柏矩至齊見辜人有感，言古今人君之不同，說明古以得正而爲民，失枉爲己，今則不然。指摘人君率先作僞，盜竊之行，實人君	重寓言

之過也。夫上梁不正下梁歪，上行下效，今君主率先作僞，而士民焉得不僞？不知反躬自責，僅知刑戮殺伐，何其愚也！

148.蘧伯玉與時俱化	蘧伯玉。	借蘧伯玉年高德劭，與時俱化，說明宇宙事物，日新又新，不可刻舟求劍，食古不化，若固執不通，則與道大蹇矣。夫世間庸俗之徒，或貴古而賤今，或貴今而賤古，各執一端，皆有所偏也。夫守舊之徒，一味摹仿古人古事；從新之士，一味追求今人今事；殊不知古今時殊地異，因時空因素之不同，其所得之結果，自然相異也，豈可墨守成規，固執己見哉！夫處世之道，唯有洞察事理，隨機應變也。	重寓言
149.衞靈公飲酒湛樂。	仲尼、大弢、伯常騫、狶韋、衞靈	以靈公無道，何以諡號靈公，仲尼疑而問之於大史。夫靈公不聽國政，不應諸侯，孔子以有爲之道衡之，言其荒弛政事，豈可諡爲	重寓言

三六、外物			
	公、史鰌。	靈公？大弢以無爲之道衡之，言其正因無爲而治，故可諡爲靈公。伯鸞以靈公肅敬賢人，所以諡爲靈公。狶韋以靈公二字見於槨銘也久矣，非所謚也。	
150. 丘里之言	少知、太公調。	以丘里之言，談同異問題。比於大澤，百材皆度；觀乎大山，木石同壇，此之謂丘里之言。如以山澤木石百材謂道，譬猶犬馬也。夫道無所不在，宇宙萬物均有其道，然定非道之整體也。豈可以偏概全，如瞎子摸象，所見究非全象也。	純寓言
151. 物種源始	少知、太公調、季眞、接子、鵴狗。	借少知與太公調之對話，論萬物之起源。言宇宙事理，禍福相生，循環不已。道之極境，言論與思維，皆不足以表達。夫物有形，而道無形；前者俗眼所不及，後者則非矣。	純寓言
152. 車轍鮒魚	莊周、監河侯、鮒魚、	莊生借車轍之魚，以喩其貧苦之境。夫遠水救不得近火，莊生飢餓難忍，欲借升斗之粟	純寓言

波臣、吳越王。

，以濟眉急；猶車轍鮒魚，亟雪升斗之水，以活命然。是故，監河侯之三百金，與西江之水何異？噫！夫莊生道德學問，無與倫比，而竟不及一監河侯，不得溫飽。悲夫！此不僅莊生之悲，亦古今文人之所同悲也。然莊生不以此易其志，誠所謂君子固窮，小人窮斯濫矣！孔子陳蔡絕糧，弦歌不輟；顏回居陋巷，簞食瓢飲，不改其樂！淵明餅無儲粟，不為五斗米折腰，俯仰無愧，此皆非常人所能及也。然如監河侯之徒者，則比比皆是也。

153. 任公子釣大魚

任公子、大魚、鯇鮒。

以任公子釣大魚為喻，言治世者，當志於大成，勿求近利也。夫欲釣大魚，必須具有大鉤巨緇，豐碩犗餌，高山大海，以及長期之等待。若揭竿累，趣灌瀆，守鯇鮒，欲得大魚，則難矣。今俗諺所謂「欲要馬兒好，欲要

純寓言

		馬兒不吃草」，其所得者，必為駑馬，於得千里馬也難矣！	
154. 儒以詩禮發冢	大儒、小儒。	借儒生以研究詩禮為名，掘墓盜珠，以諷儒者滿口仁義道德，口吟詩經，行為卑鄙，喻儒教之不足為法也。夫守財奴者，生不布施，死殮含珠，遭人盜墓，死骨頭顱，接摩控徐，何其悲哉！	純寓言
155. 去躬矜容知	老萊子、仲尼、君子、堯、桀、聖人。	老萊子戒仲尼去躬矜容知，言與其稱頌堯而責難桀，不如兩者皆忘。夫是非美惡毀譽，皆以一己主觀之成見所產生，故堯桀之自然而相非，猶聖人與盜跖然，各是其所是，而非其所非也。孰是孰非，非上智者，莫能辨也。是故與其譽堯而非桀，不如兩忘而閉其所譽也。	重寓言
156. 宋元君夢神龜	宋元君、宰路、余且、	以宋元君殺神龜之事為喻，說明去小知而大知明，去善而自善之理。夫尺有所短，寸有	重寓言

神龜、仲尼、魚、鵜鶘、嬰兒。

所長；宇宙萬物，各有其長短美醜是非利弊得失；以其然者而為然，則萬物莫不然；以其非者而為非，則萬物莫不非；其他善惡美醜之理，莫不皆然；亦可以此類推，舉一反三也。夫神龜能見夢於元君，而不能避余且之網；知能七十二鑽而無遺筴，不能避刳腸之患，亦何足怪哉！蓋知有所困，神有所不及也。

157. 無用之用

惠子、莊子。

借惠子與莊子對話，說明無用之為用之理。夫惠子僅見形而下之器，不見形而上之道；僅知其有用，而不知其無用；然天地之廣，人之所用僅容足耳，其餘豈無用哉！老子云：三十輻，共一轂，當其無，有車之用。埏埴以為器，當其無，有器之用。鑿戶牖以為室，當其無，有室之用。故有之以為利，無之以為用。

重寓言

158.孔子未嘗多言	莊子、惠子、孔子。	借莊子與惠子對話，說明無言勝有言之理。夫惠施之徒，名家之言，恃智巧辯，服人之口，而不能服人之心。莊生借孔子之言，以暗譏之也。	重寓言
159.釜鍾如雀蚊。	曾子、弟子、仲尼、雀蚊虻。	借孔子與弟子言，以曾參親在祿薄而心樂，親不在祿厚而心悲，說明曾子心有所縣，未達大化之境也。	重寓言
160.九年而大妙	顏成子游、東郭子綦。	借顏成子游與東郭子綦之言，說明成道之經過。	重寓言
161.蜩甲蛇蛻	罔兩、景、蜩甲、蛇蛻。	借罔兩問景，言忘去形骸，隨天機自然變化。夫景之與蜩甲蛇蛻，似是而非也。景遇光而明，隨陰而失。景隨形而俯仰，猶神隨形而變幻，形滅景失，神離形變，宇宙萬物，莫不皆然也。	純寓言
162.老聃戒陽子去驕泰	陽子居、老聃、舍者、	借老子與陽子居對話，言人應去驕泰，方能虛心受教。夫狂妄自大之徒，目空一切，焉	重寓言

家公、妻、煬者。

能虛心學習，承受教益哉？

二八、讓王

163. 堯舜讓天下

堯、許由、子州支父、舜、子州子伯、善卷、石戶之農。

旨在闡述重生思想，借堯舜讓王位，而寫生命之可貴，輕視利祿名位。夫帝王卿相，人人之所欣羨也，而堯舜之讓天下，何以人避之唯恐不及？明黃宗羲原君篇謂：「好逸惡勞，亦猶夫人之情也。」蓋古之君，造福萬民，其辛勤勞苦，千萬倍於常人，而己又不享其利，如禹治洪水，三過家門而不入是也。非有偉大抱負犧牲之精神，孰願爲之？故養生重己之徒，避之如洪水猛獸也。

重寓言

164. 大王亶父遷岐山

大王亶父、狄人。

借大王亶父遷岐山之故事，闡述重生之義，雖富貴不以養傷身，雖貧賤不以利累形。夫地以養民，猶物以養身；若以保地而傷民，猶愛物以傷身，此莊生之所不取也。其重人輕物之思想，頗合今日歐美貴民賤物之潮流

重寓言

		；一切之設想，均以人爲主，與落後地區貴物賤民之觀念，豈僅天壤之別矣！	
165. 王子搜惡爲君之患	王子搜、越人。	借王子搜逃乎丹穴之故事，闡揚重生思想，以君位爲輕。夫王子搜恐以君位傷其身，故逃乎丹穴，不欲爲君也。	重寓言
166. 子華子論輕重	子華子、昭僖侯。	借子華子與昭僖侯對話，以韓魏爭相侵地，殘殺生命，擧兩臂重於天下爲喻，說明重生之義。人若賺得全世界，而賠上生命，又有何義矣？夫身重於兩臂，兩臂重於天下，爲取天下而傷身，何其愚也！	重寓言
167. 隨侯之珠彈雀	魯君、顏闔、使者、帝王、聖人、君子、隨侯珠、雀。	借顏闔與使者對話，說明顏闔惡富貴，而避魯君之聘。夫以捨生而取富貴，猶以隨侯之珠而彈千仞之雀，舍重取輕，何其愚也！	重寓言

168. 列子辭鄭子陽遺粟	列子、客、鄭子陽、使者、妻。	借列子困窮而拒受鄭相子陽贈粟，說明重生之義。蓋子陽因人言而遺粟，亦可以人言而加罪，飢凍雖切，生命尤可貴也。	重寓言
169. 屠羊說辭萬鍾之祿	楚昭王、屠羊說、吳軍、司馬子綦。	借楚昭王與屠羊說對話，言屠羊說有功於國而不受爵祿，身處卑微而陳義甚高。夫屠羊說者，莊生借之以說明其思想而已。今世之人，爭功諉過，唯恐不及，若屠羊說者，可得聞乎？	重寓言
170. 原憲貧而樂	原憲、子貢。	借原憲與子貢之對話，以原憲安貧樂道，無愧於心；子貢乘堅策肥，炫世耀己，成一强烈之對比。夫富而無驕易，貧而無諂難；子貢恃富驕世，原憲貧而樂道。今世如子貢者，比比皆是；而如原憲者，則鳳毛麟角，誠難能而可貴也。	重寓言
171. 曾子貧而樂道	曾子、天子、諸侯。	借重曾子安貧樂道之事，以天子諸侯不得臣友，寓有道者忘心之理。夫曾子衣衫襤褸，	重寓言

		而面有菜色，仍誦詩不輟，不以物質生活，而影響精神情緒，猶安貧樂道，誦詩不已，誠匪易事，非常人所能及也。	
172. 顏回無位而不怍	孔子、顏回。	借孔子與顏回對話，以孔子讚顏回安貧樂道，寓知足常樂之理。夫顏回居陋室，簞食瓢飲，不改其樂，賢哉回也。夫子聞知足不以利累，自得失而不懼，行修無位不怍，於回得以證之。	重寓言
173. 重生輕利	中山公子牟、瞻子。	借中山公子牟與瞻子對話，以身居江湖，而心懷魏闕，未能克制情慾，不如適性自然；強而不從，則重傷無壽。夫今世之士，身居江湖，心懷魏闕者，比比皆是，然如中山公子牟之坦誠不諱者，世之罕見矣！	重寓言
174. 孔子窮於陳蔡而弦歌	孔子、顏回、子路、子貢、君子、	借重孔子與弟子之言，以窮通如寒暑風雨，循環變化，乃自然之象也。夫松柏後凋於歲寒，雞鳴不已於風雨，時窮節見，困阨志明	重寓言

	細人、許由、共伯。	，何其幸矣！	
175.无擇恥受君位而投淵	舜、無擇、堯。	借北人無擇之言，說明恥受君位之理。夫今世之士，心羨富貴，尤慕君位，若无擇者，其可得乎！	重寓言
176.卞隨瞀光負石沈水	湯、桀、卞隨、瞀光、伊尹、知者、武者、仁者。	借商湯卞隨瞀光之對話，以卞隨投水，瞀光負石，言高士重仁義而輕爵祿也。噫！夫二子者，隱於山野，遊於麋鹿可矣！何以負石沈水，有違重生之義，其非莊生之言乎？	重寓言
177.伯夷叔齊恥食周粟	伯夷、叔齊、武王、叔旦、神農、古之士。	借伯夷叔齊恥食周粟，餓死首陽山之故事，言以殺伐取利，猶推亂以易暴，其不足以爲法也明矣。夫伯夷叔齊，不事二姓，恥食周粟，餓死首陽，其忠貞不二之情，永垂不朽。然其輕生之舉，與夫莊子重生之義，似相乖違矣！	重寓言

二九　盜跖

178. 孔子往見盜跖

孔子、柳下季、盜跖、顏回、子貢、謁者、聖人、堯舜、湯武、有巢氏、神農、黃帝、蚩尤、紂、子路、衞君、禹、文王、賢士、伯夷、叔齊、孤竹君、鮑焦、申徒狄、介子推、文公

僞託孔子往見盜跖之故事，言儒者聖王、忠臣義士，皆逐名利而輕生，然人生短促，不如輕利全眞。夫大盜竊國，孔子周遊列國，說以仁義，當時君主，未有聽之者，非盜跖而何？蓋道家崇尚自然，仁義人爲，其所不取也。莊子借盜跖之口，而譏評儒家耳。

純寓言

	179. 子張與滿苟得論名利
、尾生、比干、伍子胥。	子張、滿苟得、桀紂、臧聚、仲尼、墨翟、桓公小白、管仲、田成子常、孔子、堯、舜、湯、武王、王季、周公、儒者、墨者、无約、比干、子胥、
	借子張與滿苟得對話，以譏儒家言行不一，謂士人之行，應順乎自然本性。夫莊生僞託滿苟得，以說明其思想，言毋固執不通，推行仁義，失其眞性；毋追逐富貴，急求成功，喪失天性。
	重寓言

篇目	寓言	人物	說明	類別
		鮑子、申子、匡子。		
	180. 无足與知和論貪廉	无足、知和、至人、聖人、堯舜、善卷、許由。	无足與知和，皆杜撰之人物，假設二人，以明貪廉之禍福也。无足以富貴則體質安而長壽。知和以知有爲而不知無爲，貴爲天子，富甲天下，仍不免於禍患。无足以聲色滋味權勢，人之所欣羨也。知和以就利辟害，天下稱賢，有避害之心，無興名之意。无足以絕甘儉約，如久病長阨而不死者也。知和以亂苦疾辱憂畏六者，天下之至害也。	純寓言
三十、說劍	181. 莊子以三劍說趙文王	趙文王、劍士、諸侯、太子悝、莊子、天子劍、諸侯劍、庶人劍、宰	借趙文王喜劍，莊子以天子劍、諸侯劍、庶人劍說之，勸文王當好天子之劍。莊子如辯士，舌劍唇鎗，以三劍說於王，此縱橫家之流，乃戰國策士遊談，非莊子之思想也。夫君子當避三端：文士之筆端，武士之劍端，辯士之舌端，吾人當深戒之。	重寓言

		人。		
三、漁父	182. 孔子問道於漁父	孔子、漁父、子貢、子路、君子、聖人、天子、諸侯、大夫、庶人、顏淵、至人。	借孔子問道於漁父，以舉足愈數而迹愈多，走愈疾而影不離身爲喻，寓苦心勞形以危其眞，唯有處陰以休影，處靜以息迹，愼守其眞，人物各返自然。孔子嘗言：「朝聞道，夕死可矣！」其慕道之情，溢於言表。夫道之所存，師之所存也；其敬乎道，非敬漁父耳。夫燕雀焉知鴻鵠之志，門人不察，故怪夫子執禮甚恭也。夫庸俗之徒，處於五色繽紛，繁華紛亂之世界，汲汲於名利，故世多爭名逐臭之夫，勞形苦心，迷失自然純眞之本性，終與草木同腐，不知宇宙之道，豈不悲哉！莊子所謂處陰休影，處靜息迹，誠妙喻也，其不失爲釜底抽薪之良法耳。	重寓言
三、列禦	183. 列禦寇問道於伯昏	列禦寇、伯昏瞀人。	借列禦寇與伯昏瞀人對話，以汎若不繫之舟爲喻，言虛心而任意遨遊。夫列子受饋於賣	重寓言

寇

瞀人		繄之人，驚懼憂愁，蓋恐君主任事效功，誠異乎常人。夫庸俗之徒，受人阿諛奉佞，必沾沾而自喜；若受君主寵召，委以重任，則益狂妄自大，慠視世人矣。若列子之賢者，其可得乎？	
184. 鄭人緩爲儒而自殺	鄭人緩、儒墨、父弟。	借鄭人緩爲儒而自殺之故事，評儒者自是有德之不智，讚有道之士純任自然。夫世俗之人如緩者，比比皆是，自誇其功，執迷不悟，死而復見夢於其父，已爲秋柏之實矣，其愚也何其深也。	純寓言
185. 朱泙漫學屠龍	朱泙漫、龍、支離益。	以朱評泙漫屠龍爲喻，言學非所用也。夫朱泙漫學屠龍之技，所費不貲，爲時亦久，技雖成，而卒無所用，蓋徒勞而無功也。今世之士，若朱泙漫者，亦匪罕見也。	純寓言
186. 曹商矜夸受辱	曹商、宋王、莊子、秦	借曹商見莊子矜夸受辱，以舐痔得車爲喻，譏曹商卑躬屈膝以干祿。夫後世之士，搖尾	重寓言

	王。	乞憐，媚主求榮者，比比皆是也。官場現形記所載，雖未免尖酸刻薄，然其卑躬屈膝之態，阿諛奉佞之狀，則有過於曹商矣！	
187. 魯哀公問仲尼於顏闔	魯哀公、顏闔、仲尼。	借魯哀公問仲尼於顏闔，言孔子飾羽華辭，離實學僞，非治國之才也。夫道家主清靜無爲，故主處陰以休影，處靜以息迹，若畏影惡迹而去之走者，舉足愈數而迹愈多，走愈疾而影不離身，疾走不休，絕力而死，豈不悲哉！夫子之周遊列國，推行仁義，以治亂世，莊子視之，亦猶畏影惡迹而疾走也。	重寓言
188. 人心險於山川	孔子。	借重孔子之言，以山川喻人心之險惡難測，比知天爲困難。夫人有五類：外貌忠厚而內心險詐，貌似賢長而心實不肖，形貌圓潤而內心剛直，外貌果決而內心猶疑，貌似溫和而內心凶悍。故觀察爲人，可用九徵：遠使觀忠，近使觀敬，煩使觀能，卒問觀知，急	重寓言

		期觀信，委財觀仁，告危觀節，醉酒觀側，雜處觀色。以此九徵，人焉瘦哉！則賢與不肖判矣。	
189. 正考父三命而俯	正考父、唐許。	借重正考父之行，命位愈尊，謙卑愈甚，而庸俗之徒則反是矣。夫小人得勢，位高名顯，必狂妄自大，倨傲驕世矣。莊生以正考父與凡夫對比，如君子與小人，兩者之差距益顯矣。	重寓言
190. 龍頷得珠	宋王、莊子、人、父子、千金珠、驪龍、宋國、九淵、車。	莊子以龍頷得珠爲喻，言如人得宋王之車，危在旦夕矣。夫伴君如伴虎，王喜而得車，王怒而喪身；不知其危，竟以驕人，何其愚也！老子云：禍兮福所倚，福兮禍所伏。豈不戒哉！	純寓言
191. 犧牛與孤犢	莊子、使者、犧牛、孤	莊生以犧牛喻仕宦，犧牛衣繡食叔，如爲官錦衣玉食，犧牛入太廟而欲爲孤犢，悔之晚	純寓言

犢。

矣！如秦相李斯臨刑，抱子痛哭，上蔡牽犬，其可得乎？莊生深明斯理，養身重生，感宦途之險惡，故借犧牛爲喻，以婉拒其聘也。

192 莊子以天地爲棺槨

莊子、弟子、鳥鳶、螻蟻。

借莊子臨終與弟子對話，言以萬物爲葬具，鳥鳶與螻蟻相等，何厚此而薄彼也。夫莊子置生死於度外，故生而不悅，死而不悲，蓋生死一耳，皆宇宙萬物生滅之自然現象也。生有何喜？死亦何悲？故莊子妻死，鼓盆而歌，惠子不測，曾責之也。莊生豁達大度，生死等觀，萬物齊一，以天地爲棺槨，以日月爲連璧，星辰爲珠璣，萬物爲齎送。屍爲鳥鳶食，或爲螻蟻食，一也。何其灑脫！夫生樂死悲，人世皆然，窺破生死，唯莊生耳！

重寓言

乙、內篇

一、逍遙遊

㈠燕雀焉知鴻鵠之志

北冥有魚，其名爲鯤。鯤之大，不知其幾千里也。化而爲鳥，其名爲鵬。鵬之背，不知其幾千里也；怒而飛，其翼若垂天之雲。是鳥也，海運則將徙於南冥。南冥者，天池也。

齊諧者，志怪者也。諧之言曰：「鵬之徙於南冥也，水擊三千里，摶扶搖而上者九萬里，去以六月息者也。」野馬也，塵埃也，生物之以息相吹也。天之蒼蒼，其正色邪？其遠而無所至極邪？其視下也，亦若是則已矣。

且夫水之積也不厚，則其負大舟也無力。覆杯水於坳堂之上，則芥爲之舟；置杯焉則膠，水淺而舟大也。風之積也不厚，則其負大翼也無力。故九萬里，則風斯在下矣，而後乃今培風；背負青天，而莫之夭閼者，而後乃今將圖南。

蜩與學鳩笑之曰：「我決起而飛，搶榆枋，時則不至而控於地而已矣，奚以之九萬里而南爲？」適莽蒼者，三飡而反，腹猶果然；適百里者，宿舂糧；適千里者，三月聚糧。之二蟲又何知！

小知不及大知，小年不及大年。奚以知其然也？朝菌不知晦朔，蟪蛄不知春秋，此小年也。楚之南有冥靈者，以五百歲爲春，五百歲爲秋；上古有大椿者，以八千歲爲春，八千歲爲秋，此大年也。

而彭祖乃今以久特聞，衆人匹之，不亦悲乎！

湯之問棘也是已：湯問棘曰：「上下四方有極乎？」棘曰：「無極之外，復無極也。窮髮之北有冥海者，天池也。有魚焉，其廣數千里，未有知其修者，其名爲鯤。有鳥焉，其名爲鵬，背若泰山，翼若垂天之雲，摶扶搖羊角而上者九萬里，絕雲氣，負青天，然後圖南，且適南冥也。斥鴳笑之曰：「彼且奚適也？我騰躍而上，不過數仞而下，翺翔蓬蒿之間，此亦飛之至也。而彼且奚適也？」此小大之辯也。

【剖析】

本節為純粹寓言。託鯤魚化為鵬鳥，逍遙海濶天空自由自在之境，而遭蜩鳩之譏笑，以寓「燕雀焉知鴻鵠之志」。就文學觀點言，以誇大之筆法，作大小之對比；以鵬鳥之故事，創小說之雛型。就哲學觀點論，以鵬鳥蜩鳩所適之具體事物，明大小相等之抽象概念。文分六段：首段言鵬鳥之大，志在天池。以北溟喻形而上之道，以鯤魚比形而下之體。二段言齊諧所載之文，以狀鵬鳥高飛之態。三段言巨舟洨汪洋而行，鵬鳥賴大風而飛。四段言蜩鳩無知，笑鵬鳥高飛。五段言小知不及大知，小年不及大年。六段言斥鴳翺翔於蓬蒿之間，悠然自得，而譏鵬鳥奮力雲霄南冥也。夫物各有所適，以明大小之辨也。

逍遙義曰：夫大鵬之上九萬，尺鷃之起榆枋，小大雖差，各任其性，苟當其分，逍遙一也。然物之芸芸，同資有待，得其所待，然後逍遙耳。唯聖人與物冥而循大變，為能無待而常通。豈獨自通而已！又從有待者不失其所待，不失則同於大通矣。

㈡越俎代庖

堯讓天下於許由，曰：「日月出矣，而爝火不息，其於光也，不亦難乎！時雨降矣，而猶浸灌，其於澤也，不亦勞乎？夫子立而天下治，而我猶尸之，吾自視缺然。請致天下。』許由曰：『子治天下，天下既已治也。而我猶代子，吾將爲名乎？名者實之賓也，吾將爲賓乎？鷦鷯巢於深林，不過一枝；偃鼠飲河，不過滿腹。歸休乎君，予無所用天下爲！庖人雖不治庖，尸祝不越樽俎而代之矣。」

【剖析】

本節為重言式寓言。以形式視之，借重唐堯許由之威名以服人，似為重言；然就內容察之，言為杜撰，事屬子虛，以鷦鷯偃鼠、尸祝庖人為喻，似為寓言。故莊子謂寓言十九，重言十七。蓋寓言中有重言，重言中有寓言；寓言雖佔十分之九，亦不失重言佔十分之七也。嗣有類此情者，以此例推，从略不贅。莊子假託古人立論，以堯讓天下於許由之事，用對話方式，說明「聖人無名」，有為無為之理，藉寓「無法代勞」之意。本文中之許由，為莊子代言人，自譬鷦鷯偃鼠，滿足於自然生活；縱使主人尸祝，嫌僕役厨師所作祭品飲食之味不美，既不能下厨代勞，亦無力而為之。堯治天下，如庖人治庖，咸為有為而治，不似尸祝之無為而處。有為而處，未必物物各得其所，殊違反自然大化之法則。無為而為，乃是自然大化之常法，然而是無為而無不為也。

㈢心智聾盲

肩吾問於連叔曰：「吾聞言於接輿，大而無當，往而不返，吾驚怖其言，猶河漢而無極也；大有逕庭，不近人情焉。」連叔曰：「其言謂何哉？」曰：「藐姑射之山，有神人居焉，肌膚若冰雪，淖約若處子。不食五穀，吸風飲露，乘雲氣，御飛龍，而遊乎四海之外。其神凝，使物不疵癘，而年穀熟，吾以是狂而不信也。」連叔曰：「然！瞽者無以與乎文章之觀，聾者無以與乎鐘鼓之聲，豈唯形骸有聾盲哉？夫知亦有之。是其言也，猶時女也。之人也，之德也，將旁礴萬物以爲一，世蘄乎亂，孰弊弊焉，以天下爲事！之人也，物莫之傷；大浸稽天而不溺，大旱金石流、土山焦而不熱。是其塵垢粃糠，將猶陶鑄堯舜者也，孰肯分分然以物爲事？」

【剖析】

本節為重言式寓言。以肩吾與連叔對話言之，是為重言；由接輿所述神人體象視之，是為寓言。宇宙事物形而上之道，為視覺所不能見，聽覺所不能聞者，莊子以抽象之道，予以具體擬人化，使凡夫俗子得以一覩風采，由形象而信道。夫庸俗之人，非親耳所聞，親目所見者，難以令其信服，故莊子謂豈唯形骸有聾盲，智亦有之。蓋莊子所謂之「神人」，切不可以迷信神話視之，其所謂「神人」即「道人」是也。神人與道不二，自亦無為而為，雖功垂萬世，亦不以功自見，故曰「神人無功」，為本文主旨也。

㈣宋人資章甫

宋人資章甫而適諸越，越人斷髮文身，無所用之。堯治天下之民，平海內之政，往見四子藐姑射之山，汾水之陽，窅然喪其天下焉。

【剖析】

本節為重言式寓言。宋人資章甫為寓言，堯治天下為重言。宋人以己之好尚度人，未能「忘己」，販售殷冠於越，而越俗禿頭赤身，殷帽雖富麗堂皇，然於其何用？以寓「徒勞無功」之意。堯治天下亦然，如宋人資章甫；往見四子，如適諸越，見其悠閒自得之狀，無拘無束之態，如越人短髮文身然，是故，政治教化雖美，於其何用？頓悟「無為而治」之理。借堯之忘天下，以明「至人無己」之意。堯知天下原乃身外之物，不足為治，無可留戀。唯忘天下，必須先能忘己，若自身不忘，必如宋人之固執己見，安能忘天下之大器？故能達物我同泯之境，則忘天下亦卽忘我矣。忘我之人，謂之「至人」，故曰「至人無己」。

㈤不龜手藥

惠子謂莊子曰：「魏王貽我大瓠之種，我樹之成而實五石，以盛水漿，其堅不能自舉也。剖之以爲瓢，則瓠落無所容。非不呺然大也，吾爲其無用而掊之。」莊子曰：「夫子固拙於用大矣。宋人有善爲不龜手之藥者，世世以洴澼絖爲事。客聞之，請買其方百金。聚族而謀曰：『我世世爲洴澼絖，不過數金；今一朝而鬻技百金，請與之。』客得之，以說吳王。越有難，吳王使之將，多與越人水戰，大敗越人，裂地而封之。能不龜手，一也；或以封，或不免於洴澼絖，則所用之異也。今子有五石之瓠，何不慮以爲大樽而浮乎江湖，而憂其瓠落無所容？則夫子猶有蓬之心也夫！」

【剖析】

本節為重言式寓言。惠子以瓠瓠大而無用，暗譏莊子之言。莊子以不龜手藥，或因以富貴受封，或不免於貧窮洗衣，何不以大瓠為腰舟，而浮乎江湖，陰射惠子拙於用大。夫莊子崇尚自然，順乎物性，大瓠不適盛水，何不順其物性作腰舟而渡？故道家之自然主義，為順乎自然，非聽其自然，亦卽了解物性，順乎物性，如庖丁之解牛，惠子不明斯理，徒以瓠形剖析，而不察瓠性，則徒勞而無功也。夫宇宙萬物，不僅須研究其性能，而且須衡之時空因素，改變其價值觀念。如金銀珠寶，人皆視以為珍物，一旦處於沙漠，陷身饑渴之中，則不及水之可貴也；或於饑荒之年，處身饑餓之中，則不及稻米之珍貴也，俗謂「黃金死於米下」，卽其義也。

㈥大而無用

惠子謂莊子曰：「吾有大樹，人謂之樗。其大本擁腫而不中繩墨，其小枝卷曲而不中規矩，立之塗，匠者不顧。今子之言，大而無用，衆所同去也。」莊子曰：「子獨不見狸牲乎？卑身而伏，以候敖者；東西跳梁，不辟高下；中於機辟，死於罔罟。今夫斄牛，其大若垂天之雲。此能爲大矣，而不能執鼠。今子有大樹，患其無用，何不樹之於無何有之鄉，廣莫之野，彷徨乎無爲其側，逍遙乎寢臥其下。不夭斤斧，物無害者，無所可用，安所困苦哉！」

【剖析】

本節為重言式寓言。惠子以擁腫之樗，無所取材，明識莊子之言，大而無用。莊子亦設喻作答，言狸狌自以為智詐便捷，終死於網罟；陰射惠子如自作聰明，亦將受害於社會險惡之陷阱。復擧斄牛雖大，而不能捕鼠。夫物性不同，如耳目然，耳聞目視，兩者不可相代。就視覺言，則目長耳短；就聽覺言，耳長目短。由此可知，就某一角度立場言，物各有所長，亦各有短。吾人應了解物性，順乎物性，方能適應自然，悠然自得，逍遙自在。樗樹就匠者言，雖不中規矩繩墨，無所取材，而不能製作器具；若樹之於無有廣莫之鄉間，受其庇陰，徜徉其間，寢臥其下，豈不悠然自得，逍遙自在。又樗樹因無所可用，匠者不顧，不夭斤斧，得享天年；而狸狌自以為智巧，中於機辟，死於網罟，夭折短壽，令人惋惜，足可引以警惕，發人深省。

二、齊物論

(七)天地人三籟

南郭子綦隱机而坐，仰天而噓，荅焉似喪其耦。顏成子游立侍乎前，曰：「何居乎？形固可使如槁木，而心固可使如死灰乎？今之隱机者，非昔之隱机者也。」子綦曰：「偃，不亦善乎，而問之也！今者吾喪我，汝知之乎？汝聞人籟而未聞地籟，汝聞地籟而未聞天籟夫？」子游曰：「敢問其方？」子綦曰：「夫大塊噫氣，其名爲風。是唯無作，作則萬竅怒呺，而獨不聞之翏翏乎？山林之畏佳，大木百圍之竅穴，似鼻，似口，似耳，似枅，似圈，似臼，似洼者，似污者；激者，謞者，叱者，吸者，叫者，譹者，宎者，咬者，前者唱于而隨者唱喁。冷風則小和，飄風則大和，厲風濟則衆竅虛。而獨不見之調調，之刁刁乎？」子游曰：「地籟則衆竅是已，人籟則比竹是已。敢問天籟？」子綦曰：「夫吹萬不同，而使其自已也，咸其自取，怒者其誰邪！」

【剖析】

本節為重言式寓言。借子綦子游對話，說明天地人三籟之理。夫天籟者，自然之聲；地籟者，衆竅之聲；人籟者，人為之聲，如管絃樂器然。按地籟、人籟，均為有形之具體物象，視而可識，察而見意者；而天籟則不然，為無形之抽象物理，卽形而上之道，非耳目所能察知者。子綦形如槁木，心如死灰，已達忘我之境。我見旣除，自無物我之分，物我一體，則天地與我並生，萬物與我為一，而萬物齊一，卽無等差之別矣。

(八)朝三暮四

勞神明爲一，而不知其同也，謂之朝三。何謂朝三？狙公賦芧曰：「朝三而暮四」，衆狙皆怒。曰：「然則朝四而暮三」，衆狙皆悅。名實未虧，而喜怒爲用，亦因是也。是以聖人和之以是非，而休乎天鈞，是之謂兩行。

【剖析】

本節為純粹寓言。以狙公賦芧為喻，說明朝三暮四與朝四暮三，名實未虧，而衆狙喜怒不同之情。夫宇宙萬物，是非黑白，大小長短，善惡美醜，禍福生死，以及種種形狀，均有其相通齊一之處，不可剛愎自用，固執成見，以作虛妄之分別。如以美言，玉環飛燕，肥瘦不同，其美一也。是故聖人不由是非之途，而調和是非，止於自然均平之境，物我各得其所，並行不悖。若勞神焦思，固執形相，斤斤計較，與道大蹇，則如衆狙之愚蠢，乞憐之狀，醜態畢露，令人歎惜矣！

㈨十日並出

故昔者堯問於舜曰：「我欲伐宗膾胥敖，南面而不釋然。其故何也？」舜曰：「夫三子者，猶存乎蓬艾之間。若不釋然，何哉？昔者十日並出，萬物皆照，而況德之進乎日者乎！」

【剖析】

本節為重言式寓言。堯欲伐三國，耿耿於懷，不知其故，而問乎舜。舜以三子存乎蓬艾，猶十日並出雲霄，各不相礙，高下齊一也。若夫患得患失，執於尊卑，萬物豈能齊一，則何怪乎若堯之不釋然於心也。宣穎云：此一引證也，以見衆論各持，猶三子之存乎蓬艾，必欲辭而闢之，何異堯之不釋然乎？進德者，如十日並照，而無相掩之心，則遊於廣莫矣。

㈩齧缺與王倪論是非

齧缺問乎王倪曰：「子知物之所同是乎？」曰：「吾惡乎知之！」「子知子之所不知邪？」曰：「吾惡乎知之？」「然則物無知邪？」曰：「吾惡乎知之！雖然，嘗試言之。庸詎知吾所謂知之非不知邪？庸詎知吾所謂不知之非知邪？且吾嘗試問乎女：民溼寢則腰疾偏死，鰌然乎哉？木處則惴慄恂懼，猨猴然乎哉？三者孰知正處？民食芻豢，麋鹿食薦，蝍蛆甘帶，鴟鴉耆鼠，四者孰知正味？猨猵狙以為雌，麋與鹿交，鰌與魚游。毛嬙麗姬，人之所美也；魚見之深入，鳥見之高飛，麋鹿見之決驟。四者，孰知天下之正色哉？自我觀之，仁義之端，是非之塗，樊然殽亂，吾惡能知其辯！」齧缺曰：「子不知利害，則至人固不知利害乎？」王倪曰：「至人神矣！大澤焚而不能熱，河漢沍而不能寒，疾雷破山而不能傷，飄風振海而不能驚。若然者，乘雲氣，騎日月，而遊乎四海之外，死生無變於己，而況利害之端乎！」

【剖析】

本節為重言式寓言。齧缺問王倪於是非。王以住言：鰌喜溼寢，猨善木處，而人則兩不適宜，究以何者為安適之處？以食而言：人食蔬菜肉類，麋鹿食草，蜈蚣喜食小蛇，鴟鴉酷嗜腐鼠，究以何者為美食？以色而言：猵狙配猿，麋與鹿交，鰌與魚遊，人喜美女毛嬙麗姬，然魚鳥麋鹿見之而遠避，究以何者為美色？由此觀之，仁義是非利害奚辨？夫美醜之觀念，因人而異，是非亦然。就衣食住行言之，或喜西裝革履，或愛長袍馬褂；或喜山珍海味，或愛粗茶淡飯；或喜高樓大廈，或愛竹籬茅舍；或喜飛機火車，或愛舟船駝馬。就是非言之，或譽為義士，或毀為叛徒。夫莊子崇尚自然，美醜是非，皆人為也，難以定之。蓋大道渾然一體，自然循環不息，無以名之，何以知之？如強欲求知，亦如正處、正味、正色然，杳而不可得矣。於此而欲標揭仁義，判斷是非，亦是徒然多事。至於利害禍福之於至人，則益不足介懷，因至人與道同體，自可任天而動，隨物而變，上與造物者遊，下與外生死無終始者為友，不知有仁義，不知有是非，尚何利害之可言？

(十一)瞿鵲與長梧論是非

瞿鵲子問乎長梧子曰：「吾聞諸夫子，聖人不從事於務，不就利，不違害，不喜求，不緣道；無謂有謂，有謂無謂，而遊乎塵垢之外。夫子以為孟浪之言，而我以為妙道之行也。吾子以為奚若？」

長梧子曰：「是黃帝之所聽熒也，而丘也何足以知之！且汝亦大早計，見卵而求時夜，見彈而求鴞炙。予嘗爲女妄言之，女亦以妄聽之奚？旁日月，挾宇宙，爲其脗合，置其滑涽，以隸相尊。衆人役役，聖人愚芚，參萬歲而一成純。萬物盡然，而以是相蘊。予惡乎知說生之非惑邪！予惡乎知惡死之非弱喪，而不知歸者邪！麗之姬，艾封人之子也。晉國之始得之，涕泣沾襟；及其至於王所，與王同筐牀，食芻豢，而後悔其泣也。予惡乎知夫死者，不悔其始之蘄生乎！夢飲酒者，旦而哭泣；夢哭泣者，旦而田獵。方其夢也，不知其夢也。夢之中又占其夢焉，覺而後知其夢也。且有大覺，而後知此其大夢也；而愚者自以爲覺，竊竊然知之。君乎牧乎？固哉！丘也與女皆夢也，予謂女夢亦夢也。是其言也，其名爲弔詭。萬世之後，而一遇大聖，知其解者，是旦暮遇之也。

既使我與若辯矣，若勝我，我不若勝，若果是也，我果非也邪？我勝若，若不吾勝，我果是也，而果非也邪？其或是也，其或非也邪？其俱是也，其俱非也邪？我與若不能相知也，則人固受其黮闇。吾誰使正之？使同乎若者正之？既與若同矣，惡能正之！使同乎我者正之？既同乎我矣，惡能正之！使異乎我與若者正之？既異乎我與若矣，惡能正之！使同乎我與若者正之？既同乎我與若矣，惡能正之！然則我與若與人，俱不能相知也，而待彼也邪？化聲之相待，若其不相待，和之以天倪，因之以曼衍，所以窮年也。何謂和之以天倪？曰：是不是，然不然。是若果是也，則是之異乎不是也，亦無辯；然若果然也，則然之異乎不然也，亦無辯。忘年忘義，振於無竟，故寓諸無竟。」

【剖析】

本節為重言式寓言。文分四段：首段以「瞿鵲子問於長梧子」為起，謂聖人遊乎塵垢之外。二段「長梧子曰」為承，言聖人之體象，旁日月而挾宇宙。三段以「予惡乎知說生之非惑邪」為轉，論生死問題，謂人生若大夢。四段以「既使我與若辯矣」為合，論是非問題，藉辯無勝之剖析，以解蔽止辯。要之，能識得大化，自能看破生死；能看破生死，自能泯除是非；是非之見既無，則物論又何自而起？

㈩二罔兩問景

罔兩問景曰：「曩子行，今子止；曩子坐，今子起；何其無特操與？」景曰：「吾有待而然者邪？吾所待又有待而然者邪？吾待蛇蚹蜩翼邪？惡識所以然！惡識所以不然！」

【剖析】

本節為純粹寓言。夫影隨形動，形隨心行，形影移動，均為俗眼可見，惟心猿意馬之雜念，非耳目所及，必須心領神會，方可得知一二。罔兩俗物，為莊子所杜撰者，喻世俗之人，焉知形體之主宰，亦即宇宙萬物之道也。蛇待蚹而行，蜩待翼而翔，猶影待形而動然，行止坐起，均有賴於心耳。心為精神狀態，亦即萬物之原理，而不易知其然者，事理既不可知，自應止其所不止，以免妄生是非之見，發為物論，徒增紛擾，而亂神思耳。

㈩三莊周夢蝶

昔者莊周夢為胡蝶，栩栩然胡蝶也，自喻適志與！不知周也。俄然覺，則蘧蘧然周也。不知周之夢爲胡蝶與，胡蝶之夢爲周與？周與胡蝶，則必有分矣。此之謂物化。

【剖析】

本節為純粹寓言。莊周現身說法，以證齊物論之極境。道家最高境界為物我一體，欲使物我一體，必須首先忘我，忘我之境，非常人所能及也。莊周夢為蝴蝶，即周蝶化而為一，已達忘我之境，則世俗是非利害生死貴賤之念，蕩然無存於胸中，萬物自然齊一矣。宣穎云：我一物也，物一我也，我與物皆物也，無我與物又皆非物也，故曰物化。夫物化，則傾耳而聽，瞪目而視，果且有物乎哉？果且無物乎哉？執之為物且不可得，乃且有不齊之論乎哉？乃且有不齊之論而須我以齊之乎哉？

三、養生主

㈣庖丁解牛

庖丁爲文惠君解牛，手之所觸，肩之所倚，足之所履，膝之所踦，砉然嚮然，奏刀騞然，莫不中音。合於桑林之舞，乃中經首之會。文惠君曰：「譆！善哉！技蓋至此乎？」庖丁釋刀對曰：「臣之所好者道也，進乎技矣。始臣之解牛之時，所見無非全牛者。三年之後，未嘗見全牛也。方今之時，臣以神遇，而不以目視，官知止而神欲行。依乎天理，批大郤，導大窾，因其固然。技經肯綮之未嘗微礙，而況大軱乎！良庖歲更刀，割也；族庖月更刀，折也。今臣之刀十九年矣，所解數千牛矣，而刀刃若新發於硎。彼節者有閒，而刀刃者無厚，以無厚入有閒，恢恢乎其於遊刃必有餘地矣！是以十九年，而刀刃若新發於硎。雖然，每至於族，吾見其難爲，怵然爲戒，視爲止，行爲遲。動刀甚微，謋然已解，如土委地。提刀而立，爲之四顧，爲之躊躇滿志，善刀而藏之」文惠君曰：「善哉！吾聞庖丁之言，得養生焉。」」

【剖析】

本節為純粹寓言。以庖丁解牛，喻順任自然，說明「緣督為經」而寓「養生」之理。文分四段：首段以庖丁為文惠君解牛為起，說明庖丁解牛，手肩足膝之動作，乾淨利落，莫不中音合舞。二段以文惠君曰譆為承，讚歎庖丁神乎其技。三段以庖丁釋刀對曰為轉，說明解牛之道，依合天理，因其固然。四段以文惠君曰善哉為合，文君由解牛而悟養生之道，畫龍點睛，主旨明矣。夫常人之所見，莫不全牛，為宇宙事物之現象，亦卽形而下之體；世人往往固執於耳目聞見之物體，而生好惡毀譽，不明其理，則喜怒哀樂之念起，終日奔走鑽營於名利之途，毀生傷身，有何養生之可言？庖丁解牛，不見全牛，心領神會，以悟其形成之理，批郤導窾，順乎自然之道，遊刃有餘，刀刃若新。莊子借牛之全身，喻囂攘塵世；以解牛之刀，喻作人身。刀之運用，喻處世之道，若解牛然，順乎自然，批郤導窾，躊躇滿志，善刀而藏。吾人處世，亦復如是，緣督為經，與世無忤，勿以有涯之生，而求無涯之知，為善為惡，爭名逐利，庶幾全生保身，養親盡年矣。

(十五)右師獨足

公文軒見右師而驚曰：「是何人也？惡乎介也？天與，其人與？」曰：「天也，非人也。天之生是使獨也，人之貌有與也。以是知其天也，非人也。」

【剖析】

本節為純粹寓言。反襯「為惡無近刑」一語。公文軒驚見右師之介，而自言自語之詞。文分兩段：首段驚疑右師之介為天生抑人為？次段自答由人貌而知天生，非人為也。夫莊子所重者，為人之神，非人之形也，其責乎形而上之道，非形而下之體也。右師形雖殘而神全，故謂之天，非謂之人；若形全而神殘，則謂之人，非謂之天也。公文軒何嘗不知右師之介為人為，然獨言其為天者，蓋右師形殘而神全，不怨天，不尤人，順時安命而已，能順時安命，此乃養生之道也。郭嵩燾云：善養生者，養以神，神全則生全，形雖介，有何不可也。宣穎云：介足付之天然，則形骸之不足為損益也明矣。

(十六)澤雉飲啄

澤雉十步一啄，百步一飲，不蘄畜乎樊中。神雖王，不善也。

【剖析】

本節為純粹寓言，反襯「為善無近名」一語。文字雖短，亦具起承轉合，結構井然。澤雉十步一啄，百步一飲為起，此言覓食飲啄之不易也。不蘄畜乎樊中為承，此言雖覓食不易，而逍遙自在，不願入籠而服養。神雖王為轉，此言畜養樊籠，得以飽食健壯。不善也為合，此言不如澤中自在也。夫莊子重視精神生活，而不重物質生活。蓋物質不易滿足，利慾薰心，爭名逐利之念起矣。俗云「人為財死，鳥為食亡。」何以言養生之道？莊子以澤雉生活，喻養生之理。故莊子寧為孤豚，不為犧牛；寧為泥塗之龜，不為太廟神龜。郭象云：夫俯仰乎天地之間，逍遙乎自得之場，固養生之妙處也，又何求於入籠而服養哉？宣穎云：籠中雖安，不若澤中飲啄，則飲食居處之不足為輕重也亦明矣。韓詩外傳云：「君不見大澤中雉乎？五步一啄，終日乃飽；羽毛澤悅，光照於日月，奮翼爭鳴，聲響於陵澤者，何？彼樂志也。援置之囷倉中，常啄梁粟，不旦時而飽；然獨羽毛憔悴，志氣益下，低頭不鳴，夫食豈不善哉？彼不得其志故也。」

㈦秦失弔老聃

老聃死，秦失弔之，三號而出。弟子曰：「非夫子之友邪？」曰：「然。」「然則弔焉若此，可乎？」曰：「然。始也吾以爲至人也，而今非也。向吾入而弔焉，有老者哭之，如哭其子；少者哭之，如哭其母。彼其所以會之，必有不蘄言而言，不蘄哭而哭者。是遁天倍情，忘其所受，古者謂之遁天之刑。適來，夫子時也；適去，夫子順也。安時而處順，哀樂不能入也，古者謂是帝之縣解。」

指窮於爲薪，火傳也，不知其盡也。

【剖析】

本節為純粹寓言。秦失其為莊子杜撰人物，老聃雖有其人，然事屬子虛，借以表現其生死為一之思想而已。故莊子妻死，鼓盆而歌，若真以為其批評老聃，則受其謬也。文分四段：首段老聃死為起，言秦失弔喪不哀；二段弟子曰為承，怪秦失未能盡禮；三段然則弔焉若此可乎為轉，言老聃未能忘情，破除生死；四段指窮於為薪為合，言形往而神存，猶薪盡火傳。夫生死問題，莊子頗為達觀，若春夏秋冬，四時循環不息，周而復始。人若貪生怕死，受制於死神，則死亡暗陰常存乎心，人生有何樂趣可言？豈能談養生之道？是故安時處順，超然生死，不以哀樂累心，以善養生之道。

四、人間世

(六)顏回見仲尼論處世

顏回見仲尼，請行。曰：「奚之？」曰：「將之衞。」曰：「奚爲焉？」曰：「回聞衞君，其年壯，其行獨；輕用其國，而不見其過；輕用民死，死者以國量乎澤若蕉，民其無如矣。回嘗聞之夫子曰：『治國去之，亂國就之，醫門多疾。』願以所聞思其則，庶幾其國有瘳乎！」仲尼曰：「譆！若殆往而刑耳！夫道不欲雜，雜則多，多則擾，擾則憂，憂而不救。古之至人，先存諸己而後存諸人。所存於己者未定，何暇至於暴人之所行！且若亦知夫德之所蕩，而知之所爲出乎哉？德蕩乎名，知出乎爭。名也者，相軋也；知也者，爭之器也。二者凶器，非所以盡行也。且德厚信矼，未達人氣，名聞不爭，未達人心。而強以仁義繩墨之言，衒暴人之前者，是以人惡有其美也，命之曰菑人。菑人者，人必反菑之，若殆爲人菑夫！且苟爲悅賢而惡不肖，惡用而求有以異？若唯無詔，王公必將乘人而鬭其捷，而目將熒之，而色將平之，口將營之，容將形之，心且成之。是以火救火，以水救水，名之曰益多。順始無窮，若殆以不信厚言，必死於暴人之前矣！且昔者桀殺關龍逢，紂殺王子比干，是皆修其身以下傴拊人之民，以下拂其上者也，故其君因其修以擠之。是好名者也。昔者堯攻叢枝、胥敖，禹攻有扈，國爲虛厲，身爲刑戮；其用兵不止，其求實無已。是皆求名實者也，而獨不聞之乎？名實者，聖人之所不能勝也，而況若乎！雖然，若必有以也，嘗以語我來！」

顏回曰：「端而虛，勉而一，則可乎？」曰：「惡！惡可！夫以陽爲充孔揚，采色不定，常人之所不違，因案人之所感，以求容與其心。名之曰日漸之德不成，而況大德乎！將執而不化，外合而內不訾，其庸詎可乎！」「然則我內直而外曲，成而上比。內直者，與天爲徒。與天爲徒者，知天子之與己，皆天之所子，而獨以己言蘄乎而人善之，蘄乎而人不善之邪？若然者，人謂之童子，是之謂與天爲徒。外曲者，與人之爲徒也，擎跽曲拳，人臣之禮也，人皆爲之，吾敢不爲邪！爲人之所爲者，人亦無疵焉，是之謂與人爲徒。成而上比者，與古爲徒。其言雖教，讁之實也。古之有也，非吾有也。若然者，雖直而不病，是之謂與古爲徒。若是則可乎？」仲尼曰：「惡！惡可！大多政，法而不諜，雖固亦無罪。雖然，止是耳矣，夫胡可以及化！猶師心者也。」

顏回曰：「吾無以進矣，敢問其方？」仲尼曰：「齋，吾將語若！有心而爲之，其易邪？易之者，皞天不宜。」顏回曰：「回之家貧，唯不飲酒，不茹葷者，數月矣。如此則可以爲齋乎？」曰：「是祭祀之齋，非心齋也。」回曰：「敢問心齋？」仲尼曰：「若一志，無聽之以耳而聽之以心，無聽之以心，而聽之以氣！聽止於耳，心止於符。氣也者，虛而待物者也。唯道集虛。虛者，心齋也。」顏回曰：「回之未始得使，實自回也；得使之也，未始有回也；可謂虛乎？」夫子曰：「盡矣。吾語若！若能入遊其樊，而無感其名，入則鳴，不入則止。無門無毒，一宅而寓於不得已，則幾矣。絕迹易，無行地難。爲人使易以僞，爲天使難以僞。聞以有翼飛者矣，未聞以無翼飛者也；聞以有知知者矣，未聞以無知知者也。瞻彼闋者，虛室生白，吉祥止止。夫且不止，是之謂坐馳。夫徇耳目內通，而外於心知，鬼神將來舍，而況人乎！是萬物之化也，禹舜之所紐也，伏羲几蘧之所行終，而況散焉者乎！」

【剖析】

本節為重言式寓言。寄顏孔以顯化導之方，託聖賢以明心齋之道也。顏回仲尼雖有其人，然事純屬虛構。莊子筆下之孔子，一變而為宣揚莊子學說之道家人物。文分三段：首段顏回見仲尼請行，論處世之道，毋求名實。二段顏回曰端而虛，論處世之道，不可內直外曲，固執成見。三段顏回曰無以進矣，論處世之道，唯有心齋一法。夫人世羅網，險惡多端，亂世諫君尤難，德信不符，伐才沽名，則人惡其美，而為菑人。順始長惡，不信厚言，則必死於暴人之前。修身好名，以下拂上，則名成實喪。端謹虛心，既不足以化感氣。誠感、禮化、古訓，亦枉費心機。至於心齋，則氣虛而待物相勉，以達忘機而物我兩忘之境。則己化而物自化，方為亂世自處之道。曾湘鄉有言，惟忘機可以靡衆機，惟懵懂可以祓不祥，即此意耳。

㈨葉公問仲尼論處世

葉公子高將使於齊，問於仲尼曰：「王使諸梁也甚重，齊之待使者，蓋將甚敬而不急。匹夫猶未可動，而況諸侯乎！吾甚慄之。子常語諸梁也，曰：『凡事若小若大，寡不道以懽成。事若不成，則必有人道之患；事若成，則必有陰陽之患。若成若不成而後無患者，唯有德者能之。』吾食也執粗而不臧，爨無欲清之人。今吾朝受命，而夕飲冰，我其內熱與？吾未至乎事之情，而既有陰陽之患矣；事若不成，必有人道之患。是兩也，為人臣者，不足以任之，子其有以語我來！」仲尼曰：「天下有大戒二：其一命也，其一義也。子之愛親，命也，不可解於心；臣之事君，義也，無適而非君也，無所逃於天地之間。是之謂大戒。是以夫事其親者，不擇地而安之，孝之至也；夫事其君者，不擇事而安之，忠之盛也；自事其心者，哀樂不易施乎前，知其不可奈何而安之若命，德之至也。爲人臣子者，固有所不得已。行事之情，而忘其身，何暇至於悅生而惡死！夫子其行可矣！丘請復以所聞：凡交近則必相靡以信，遠則必忠之以言，言必或傳之。夫傳兩喜兩怒之言，天下之難者也。夫兩喜必多溢美之言，兩怒必多溢惡之言。凡溢之類妄，妄則其信之也莫，莫則傳言者殃。故法言曰：『傳其常情，無傳其溢言，則幾乎全。』且以巧鬬力者，始乎陽，常卒乎陰，泰至則多奇巧；以禮飲酒者，始乎治，常卒乎亂，泰至則多奇樂。凡事亦然。始乎諒，常卒乎鄙；其作始也簡，其將畢也必巨。言者，風波也；行者，實喪也。夫風波是以動，實喪易以危。故忿設無由，巧言偏辭。獸死不擇音，氣息茀然，於是並生心厲。剋核太至，則必有不肖之心應之，而不知其然也。苟爲不知其然也，孰知其所終！故法言曰：『無遷令，無勸成，過度益也。』遷令勸成殆事，美成在久，惡成不及改，可不愼與！且夫乘物以遊心，託不得已以養中，至矣。何作爲報也！莫若爲致命。此其難者。」

【剖析】本節為重言式寓言。借辦外交事，論處世之法。文分兩段：首段葉公子高將使於齊，內心矛盾，患得患失，事若不成，則必有人君之罰；事若有成，則喜而傷神。二段仲尼曰，言為人處世有兩大法則，曰命與義。以孝事親命也，為天命之依歸；以忠事君義也，為人事之當盡。安之若命，不易哀樂，自無得失之心，自私之念。袪除自私，排除自智，勿惹風波。傳其常情，勿傳其溢言，無遷令，無勸成，尤當遷合大道，以養其心。順任自然，則雖蠻貊之邦行矣。

(二十)螳臂擋車

顏闔將傅衛靈公太子，而問於蘧伯玉曰：「有人於此，其德天殺。與之爲無方，則危吾國；與之爲有方，則危吾身。其知適足以知人之過，而不知其所以過。若然者，吾奈之何？」蘧伯玉曰：「善哉問乎！戒之愼之，正汝身也哉！形莫若就，心莫若和。雖然，之二者有患。就不欲入，和不欲出。形就而入，且爲顚爲滅，爲崩爲蹶。心和而出，且爲聲爲名，爲妖爲孽。彼且爲嬰兒，亦與之爲嬰兒；彼且爲無町畦，亦與之爲無町畦；彼且爲無崖，亦與之爲無崖。達之，入於無疵。汝不知夫螳螂乎？怒其臂以當車轍，不知其不勝任也，是其才之美者也。戒之，愼之！積伐而美者以犯之，幾矣。汝不知夫養虎者乎？不敢以生物與之，爲其殺之之怒也；不敢以全物與之，爲其決之之怒也；時其肌飽，達其怒心。虎之與人異類而媚養己者，順也；故其殺者，逆也。夫愛馬者，以筐盛矢，以蜃盛溺。適有蚊虻僕緣，而拊之不時，則缺銜毀首碎胸。意有所至，而愛有所亡，可不愼邪！」

【剖析】

本節為重言式寓言。借顏闔傅衛靈公太子蒯聵，寓事暴君之難；託蘧伯玉之語，以形近而不同污，心和而不沽名，將順其美，匡救其惡，不犯其怒，以成其愛。事暴君如養虎，勵暴君如愛馬，洵為人情洞達之語，驚心動魄之辭，尤為發人深省。夫螳臂擋車，不自量力，自伐其美，必遭粉身碎骨之禍，顏闔恃才以當儲君之勢，何異乎螳螂哉？養虎愛馬，當順其性，而事君亦然，能不慎乎？故曰：形莫若就，心莫若和。此為其主旨也。

㈢櫟樹以不材而長壽

匠石之齊，至於曲轅，見櫟社樹。其大蔽數千牛，絜之百圍，其高臨山十仞，而後有枝，其可以爲舟者旁十數。觀者如市，匠伯不顧，遂行不輟。弟子厭觀之，走及匠石，曰：「自吾執斧斤以隨夫子，未嘗見材如此其美也。先生不肯視，行不輟，何邪？」曰：「已矣，勿言之矣！散木也，以爲舟則沈，以爲棺槨則速腐，以爲器則速毀，以爲門戶則液樠，以爲柱則蠹。是不材之木也，無所可用，故能若是之壽。」匠石歸，櫟社見夢曰：「女將惡乎比予哉？若將比予於文木邪？夫柤梨橘柚，果蓏之屬，實熟則剝，剝則辱；大枝折，小枝泄。此以其能苦其生者也，故不終其天年，而中道夭，自掊擊於世俗者也。物莫不若是。且予求無所可用久矣，幾死，乃今得之，爲予大用。使予也而有用，且得有此大也邪？且也若與予也皆物也，奈何哉其相物也？而幾死之散人，又惡知散木！」匠石覺而診其夢。弟子曰：「趣取無用，則爲社何邪？」曰：「密！若無言！彼亦直寄焉，以爲不知己者詬厲也。不爲社者，且幾有翦乎！且也彼其所保與衆異，而以義喻之，不亦遠乎！」

【剖析】

本節為純粹寓言。借不材樹木為喻，寓無用為用之理。文分四段：首段以匠石之齊為起，言匠石見大樹不屑一顧。二段弟子厭觀之為承，言匠石不顧大樹，弟子驚疑而問，匠石告以不材之木，無所可用，故能長壽。三段匠石歸為轉，言櫟樹託夢，文木夭折，散木天年，萬物莫不若是。四段匠石覺而驚其夢為合，言其所保與衆異，韜光隱晦，以無用為用，此乃自全之道。夫為人處世，亦當如是也。俗云：樹大招風，人怕出名豬怕肥，能不戒慎恐懼乎？

(二十)不材之木

南伯子綦遊乎商之丘，見大木焉有異，結駟千乘，隱將芘其所藾。子綦曰：「此何木也哉？此必有異材夫！」仰而視其細枝，則拳曲而不可爲棟梁；俯而視其大根，則軸解而不可以爲棺槨；咶其葉，則口爛而爲傷；嗅之，則使人狂酲，三日而不已。子綦曰：「此果不材之木也，以至於此其大也。嗟乎神人，以此不才！」宋有荊氏者，宜楸柏桑。其拱把而上者，求狙猴之杙者斬之；三圍四圍，求高名之麗者斬之；七圍八圍，貴人富商之家，求樿傍者斬之。故未終其天年，而中道之夭於斧斤，此材之患也。故解之以牛之白顙者，與豚之亢鼻者，與人有痔病者，不可以適河。此皆巫祝以知之矣，所以爲不祥也。此乃神人之所以爲大祥也。

【剖析】

本節為重言式寓言。借商丘大木，寓無用為用之理。文分兩段：首段言子綦見商丘大木，一無可取。次段言子綦因不材之木，而悟神人亦以不材全生。復舉有用三木：楸、柏、桑，中道夭折；不祥三物：白顙之牛，亢鼻之豬，痔病之人，得以享年。郭象云：夫王不材於百官，故百官御其事，而明者為之視，聰者為之聽，知者為之謀，勇者為之扞。夫何為哉？玄默而已。而群材不失其當，則不材乃材之所至賴也。故天下樂推而不厭，乘萬物而無害也。成玄英云：神聖之人，知佯造化，知不材無用，故得全生。

㈢支離疏以奇醜而享年

支離疏者，頤隱於臍，肩高於頂，會撮指天，五管在上，兩髀爲脅。挫鍼治繲，足以餬口；鼓筴播精，足以食十人。上徵武士，則支離攘臂而遊於其間；上有大役，則支離以有常疾不受功；上與病者粟，則受三鍾與十束薪。夫支離其形者，猶足以養其身，終其天年，又況支離其德者乎？

【剖析】

本節為純粹寓言。借支離形殘之人，以喻支離其德之義。夫支離疏者，為莊子杜撰之「鐘樓怪人」，其形雖奇醜無比，而其神則完美無缺。由此可見，莊子所重者為精神，而非物質；亦即所貴者為形而上之道，而非形而下之體。就美學觀點言：莊子所重者為內在之美，而非外在之美；如服裝店陳列之模特兒，徒具形狀之美，而無靈魂，則非真美也；反之，如支離疏者，則為純美矣。夫宇宙萬物亦然，不可以外形衡之。噫！世間庸俗之徒，焉知斯理哉！夫支離疏者，因身殘形缺，足以養身，終其天年，頗有塞翁失馬，焉知非福之意。老子云：禍兮福所倚，福兮禍所伏。可謂發人深省之語。張默生云：支離其德，即是忘德。忘德，即是不以德為德，亦即老子所謂「上德不德」之意。反之，若人有自多其才，自誇其能，以為可以建立功德於世；結果，不是力有不及，徒勞無功，便是為善近名，遭人嫉恨，則有違處世之道矣！郭象云：神人無用於物，而物各得自用，歸功名於群材，與物冥而無跡，故免人間之害，處常美之實，此支離其德者也。成玄英云：夫支離其形，猶忘形也；支離其德，猶忘德也。而況支離殘病，適是忘形，既非聖人，故未能忘德。夫忘德者，智周萬物而反智於愚，明並三光而歸明於昧，故能成功不居，為而不恃，推功名於群才，與物冥而無跡，斯忘德者也。夫忘形者猶足以養身終年，免乎人間之害，何說忘德者邪！其勝劣淺深，故不可同年而語矣。是知支離其德者，其唯聖人乎！

(二四)楚狂接輿之歌

孔子適楚，楚狂接輿遊其門曰：「鳳兮鳳兮，何如德之衰也！來世不可待，往世不可追也。天下有道，聖人成焉；天下無道，聖人生焉。方今之時，僅免刑焉。福輕乎羽，莫之知載；禍重乎地，莫之知避。已乎已乎，臨人以德！殆乎殆乎，畫地而趨！迷陽迷陽，無傷吾行！吾行卻曲，無傷吾足！」山木自寇也，膏火自煎也。桂可食，故伐之；漆可用，故割之。人皆知有用之用，而莫知無用之用也。

【剖析】

本節為重言式寓言。事見論語，似據其文演繹潤飾而成。莊子借接輿之歌，以寓人皆知有用之用，而莫知無用之用也。夫人處亂世，應知趨吉避凶，養生全身。幸福輕如羽毛，易而可取；災禍重如泰山，而不知躲避。山木自寇，膏火自煎，食桂可伐，用漆可割，人為財死，鳥為食亡，名利喪身，此皆咎由自取也。成玄英云：夫視聽知能，若有涯分。止於分內，可以全生；求其分外，必遭夭折。全生所以為福，夭折所以為禍。而分內之福，輕於鴻毛，貪競之徒，不知載之在己；分外之禍，重於厚地，執迷之途，不知避之去身。此蓋流俗之常患者也，故寄孔陸以彰其累也。

五、德充符

㈤王駘形殘而德全

魯有兀者王駘，從之遊者與仲尼相若。常季問於仲尼曰：「王駘，兀者也，從之遊者，與夫子中分魯。立不教，坐不議，虛而往，實而歸。固有不言之教，無形而心成者邪？是何人也？」仲尼曰：「夫子，聖人也，丘也直後而未往耳。丘將以爲師，而況不如丘者乎！奚假魯國！丘將引天下而與從之。」常季曰：「彼兀者也，而王先生，其與庸亦遠矣。若然者，其用心也獨若之何？」仲尼曰：「死生亦大矣，而不得與之變，雖天地覆墜，亦將不與之遺。審乎無假，而不與物遷，命物之化，而守其宗也。」常季曰：「何謂也？」仲尼曰：「自其異者視之，肝膽楚越也；自其同者視之，萬物皆一也。夫若然者，且不知耳目之所宜，而游心於德之和；物視其所一，而不見其所喪，視喪其足，猶遺土也。」常季曰：「彼爲己，以其知，得其心，以其心。得其常心，物何爲最之哉？」仲尼曰：「人莫鑑於流水，而鑑於止水，唯止能止衆止。受命於地，唯松柏獨也正，在冬夏青青；受命於天，唯舜獨也正，幸能正生，以正衆生。夫保始之徵，不懼之實。勇士一人，雄入於九軍，將求名而能自要者，而猶若是，而況官天地，府萬物，直寓六骸，象耳目，一知之所知，而心未嘗死者乎！彼且擇日而登假，人則從是也。彼且何肯以物爲事乎！」

【剖析】

本節為重言式寓言。借常季於孔子對話，說明兀者王駘，全其天德，忘其形骸。天德為人秉彝之真性，形骸為人寄託之軀殼。莊子杜撰殘廢人物，忘其形骸，惟德是務，於是德充於中，自然發為光輝，而獨秀人群，不僅本身忘其形殘貌醜，尤能使人忘其形殘貌醜，不惟忘其形殘貌醜，更令人敬愛倍至，如磁石之引鐵然。此即所謂「德充於中，而符應於外」之實際表現。王駘能保守本性，忘去形骸，雖形體偏殘，然內德充實；循外以葆中，即體以證道；自然心地活潑，而真機流露；宜乎立不敎，坐不議，即收潛移默化之功，此尤難能可貴者也。文分四段：首段以魯有王駘為起，言形殘王駘，其徒甚衆。常季疑問其故，孔子贊之為聖人。二段以常季曰彼兀者也為承，言守道不變，不與物遷，命物之化。三段以常季曰何謂也為轉，言遊心於德和，萬物皆一。四段以常季曰彼為己為合，言擇日登假，超出塵凡也。夫世俗之人，均以有形之物體，為美醜之判斷，而無形之物理，則無從察知矣。尤以世俗之女子，不修其內在之美德，專注外形之品貌，隆乳隆鼻，輕則破顏損容，重則殘身喪命，不亦悲乎！

㈢子產羞與兀者同行

申徒嘉，兀者也，而與鄭子產同師於伯昏無人。子產謂申徒嘉曰：「我先出則子止，子先出則我止。」其明日，又與合堂同席而坐。子產謂申徒嘉曰：「我先出則子止，子先出則我止。今我將出，子可以止乎，其未邪？且子見執政而不違，子齊執政乎？」申徒嘉曰：「先生之門，固有執政焉如此哉？子而說子之執政而後人者也？聞之曰：『鑑明則塵垢不止，止則不明也。久與賢人處則無過。』今子之所取大者，先王也，而猶出言若是，不亦過乎！」子產曰：「子既若是矣，猶與堯爭善，計子之德，不足以自反邪？」申徒嘉曰：「自狀其過，以不當亡者衆，不狀其過，以不當存者寡。知不可奈何而安之若命，唯有德者能之。遊於羿之彀中。中央者，中地也；然而不中者，命也。人以其全足，笑吾不全足者多矣，我怫然而怒；而適先生之所，則廢然而反。不知先生之洗我以善邪？吾與夫子遊十九年矣，而未嘗知吾兀者也。今子與我遊於形骸之內，而子索我於形骸之外，不亦過乎！」子產蹴然改容更貌曰：「子無乃稱。」

【剖析】

本節為重言式寓言。借子產恥與兀者同行，寓申徒嘉安命自得，形骸可外之意。文分四段：首段以申徒嘉兀者也為起，言子產雖於申徒嘉同門，然因其兀者，而羞與同行。二段以其明日為承，言明鏡無塵，賢人無過，指摘子產出言不遜。三段以子產曰子既若是矣為轉，言安之若命，唯有德者能之。四段以子產蹴然改容更貌為合，言子無乃稱。夫世間刑網，籠罩人類，猶處於羿之射鵠中，或不幸而中，或幸而不中，然而不中者命也。前者固不必有所怨尤，後者亦不可譏笑他人。應當安天任命，視軀殼為寄寓，等富貴如浮雲，勿忘生命之本源，而惟內德之是務。夫今世庸俗之徒，如子產之羞與兀者同行者，比比皆是，而譏笑兀者，亦常有之，而殘骸之人，自慚形穢者，十之八九，然能如申徒嘉安之若命，子產之蹴然改容者，而有幾人哉。蓋如伯昏無人未嘗知申徒嘉為兀者，則唯有莊子杜撰之筆下有之矣。郭象云：夫利害相攻，則天下皆羿也。自不遺身忘知與物同波者，皆遊於羿之彀中耳。雖張毅之出，單豹之處，猶未免於中地，則中與不中，唯在命耳。而區區者各有所遇，而不知命之自爾。故免乎弓矢之害者，自以為巧，欣然多己，及至不免，則自恨其謬而志傷神辱，斯未能達命之情者也。夫我之生也，夫我之所生也，則一生之內，百年之中，其坐起行止，動靜趣舍，情性知能，凡所有者，凡所無者，凡所為者，凡所遇者，皆非我也，理自爾耳。而橫生休戚乎其中，斯又逆自然而失者也。

㈦無趾以名聞爲桎梏

魯有兀者叔山無趾，踵見仲尼。仲尼曰：「子不謹，前既犯患若是矣。雖今來，何及矣！」無趾曰：「吾唯不知務而輕用吾身，吾是以亡足。今吾來也，猶有尊足者存，吾是以務全之也。夫天無不覆，地無不載，吾以夫子爲天地，安知夫子之猶若是也！」孔子曰：「丘則陋矣。夫子胡不入乎，請講以所聞！」無趾出。孔子曰：「弟子勉之！夫無趾，兀者也，猶務學以復補前行之惡，而況全德之人乎！」無趾語老聃曰：「孔丘之於至人，其未邪？彼何賓賓以學子爲？彼且蘄以諔詭幻怪之名聞，不知至人之以是爲己桎梏邪？」老聃曰：「胡不直使彼以死生爲一條，以可不可爲一貫者，解其桎梏，其可乎？」無趾曰：「天刑之，安可解！」

【剖析】

本節為重言式寓言。莊子杜撰無趾為其代言人，說明無趾不惟重德輕身，而且生死可齊，是非善惡可忘，視名聞為桎梏，與孔子之不忘現實，而侈談仁義者，為強烈之對比。文分四段：以魯有兀者為起，言見仲尼。二段以仲尼曰子不謹為承，言仲尼亦重形骸，頗為失望。三段以孔子曰丘則陋矣為轉，言兀者務學補愆，以勉弟子。四段無趾語老聃曰為合，言孔丘天生好名，難以解其桎梏。郭象云

：今仲尼非不冥也。顧自然之理，行則影從，言則嚮隨。夫順物則名跡斯立，而順物者非為名也。非為名則至矣，而終不免乎名，則孰能解之哉！故名者影嚮也，影嚮者形聲之桎梏也。明斯理也，則名跡可遺；名跡可遺，則尚彼可絕；尚彼可絕，則命可全矣。

(三六) 婦人競爲哀駘它媵妾

魯哀公問於仲尼曰：「衞有惡人焉，曰哀駘它，丈夫與之處者，思而不能去也。婦人見之，請於父母曰：『與爲人妻，寧爲夫子妾』者，十數而未止也。未嘗有聞其唱者也，常和人而已矣。無君人之位，以濟乎人之死，無聚祿以望人之腹。又以惡駭天下，和而不唱，知不出乎四域，且而雌雄合乎前。是必有異乎人者也。寡人召而觀之，果以惡駭天下。與寡人處，不至以月數，而寡人有意乎其爲人也；不至乎期年，而寡人信之。國無宰，寡人傳國焉。悶然而後應，氾而若辭，寡人醜乎？卒授之國。無幾何也，去寡人而行，寡人卹焉，若有亡也，若無與樂是國也。是何人者也？」仲尼曰：「丘也嘗使於楚矣，適見㹠子，食於其死母者，少焉眴若皆棄之而走。不見己焉爾，不得類焉爾。所愛其母者，非愛其形也，愛使其形者也。戰而死者，其人之葬也，不以翣資；刖者之屨，無爲愛之，皆無其本矣。爲天子之諸御，不翦爪，不穿耳；娶妻者止於外，不得復使。形全猶足以爲爾，而況全德之人乎！今哀駘它未言而信，無功而親，使人授己國，唯恐其不受也，是必才全而德不形者也。」哀公曰：「何謂才全？」仲尼曰：「死生存亡，窮達貧富，賢與不肖毀譽，饑渴寒暑，是事之變，命之行也；日夜相代乎前，而知不能規乎其始者也。故不足以滑和，不可入於靈府。使之和豫，通而不失於兌；使日夜無郤，而與物爲春，是接而生時於心者也。是之謂才全。」「何謂德不形？」曰：「平者，水停之盛也。其可以爲法也，內保之而外不蕩也。德者，成和之修也。德不形者，物不能離也。」哀公異日以告閔子曰：「始也吾以南面而君天下，執民之紀而憂其死，吾自以爲至通矣。今吾聞至人之言，恐吾無其實，輕用吾身，而亡其國。吾與孔丘，非君臣也，德友而已矣。」

【剖析】

本節為重言式寓言。哀駘它形雖奇醜，內德具足，令人益覺其可愛，而忘其形體。文分四段：首段以魯哀公問於仲尼曰為起，言哀駘它其貌不揚，一無是處，既無功名利祿，又乏口才智慧，然人皆愛之，而問其故？二段以仲尼曰丘也嘗使於楚矣為承，言哀駘它必才全而德不形者也。三段以哀公曰何謂才全為轉，言隨變任化，無往而不逍遙自得，謂之才全。四段以何謂德不形為合，言物不能離，謂之德不形。本文莊子筆下之孔子，已非孔子本來面目，而為莊子之代言人矣。莊子重德不重貌，重內不重外，塑造醜人哀駘它，女人見之，「與為人妻，寧為其妾。」蓋為虛構之事，藉以強調德之可貴耳。衡之常情，似乎不太可能。尤以今世婦女言之，如哀駘它者，品貌不揚，無財無勢，亦無才華者，誰願愛之？復舉㹠子棄死母為例，謂非愛其形也，愛使其形者也。反之，戰而死者，不用棺飾；刖者無足，不需鞋襪，皆無其本矣。由此可知，無形之德，勝於有形之體矣。成玄英云：哀駘才全德滿，為物歸依，大順群生，物忘其醜。遂使丈夫與之同處，戀仰不能捨去；婦人美其才德，競請為其媵妾。十數未止，明其慕義者多；不為人妻，彰其道能感物也。

(廿九)靈桓悅醜者覷全人

闉跂支離無脤，說衞靈公，靈公說之；而視全人，其脰肩肩。甕盎大癭說齊桓公，桓公說之；而視全人，其脰肩肩。

【剖析】

本節為純粹寓言。莊子虛構奇形怪狀之人，而寓德有所長，而形有所忘之義。靈桓二公，見怪不怪，反以不怪為怪，其所見為神，而非其形也。俗謂「情人眼裏出西施」，靈桓因愛其無形之美德，而忘其有形之醜態也。成玄英云：此二人者，窮天地之陋，而俱能忘形建德，體道談玄。遂使齊衞兩君，欽風愛悅，美其盛德，不覺病醜，顧視全人之頸，翻小而自肩肩者。

(三十)惠子與莊子論人情

惠子謂莊子曰：「人故無情乎？」莊子曰：「然。」惠子曰：「人而無情，何以謂之人？」莊子曰：「道與之貌，天與之形，惡得不謂之人？」惠子曰：「既謂之人，惡得無情？」莊子曰：「是非吾所謂情也。吾所謂無情者，言人之不以好惡內傷其身，常因自然而不益生也。」惠子曰：「不益生，何以有其身？」莊子曰：「道與之貌，天與之形，無以好惡內傷其身。今子外乎子之神，勞乎子之精，倚樹而吟，據（槁）梧而瞑。天選子形，子以堅白鳴！」

【剖析】

本節為重言式寓言。莊子借與惠子對話，以見不能忘形，又不能忘情之人，徒具全形，不知內充其德，外神勞精，以致形怠心倦，終成可憐之態，此中得失，不言而喻，安能與殘疾之人相比，而德充於內，應符於外哉。文分四段：首段以惠子謂莊子曰為起，言人故無情。二段以惠子曰人而無情為承，言天道與人形貌。三段以惠子曰既謂之人為轉，言不以好惡傷身，常因自然益生。四段以惠子曰不益生為合，言天賜人形，竟以智辯末技，妄自爭鳴。焦竑云：惠子厚於才，而薄於德，遂問好惡之情，答以性命之情，所以深救其失，使道貌天形不傷於好惡，有形無情常因乎自然，至是則德充物符，彼己兩盡，是非好惡化於忘言，何在乎外神勞精而以堅白鳴哉！

六、大宗師

㈢道無所不在

夫道，有情有信，無為無形；可傳而不可受，可得而不可見；自本自根，未有天地，自古以固存；神鬼神帝，生天生地；在太極之先，而不為高，在六極之下，而不為深，先天地生而不為久，長於上古而不為老。狶韋氏得之，以挈天地；伏戲氏得之，以襲氣母；維斗得之，終古不忒；日月得之，終古不息；堪坏得之，以襲崑崙；馮夷得之，以遊大川；肩吾得之，以處大山；黃帝得之，以登雲天；顓頊得之，以處玄宮；禺強得之，立乎北極；西王母得之，坐乎少廣，莫知其始，莫知其終；彭祖得之，上及有虞，下及五伯；傅說得之，以相武丁，奄有天下，乘東維，騎箕尾，而比於列星。

【剖析】

本篇為純粹寓言。莊子借狶韋氏等人物，說明道無所不在之意。其筆下諸神，半屬子虛。故宣穎云：以上諸神，半出荒唐。莊子但取以寓意，不暇論也。莊子所謂之道，非造物主上帝，而是宇宙事物之原理，不受時空之限制，故謂在太極之先而不為高，在六極之下而不為深。先天地生而不為久，長於上古而不謂老。文天祥正氣歌云：天地有正氣，雜然賦流形，下則為河嶽，上則為日星。其所謂正氣，亦卽萬物之道也。郭象云：言道之無所在不也，故在高為無高，故深為無深，在久為無久、在老為無老，無所不在，而所在皆無也。且上下無不格者，不得以高卑稱也；外內無不至者，不得以表裏名也；與化俱移者，不得言久也；終始常無者，不可謂老也。

㊂南伯子葵問道於女偊

南伯子葵問乎女偊曰：「子之年長矣，而色若孺子，何也？」曰：「吾聞道矣。」南伯子葵曰：「道可得學邪？」曰：「惡！惡可！子非其人也。夫卜梁倚有聖人之才，而無聖人之道；我有聖人之道，而無聖人之才，吾欲以敎之，庶幾其果爲聖人乎！不然，以聖人之道，告聖人之才，亦易矣。吾猶守而告之，參日而後能外天下；已外天下矣，吾又守之，七日而後能外物；已外物矣，吾又守之，九日而後能外生；已外生矣，而後能朝徹；朝徹，而後能見獨；見獨，而後能無古今；無古今，而後能入於不死不生。殺生者不死，生生者不生。其爲物，無不將也，無不迎也；無不毁也，無不成也。其名爲攖寧。攖寧也者，攖而後成者也。」南伯子葵曰：「子獨惡乎聞之？」曰：「聞諸副墨之子，副墨之子聞諸洛誦之孫，洛誦之孫聞之瞻明，瞻明聞之聶許，聶許聞之需役，需役聞之於謳，於謳聞之玄冥，玄冥聞之參寥，參寥聞之疑始。」

【剖析】

本節為重言式寓言。借南伯子葵與女偊對話，說明學道之次第。文分三段：首段為南伯子葵問乎女偊，言以聞道，故色若孺子。次段南伯子葵曰道可學邪？言道名為攖寧。末段南伯子葵曰子獨惡乎聞之？言學道始乎副墨之子，終於疑始。其層次井然，妙詞無窮，運用擬人化，活潑生動，理旨淳厚，情趣盎然。女偊色如孺子，蓋有道之人，無是非利害患得患失之心，無憂無慮，悠閒自得，道蘊於內，而形諸於外，自然容色佳美也。夫歷盡滄桑，飽經憂患之士，其能色如孺子乎？成玄英云：女偊久聞至道，故能攝衛養生，年雖老，猶有童顏之色，駐彩之狀。覩其容色，既無常人，心懷景慕，故詢其方術也。

(十三)祀與犁來四友

子祀子輿子犁子來四人相與語曰：「孰能以無爲首，以生爲脊，以死爲尻；孰知生死存亡之一體者，吾與之友矣。」四人相視而笑，莫逆於心，遂相與爲友。俄而子輿有病，子祀往問之。曰：「偉哉！夫造物者，將以予爲此拘拘也！」曲僂發背，上有五管，頤隱於齊，肩高於頂，句贅指天。陰陽之氣有沴，其心閒而無事，跰䠥而鑑於井，曰「嗟乎！夫造物者，又將以予爲此拘拘也！」子祀曰：「汝惡之乎？」曰：「亡，予何惡！浸假而化予之左臂以爲雞，予因以求時夜；浸假而化予之右臂以爲彈，予因以求鴞炙；浸假而化予之尻以爲輪，以神爲馬，予因以乘之，豈更駕哉！且夫得者，時也，失者，順也；安時而處順，哀樂不能入也。此古之所謂縣解也。而不能自解者，物有結之。且夫物不勝天久矣，吾又何惡焉？」俄而子來有病，喘喘然將死，其妻子環而泣之。子犁往問之曰：「叱！避！無怛化！」倚其戶與之語，曰：「偉哉造化！又將奚以汝為，將奚以汝適？以汝為鼠肝乎？以汝為蟲臂乎？」子來曰：「父母於子，東西南北，唯命之從。陰陽於人，不翅於父母；彼近吾死，而我不聽，我則悍矣，彼何罪焉！夫大塊載我以形，勞我以生，佚我以老，息我以死。故善吾生者，乃所以善吾死也。今之大冶鑄金，金踊躍曰『我且必為鏌鋣』，大冶必以為不祥之金。今一犯人之形，而曰『人耳人耳』，夫造化者必以為不祥之人。今一以天地為大鑪，以造化為大冶，惡乎往而不可哉！」成然寐，蘧然覺。

【剖析】

本節為純粹寓言。祀與犂來四友，為莊子筆下杜撰之人物，不必浪費筆墨，加以考證。蓋宇宙之道理，既為抽象無形之物，尤以生死羅網，俗人難以突破，借四子對話，說明其理。文分四段：首段以子祀子輿子犂子來四人相與語曰為起，言孰能知生死存亡為一體。二段以俄而子輿有病為承，言子輿患怪病，身雖彎腰駝背，而心閒無事。三段以子祀曰汝惡之乎為轉？言安時處順，哀樂不能入也。四段以俄而子來有病為合，言死化為鼠肝蟲臂乎？以天地為大鑪，以造化為大冶。夫生老病死，為人生莫大之痛苦，生樂死苦，為人之常情，孰能看破生死哉？子輿患病，奇形怪狀，不僅毫無怨言，且心地坦然。言化左臂為雞，固以司晨報曉；化右臂為彈，固以求鴞炙；化尻為輪，以神為馬，固以乘之。何其灑脫哉！子來有病將死，子犂往問之，叱避無怛化，言造化將化為鼠肝蟲臂乎？子來以天地爲大鑪，以造化爲大冶，視生寤死寐，豈常人所能及哉！郭象云：夫死生猶寤寐耳。於理當寐，不願人驚之，將化而生亦宜，無爲怛之也。又云：死生猶晝夜耳，未足爲遠也。時當死，亦非所禁，而橫有不聽之心，適足悍逆於理以速其死。其死之速，由於我悍，非死之罪也。

(卅四)臨尸而歌

子桑戶孟子反子琴張三人相與友曰：「孰能相與於無相與，相爲於無相爲？孰能登天游霧，撓挑無極；相忘以生，無所終窮？」三人相視而笑，莫逆於心，遂相與爲友。莫然有閒，而子桑戶死，未葬。孔子聞之，使子貢往侍事焉。或編曲，或鼓琴，相和而歌曰：「嗟來桑戶乎！嗟來桑戶乎！而已反其眞，而我猶爲人猗！」子貢趨而進曰：「敢問臨尸而歌，禮乎？」二人相視而笑曰：「是惡知禮意！」子貢反，以告孔子曰：「彼何人者邪？修行無有，而外其形骸，臨尸而歌，顏色不變，無以命之。彼何人者邪？」孔子曰：「彼游方之外者也，而丘游方之內者也。外內不相及，而丘使女往弔之，丘則陋矣。彼方且與造物者爲人，而遊乎天地之一氣。彼以生爲附贅縣疣，以死爲決𤴯潰癰，夫若然者，又惡知死生先後之所在！假於異物，託於同體，忘其肝膽，遺其耳目；反覆終始，不知端倪；芒然彷徨乎塵垢之外，逍遙乎無爲之業。彼又惡能憒憒然爲世俗之禮，以觀衆人之耳目哉！」子貢曰：「然則夫子何方之依？」孔子曰：「丘天之戮民也。雖然，吾與汝共之。」子貢曰：「敢問其方？」孔子曰：「魚相造乎水，人相造乎道。相造乎水者，穿池而養給；相造乎道者，無事而生定。故曰：魚相忘乎江湖，人相忘乎道術。」子貢曰：「敢問畸人？」曰：「畸人者，畸於人而侔於天。故曰

：天之小人，人之君子；人之君子，天之小人也。」

【剖析】

本節為重言式寓言。莊子寓託方外三士，借孔子之口，說明相忘生死之理。文分六段：首段子桑戶等三人相與為友，言相忘以生，無所終窮。二段有間而子桑戶死，孔子使子貢往弔子桑戶之喪，二友臨尸而歌，謂已反其真。三段子貢反，言彷徨乎塵垢之外，逍遙乎無為之業。四段子貢曰，問夫子何方之依。五段子貢曰敢問其方，言魚相忘乎江湖，人相忘乎道術。六段子貢問畸人，言畸於人而侔於天。張然生云：生死既能忘懷，則是非、仁義、禮俗、均無不可忘。總之一切皆忘，甚至連道術亦忘。惟忘、始能空諸一切，能空諸一切，始能合於大道。似此，則無論於方內方外，理原於一，兩無窒礙。莊子借孔子之言，願與子貢所共遊者，即是此等境界。

㈤孟孫才母喪不哀

顏回問仲尼曰：「孟孫才其母死，哭泣無涕，中心不戚，居喪不哀。無是三者，以善處喪蓋魯國。固有無其實而得其名者乎？回壹怪之。」仲尼曰：「夫孟孫氏盡之矣，進於知矣。唯簡之而不得，夫已有所簡矣。孟孫氏不知所以生，不知所以死；不知就先，不知就後；若化為物，以待其所不知之化已乎！且方將化，惡知不化哉？方將不化，惡知已化哉？吾特與汝，其夢未始覺者邪！且彼有駭形，而無損心，有旦宅而無情死。孟孫氏特覺，人哭亦哭，是自其所以乃。且也相與吾之耳矣，庸詎知所謂吾之乎？且汝夢為鳥而厲乎天，夢為魚而沒於淵。不識今之言者，其覺者乎，其夢者乎？造適不及笑，獻笑不及排，安排而去化，乃入於寥天一。」

【剖析】

本節為重言式寓言，莊子借孔子之口，說明人生若夢，順任自然之理。文分兩段：首段顏回問仲尼曰，孟孫才居喪不哀，反而以善守喪禮冠絕魯國，頗有名實不符之疑。二段仲尼曰，言孟孫氏已盡禮，安排而去化。夫人生若大夢，夢為鳥而厲乎天，夢為魚而沈於淵，此與莊周夢為蝴蝶而栩栩然，頗有異曲同工之妙。孟孫氏盡方內之禮，行方外之道，視塵世若大夢，生死變滅無常，所以不必生樂死悲，大有不可知論之味。推其主旨，歸依自然，安排而任化，與大道冥合。郭象云：夢之時自以為覺，則馬知今者之非夢耶，亦馬知其非覺耶？覺夢之化，無往而不可，則死生變，無時而足惜也。成玄英云：且為鳥為魚，任性逍遙，處死處生，居然自得。而魚鳥既無優劣，死生亦何勝負而係之哉！孟孫妙達斯源，所以未嘗介意。又不知今之所論魚鳥者，為是覺中而辯，為是夢中而說乎？夫人夢中，自以為覺；今之覺者，何妨夢中！是知覺夢生死，未可定也。

(三六)意而子見許由論仁義

意而子見許由。許由曰：「堯何以資汝？」意而子曰：「堯謂我：『汝必躬服仁義而明言是非。』」許由曰：「而奚來為軹？夫堯既已黥汝以仁義，而劓汝以是非矣，汝將何以遊夫遙蕩恣睢轉徙之塗乎？」意而子曰：「雖然，吾願遊於其藩。」許由曰：「不然。夫盲者，無以與乎眉目顏色之好，瞽者，無以與乎青黃黼黻之觀。」意而子曰：「夫無莊之失其美，據梁之失其力，黃帝之亡其知，皆在鑪捶之間耳。庸詎知夫造物者之不息我黥而補我劓，使我乘成以隨先生邪？」許由曰：「噫！未可知也。我爲汝言其大略。吾師乎！吾師乎！齍萬物而不爲義，澤及萬世而不爲仁，長於上古而不爲老，覆載天地，刻彫衆形而不爲巧。此所遊已。」

【剖析】

本節為重言式寓言。借重古賢人意而子與許由之對話，揭示大宗師之主旨，以見仁義是非之害道也。文分起承轉合四段：首段以意而子見許由之至明言是非為起，言堯崇尚仁義是非。二段以許由曰至吾願遊於其藩為承，言堯雖以仁義是非害道，寧願遊逍遙放蕩縱任變化之境。三段以許由曰至以隨先生邪為轉，言無莊忘美、據梁忘勇、黃帝忘智，皆因聞道故。四段以許由曰至此所遊已為合，言以道為大宗師，道不為仁義老巧。老子云：「大道廢，有仁義。」吾人必須忘去仁義，泯除是非，以涉道之藩籬，冀以升堂入室。是故學道，必先排除成見，易以誠心與虛心；傳道，必須慎重將事，因材施教，亦可忘授及躐等，如意而子與許由者，足以為人師法矣。

(三七)顏回忘我

顏回曰：「回益矣。」仲尼曰：「何謂也？」曰：「回忘仁義矣。」曰：「可矣，猶未也。」他日復見曰：「回益矣。」曰：「何謂也？」曰：「回忘禮樂矣。」曰：「可矣，猶未也。」他日復見曰：「回益矣。」曰：「何謂也？」曰：「回坐忘矣。」仲尼蹴然曰：「何謂坐忘？」顏回曰：「墮肢體，黜聰明，離形去知，同於大通，此謂坐忘。」仲尼曰：「同則無好也，化則無常也。而果其賢乎！丘也請從而後也。」

【剖析】

本節為重言式寓言。借孔聖顏賢之對話，說明坐忘之義。坐忘與心齋雷同，亦卽忘我之意。夫人之患，患在有我，人若無我，離形去智，則無禍福利害是非苦樂之可言矣。莊子重言，完全任意設施，取便己意。莊子筆下之孔子，任意塑造，不必其道行賢於弟子，明乎此，顏回向夫子說坐忘之道，不足怪也。文分起承轉合四段：首段以顏回曰至猶未也為起，言回忘仁義。二段他日復見曰至猶未也為承，言回忘禮樂。三段以他日復見曰至何謂坐忘為合，言回坐忘。四段以顏回曰至丘也請從而後也為合，言坐忘卽大道也。郭象云：夫坐忘者，奚所不忘哉！既忘其迹，又忘其所以迹者，內不覺其一身，外不識有天地，然後曠然與變化為體而無不道也。

(三六)子桑鼓琴而歌

子輿與子桑友，而霖雨十日。子輿曰：「子桑殆病矣！」裹飯而往食之。至子桑之門，則若歌若哭，鼓琴曰：「父邪！母邪！天乎！人乎！」有不任其聲，而趨舉其詩焉。子輿入曰：「子之歌詩，何故若是？」曰：「吾思夫使我至此極者而弗得也。父母豈欲吾貧哉？天無私覆，地無私載，天地豈私貧我哉？求其爲之者而不得也。然而至此極者，命也夫！」

【剖析】

本節為純粹寓言。子輿子桑為杜撰人物，莊子藉以說明「安分守命」之義。文分四段：首段以子輿與子桑友至裹飯而往食之為起，言與思桑貧病。二段至子桑之門至而趨舉其詩焉。言子桑若歌若哭。三段子輿入曰至命也夫為合，言貧窮命也。夫萬物生存死亡，得失禍福，皆為命也。萬物之所以為萬物，可謂之命；萬物之各有形性，可謂之分。吾人若能安分守命，卽合乎自然，合乎天道。自然天道，二而一者也。本篇主旨，取法於大宗師，以人合天也。夫子桑之安分守命，安貧樂道。儒家之生死有命，富貴在天，亦相通也。成玄英云：夫父母慈造，不欲饑凍；天地無私，豈獨貧我！思量主宰，皆是自然，尋求來由，竟無兆朕。而使我至此窮極者，皆我之賦命也，亦何惜之有哉！

七、應帝王

(三九)齧缺問道於王倪

齧缺問於王倪，四問而四不知。齧缺因躍而大喜，行以告蒲衣子。蒲衣子曰：「而乃今知之乎？有虞氏不及泰氏。有虞氏其猶藏仁以要人，亦得人矣，而未始出於非人。泰氏其臥徐徐，其覺于于，一以己為馬，一以己為牛；其知情信，其德甚眞，而未始入於非人。」

【剖析】

本節為純粹寓言。齧缺王倪為杜撰之人物，藉以說明治理天下，不可藏仁以要人；應當體道而行，絕去物累。道本不可知，而知者非道；道亦不可言，而言者非道。文分兩段：首段以齧缺問於王倪，喜悟道之不可知。次段蒲衣子曰，言泰氏體認大道，渾同自然。焦竑云：真知無知，是以能無不知。帝王之道，尤宜忘知以任物，使聽者為之聽，明者為之視，知者為之謀，勇者為之捍，吾則端拱而致無為之治，豈不偉歟！道合乎天，而人歸之，此應帝王之第一義也。

(四十)肩吾見接輿論法治

肩吾見狂接輿。狂接輿曰：「日中始何以語女？」肩吾曰：「告我君人者，以己出經式義度，人孰敢不聽而化諸！」狂接輿曰：「是欺德也。其於治天下也，猶涉海鑿河而使蚊負山也。夫聖人之知也，治外乎？正而後行，確乎能其事者而已矣。且鳥高飛，以避矰弋之害；鼷鼠深穴乎神丘之下，以避熏鑿之患，而曾二蟲之無知！」

【剖析】

本節為重言式寓言。借接輿之言，說明內聖外王之義。文分兩段：首段肩吾見接輿，言以法度治國。二段接輿曰，言法治天下，猶涉海鑿河，使蚊負山。夫治天下，當正己以正百物，是治內，非治外；是治本，非治標；由體而用，由內聖而外王。郭象云：夫寄當於萬物，則無事而自成；以一身制天下，則功莫就而任不勝也。成玄英云：夫溟海弘博，深廣難窮，而穿之為河，必無成理。猶大道遐曠，玄絕難知，而鑿之為義，其功難克。又蚊蟲至小，山岳極高，令其負荷，無由勝任。以智經綸，用仁理物，能小謀大，其義亦然。

(四十一)無名人論治天下

天根遊於殷陽，至蓼水之上，適遭無名人而問焉，曰：「請問爲天下。」無名人曰：「去！汝鄙人也，何問之不豫也！予方將與造物者爲人，厭，則又乘夫莽眇之鳥，以出六極之外，而遊無何有之鄉，以處壙埌之野。汝又何舁以治天下感予之心爲？」又復問。無名人曰：「汝遊心於淡，合氣於漠，順物自然而無容私焉，而天下治矣。」

【剖析】

本節爲純粹寓言。天根與無名人，均爲杜撰人物，借無名人之口，說明治天下之理。文分二段：首段天根遊於殷陽，無名人謂與造物者爲友。次段又復問，言順物自然，而無容私。夫治理天下，當無欲無私，清靜無爲，先有出世之心，然後始可入世爲治。郭象云：任性自生，公也；心欲益之，私也；容私果不足以生生，而順公乃全也。成玄英云：隨造化之物情，順自然之本性，無容私作法術，措意治之。放而任之，則物我全之矣。

㈣老聃論明王之治

陽子居見老聃曰：「有人於此，嚮疾強梁，物徹疏明，學道不勌。如是者可比明王乎？」老聃曰：「是於聖人也，胥易技係，勞形怵心者也。且也虎豹之文來田，猨狙之便執斄之狗來藉。如是者可比明王乎？」陽子居蹴然曰：「敢問明王之治？」老聃曰：「明王之治，功蓋天下，而似不自己，化貸萬物，而民弗恃；有莫舉名，使物自喜，立乎不測，而遊於無有者也。」

【剖析】

本節爲重言式寓言。借重古聖老聃之名，說明治理天下，立乎不測，遊於無有之理。文分兩段：首段陽子居見老聃，言學道不倦，勞形怵心者也。二段陽子居蹴然曰，言明王之治，功蓋天下，而民弗恃。夫治理天下，不可自居功德，自揚名聲，當無心任化，以盡其無為而為，為而不為之理。虎豹以文獵，猨猴以敏縶，庶人無罪，懷璧其罪，知能足以招禍，宇宙萬物，莫不皆然，豈可不慎乎？郭象云：天下若無明王，則莫能自得。令之自得，實明王之功也。然功在無為，而還任天下。天下皆得自任，故似非明王之功。成玄英云：夫聖人為政，功侔造化，覆等玄天，載周厚地，而功成不處，故非己為之也。

㊸壺子四相

鄭有神巫曰季咸，知人之死生存亡，禍福壽夭，期以歲月旬日若神。鄭人見之，皆棄而走。列子見之而心醉，歸以告壺子曰：「始吾以夫子之道為至矣，則又有至焉者矣！」壺子曰：「吾與汝既其文，未既其實，而固得道與？衆雌而無雄，而又奚卵焉！而以道與世亢，必信，夫故使人得而相汝。嘗試與來，以予示之。」明日，列子與之見壺子。出而謂列子曰：「嘻！子之先生死矣！弗活矣！不以旬數矣！吾見怪焉，見溼灰焉。」列子入，泣涕沾襟，以告壺子。壺子曰：「鄉吾示之以地文，萌乎不震不止。是殆見吾杜德機也，嘗又與來。」明日又與之見壺子。出而謂列子曰：「幸矣！子之先生遇我也！有瘳矣，全然有生矣！吾見其杜權矣。」列子入以告壺子。壺子曰：「鄉吾示之以天壤，名實不入，而機發於踵。是殆見吾善者機也。嘗又與來。」明日又與之見壺子。出而謂列子曰：「子之先生不齊，吾無得而相焉。試齊且復相之。」列子入以告壺子。壺子曰：「吾鄉示之以太冲莫勝。是殆見吾衡氣機也，鯢桓之審為淵，止水之審為淵，流水之審為淵。淵有九名，此處三焉，嘗又與來。」明日又與之見壺子。立未定，自失而走。壺子曰：「追之！」列子追之不及。反以報壺子曰：「已滅矣，已失矣，吾弗及也。」壺子曰：「鄉吾示之以未始出吾宗。吾與之虛而委蛇，不知其誰何，因以爲弟靡，因以爲波流，故逃也。」然後列子自以爲未始學而歸，三年不出。爲其妻爨，食豕如食人。於事無與親，彫琢復朴，塊然獨以其形立。紛而封哉，一以是終。

【剖析】

本節為重言式寓言。借重列子之賢，壺子之口，說明內聖外王無上妙理，非小智淺見之人所能窺測。文分六段：首段自鄭有神巫至以予示之，言神巫季咸善相術，列子文而不實。二段自明日至嘗又與來，言列子示之以地文。三段自明日又與之見壺子至嘗又與來，言示之以天壤。四段自明日又與之見壺子至此處三焉，嘗又與來，言示之以太沖莫勝。五段自明日又與之見壺子至故逃也，言示之以萬象俱空之境。六段自然後列子至一以是終，言列子雕琢復朴。老子云：「大智若愚」。夫人之喜怒，不形於色，心如死水，形如槁木，如壺子者，神咸豈能測知？今之江湖術士，巧言令色，庸俗之徒，信以為真；小則失財失身，大則家破人亡；愚蠢無知，何其悲哉！成玄英云：壺丘示見，義有四重：第一，示妙本虛凝，寂而不動；第二，示迹應感，動而不寂；第三，本迹相即，動寂一時；第四，本迹兩忘，動寂雙遣。張默生云：善治天下者，亦當以壺子為法，體大道之無為無形，處於神妙不測之境，以默化群生；否則亦當如列子之猛然醒悟，回頭是岸；至若季咸之小技淺術，一意玩弄機智，舍本逐末，直是管窺蠡測之見，其於治天下有何裨益。

圝一竅不通

南海之帝爲儵，北海之帝爲忽，中央之帝爲渾沌。儵與忽時相與遇於渾沌之地，渾沌待之甚善。儵與忽謀報渾沌之德，曰：「人皆有七竅，以視聽食息，此獨無有，嘗試鑿之。」日鑿一竅，七日而渾沌死。

【剖析】

本節為純粹寓言。儵忽渾沌者，乃杜撰人物，說明有為而治，違反自然，於事無補，足以喪生。此喻揠苗助長，違反天性，愛之惜以害之也。人類之愚蠢，有如儵忽者，比比皆是，自以為聰明，實則一竅不通，故以此命篇，當知老子「大智若愚」之言，而為惕勵也。本篇雖短，然結構謹嚴，布局井然，以南海之帝為「起」，以儵忽相遇為「承」，以儵忽謀報為「轉」，以日鑿一竅為「合」，文筆簡明，為文學上乘之作也。張默生云：本段是莊子書中最精之寓言，是從本篇立意之反面寫去。本篇立意既在無心而任化，卽當依順自然，決不可有所作為。此處之渾沌，既可喻「有物混成，先天地生」之道體，卽必囊括大塊，體物而不遺。儵與忽南北稱帝，未始非混沌之顯現，如欲報混沌之德，卽當不忘其所自，常遇於渾沌之地，而相忘於無形；豈可倏忽妄動自傷其本，而為開孔鑿竅之是務？後世治天下者，每欲逞其私智，而為背理之宰割，正有類於儵忽之殘鑿混沌矣。本篇既重在針砭有為，而主因應無為之道，所以謂此段正是反面之寫法。復次，此段亦可作道家之「宇宙發生」論視之，渾沌，可視作「無極」或「太極」——是「一」；儵與忽，可視作「兩儀」或「陰陽」——是「二」

物；二與一為「三」。二又不安其分，於是開孔鑿竅，以至於「七」，從此智端一開，則天下之事事物物由此生，是非善惡由此成，而交光互影之華麗世界，則呈現森羅萬象矣！洵非虛語，深獲我心也。成玄英云：夫運四肢以滯境，鑿七竅以染塵，乘渾沌之至淳，順有無之取舍；是以不終天年，中塗夭折。勗哉學者，幸勉之焉！

丙、外篇

八、駢拇

㚻臧穀亡羊

臧與穀二人相與牧羊，而俱亡其羊。問臧奚事，則挾筴讀書；問穀奚事，則博塞以遊。二人者，事業不同，其於亡羊均也。伯夷死名於首陽之下，盜跖死利於東陵之上，二人者所死不同，其於殘生傷性均也；奚必伯夷之是，而盜跖之非乎！

【剖析】

本節為純粹寓言。以臧穀亡羊為喻，寓殘生損性之義。文分兩段：首段臧與穀二人相與牧羊至其於亡羊均也，言一以讀書亡羊，一以博塞亡羊，讀書博塞，其因不同，其果亡羊相同。此為比喻描寫法。次段伯夷死名於首陽之下，至而盜跖之非乎！此為直接描寫法。言伯夷為名而死，盜跖為利而亡，名利不同，其因雖異，其果亡身相同。伯夷盜跖為名利而亡身，臧穀為讀書博塞而亡羊，其理一也。推而廣之，小人殉利，士人殉名；大夫殉家，聖人殉天下，其理一也。夫世俗之人，爭名逐利，終以名利亡身，與臧穀之亡羊何異？郭象云：天下皆以不殘為善，今均於殘生，則雖所殉不同，不足復計也。夫生奚為殘，性奚為易哉？皆由乎尚無為之跡也。若知迹之由乎無為而成，則絕尚去甚而反冥我極矣。堯桀將均於自得，君子小人奚辦哉！

九、馬蹄

㚇伯樂陶匠治馬埴木

馬，蹄可以踐霜雪，毛可以禦風寒，齕草飲水，翹足而陸，此馬之眞性也。雖有義臺路寢，無所用之。及至伯樂曰：「我善治馬。」燒之剔之，刻之雒之，連之以羈馽，編之以皁棧，馬之死者十二三矣；饑之渴之，馳之驟之，整之齊之；前有橛飾之患，而後有鞭筴之威，而馬之死者，已過半矣。陶者曰：「我善治埴，圓者中規，方者中矩。」匠人曰：「我善治木，曲者中鉤，直者應繩。」夫埴木之性，豈欲中規矩鉤繩哉？然且世世稱之曰：「伯樂善治馬，而陶匠善治埴木。」此亦治天下者之過也。

【剖析】

本節為純粹寓言。以伯樂治馬、陶匠治埴木為喻，寓苛政猛於虎之意。本文結構謹嚴，凡分四段：首段馬蹄可以踐霜雪至無所用之為起，言馬自由生活於原野為其真性，為直敘法，猶詩之賦也。二段及至伯樂曰至已過半矣為承，言伯樂自以為善治馬，結果殘害馬之生命，為比喻法，猶詩之比也。三段陶者曰至豈欲中規矩鉤繩哉為轉，言匠人自以為善治木，結果殘害木之生命，亦為比喻法，陶匠治埴木，猶伯樂治馬，猶詩之比也。四段然且世世稱之曰至此亦治天下者之過也為合，言伯樂治馬，陶匠治木，亦猶君主之治天下也，為間接法，猶詩之興也。成玄英云：馬之為性，欣於原野，雖有高臺大殿，無所用之。況清虛之士，淳樸之民，樂彼茅茨，安茲甕牖，假使丹楹刻桷，於我何為！郭象云：夫善御者，將以盡其能也。盡能在於自任，而乃走作馳步，求其過能之用，故有不堪而多死馬。若乃任駑驥之力，適遲疾之分，雖則足迹接乎八荒之表，而衆馬之性全矣。而惑者聞任馬之性，乃謂放而不乘；聞無為之風，遂云行不如臥；何其往而不返哉！斯失乎莊生之旨遠矣。世以任自然而不加巧者為不善於治也，揉曲為直，厲駑習驥，能為規矩以矯拂其性，使死而後已，乃謂之善治也，不亦過乎！老子云：無心作為，人民自然感化；清靜不擾，人民自然正常。按外篇多申老之說，此文亦然，疑係莊子之徒所撰也。

十、胠篋

(四七)盜亦有道

故跖之徒問於跖曰：「盜亦有道乎？」跖曰：「何適而無有道邪！夫妄意室中之藏，聖也；入先，勇也；出後，義也；知可否，知也；分均，仁也。五者不備，而能成大盜者，天下未之有也。」

【剖析】

本節為純粹寓言。以盜亦有道，寓大盜竊國之意。夫竊鉤者誅，竊國者侯，其竊一也，而有天壤之別。如田成子者，不僅竊齊國，並盜聖智之法以護身，其與跖何異？盜跖為真小人，而田成子可謂偽君子矣。聖賢禮法之創設，本用以防盜制賊，而反遭盜賊所竊，用為護身之名器，張其恣肆之慾，殘民以自肥。禮法既為繩小民有餘，防大盜不足，故主張莫若絕棄聖智禮法，以免為大盜所乘，而慨乎言之：聖人生而大盜起，聖人不死，大盜不止。法國羅蘭夫人云：「民主啊！自由啊！多少罪惡假汝名以行。」痛哉斯言！夫古今中外，均有盜名欺世之徒，蒙羊皮之狼，人生處世，能不慎乎？

十一、在宥

(四八) 絕聖棄知而天下治

崔瞿問於老聃曰：「不治天下，安臧人心？」老聃曰：「汝愼無攖人心。人心排下而進上，上下囚殺，淖約柔乎剛強。廉劌彫琢，其熱焦火，其寒凝冰。其疾俛仰之閒而再撫四海之外，其居也淵而靜，其動也縣而天。僨驕而不可係者，其唯人心乎！昔者黃帝始以仁義攖人之心，堯舜於是乎股無胈，脛無毛，以養天下之形，愁其五藏以爲仁義，矜其血氣以規法度。然猶有不勝也，堯於是放讙兜於崇山，投三苗於三峗，流共工於幽都，此不勝天下也，夫施及三王而天下大駭矣。下有桀跖，上有曾史，而儒墨畢起。於是乎喜怒相疑，愚知相欺，善否相非，誕信相譏，而天下衰矣；大德不同，而性命爛漫矣；天下好知，而百姓求竭矣。於是乎釿鋸制焉，繩墨殺焉，椎鑿決焉。天下脊脊大亂，罪在攖人心。故賢者伏處大山嵁巖之下，而萬乘之君憂慄乎廟堂之上。今世殊死者相枕也，桁楊者相推也，刑戮者相望也，而儒墨乃始離跂攘臂乎桎梏之閒。意，甚矣哉！其無愧而不知恥也甚矣！吾未知聖知之不爲桁楊接槢也，仁義之不爲桎梏鑿枘也，焉知曾史之不爲桀跖嚆矢也！故曰『絕聖棄知而天下大治。』」

【剖析】

本節為重言式寓言。借重古聖老子之言，說明絕聖棄智而天下治之理。崔瞿為杜撰人物，以不治天下，如何使人心向善，質疑於老聃，此為問答體形式。老子答語可分為三段：首段女慎無攖人心至其唯人心乎，說明人心內而好勝向上，則上下囚殺；外而虛僞善變，則忽冷忽熱，動靜無常，喜怒不一。故應使人心靜如止水，無攖人心也。次段昔者黃帝以仁義攖人心，堯舜矜其血氣以規法度，於是愚智相欺，善否相非，禮教刑具叢生，天下大亂，罪在攖人心。末段今世至大治，說明統治者黥鼻五刑，遂使鐐銬刑戮成衢，殊死者相枕，殘兀滿路，慘酷之狀，觸目驚心。仁義聖智復為統治工具，成為刑具之楔木孔柄，在此慘絕人寰之人間地獄，不得不感慨系之，而發出絕聖棄智之嘆息矣。郭象云：若夫任自然而居當，則賢愚襲情而貴賤履位，君臣上下，莫匪爾極，而天下無患矣。斯迹也，遂攖天下之心，使奔馳而不可止。故中知以下，莫不外飾其性以眩惑衆人，惡直醜正，蕃徒相引。是以任真者失其據，而崇偽者窃其柄，於是主憂於上，民困於下矣。

㊻廣成子論修道永生

黃帝立爲天子十九年，令行天下，聞廣成子在於空同之山，故往見之，曰：「我聞吾子達於至道，敢問至道之精。吾欲取天地之精，以佐五穀，以養民人，吾又欲官陰陽，以遂群生，爲之奈何？」廣成子曰：「而所欲問者，物之質也；而所欲官者，物之殘也。自而治天下，雲氣不待族而雨，草木不待黃而落，日月之光益以荒矣。而佞人之心翦翦者，又奚足以語至道！」黃帝退，捐天下，築特室，席白茅，閒居三月，復往邀之。廣成子南首而臥，黃帝順下風膝行而進，再拜稽首而問曰：「聞吾子達於至道，敢問，治身奈何而可以長久？」廣成子蹶然而起，曰：「善哉問乎！來！吾語女至道。至道之精，窈窈冥冥；至道之極，昏昏默默。無視無聽，抱神以靜，形將自正，必靜必清，無勞女形，無搖女精，乃可以長生。目無所見，耳無所聞，心無所知，女神將守形，形乃長生。愼女內，閉女外，多知爲敗。我爲女遂於大明之上矣，至彼之陽之原也；爲女入於窈冥之門矣，至彼至陰之原也。天地有官，陰陽有藏，愼守女身，物將自壯。我守其一，以處其和，故我修身千二百歲矣，吾形未嘗衰。」黃帝再拜稽首曰：「廣成子之謂天矣！」廣成子曰：「來！余語女。彼其物無窮，而人皆以爲終；彼其物無測，而人皆以爲有極。得吾道者，上爲皇而下爲王；失吾道者，上見光而下爲土。今夫百昌皆生於土而反於土，故余將去女，入無窮之門，以遊無極之野。吾與日月參光，吾與天地無常，當我，緡乎！遠我，昏乎！人其盡死，而我獨存乎！」

【剖析】

本節為重言式寓言。借重黃帝與廣成子之對話，説明至道之精，在於治身永生之理。文分三段：首段黃帝立為天子十九年至又奚足以語至道，廣成子以黃帝所問者為物之形質，非至道之精。次段黃帝退至吾形未嘗衰，言至道之精，靜寂無形，目無所見，耳無所聞，可以養生。末段黃帝再拜稽首至而我獨存乎！言至道無窮，深不可測，與日月同光，天地並存。夫形而上之道，先天地而有，充塞乎宇宙萬物之中，不受時空之局限，不生不滅者也。郭象云：夫老莊之所以屢稱無者，何哉？明生物者無物而物自生耳。自生耳，非為生也，又何有為於己生乎！成玄英云：夫百物昌盛，皆生於地，及其彫落，還歸於土。世間萬物，從無而生，死歸空寂。生死不二，不滯一方，今將去女任適也。

(五十) 鴻蒙論養心

雲將東遊，過扶搖之枝而適遭鴻蒙。鴻蒙方將拊脾雀躍而遊。雲將見之，倘然止，贄然立，曰：「叟何人邪？叟何爲此？」鴻蒙拊脾雀躍不輟，對雲將曰：「遊！」雲將曰：「朕願有問也。」鴻蒙仰而視雲將曰：「吁！」雲將曰：「天氣不和，地氣鬱結，六氣不調，四時不節。今我願合六氣之精，以育群生，爲之奈何？」鴻蒙拊脾雀躍掉頭曰：「吾弗知！吾弗知！」雲將不得問。又三年，東遊，過有宋之野而適遭鴻蒙。雲將大喜，行趨而進曰：「天忘朕邪？天忘朕邪？」再拜稽首，願聞於鴻蒙。鴻蒙曰：「浮遊，不知所求；猖狂，不知所往；遊者鞅掌，以觀無妄。朕又何知！」雲將曰：「朕也自以爲猖狂，而民隨予所往；朕也不得已於民，今則民之放也。願聞一言。」鴻蒙曰：「亂天之經，逆物之情，玄天弗成；解獸之群，而鳥皆夜鳴；災及草木，禍及止蟲。意，治人之過也！」雲將曰：「然則吾奈何？」鴻蒙曰：「意，毒哉！僊僊乎歸矣。」雲將曰：「吾遇天難，願聞一言。」鴻蒙曰：「意，心養。汝徒處無爲，而物自化。墮爾形體，吐爾聰明，倫與物忘；大同乎涬溟。解心釋神，莫然無魂。萬物云云，各復其根，各復其根而不知；渾渾沌沌，終身不離；若彼知之，乃是離之。無問其名，無闚其情，物故自生。」雲將曰：「天降朕以德，示朕以默；躬身求之，乃今也得。」再拜稽首，起辭而行。

【剖析】

本節為純粹寓言。杜撰雲將鴻蒙，說明徒處無為而物自化之理。文分三段：首段雲將東遊至雲將不得問，言雲將願合六氣之精，以育群生。次段又三年至僊僊乎歸矣，言治人之過。末段雲將曰至起辭而行，言心養之理。夫道家崇尚無為，順乎自然；故凡人為之治，謂亂天之經，逆物之情，玄天弗成；解獸之群，而鳥皆夜鳴；災及草木，禍及止蟲。惟有養心，物固自化。郭象云：理與物皆不以存懷，而闇付自然，則無為而自化矣。成玄英云：墮形體，忘身也。吐聰明，忘心也。身心兩忘，物我雙遣，是養心也。

十二、天地

(五十)黃帝遺玄珠

黃帝遊乎赤水之北，登乎崑崙之丘而南望，還歸，遺其玄珠。使知索之而不得，使離朱索之而不得，使喫詬索之而不得也。乃使象罔，象罔得之。黃帝曰：「異哉！象罔乃可以得之乎？」

【剖析】

本節為純粹寓言。借黃帝遺玄珠之故事，喻無心得道之理，頗有阿難拈花微笑，而覺佛理；六祖捧喝，頓悟禪機。本文雖短，布局井然，亦具起承轉合之結構。以黃帝遊乎赤水之北為起，言其遺珠。以使知索之而不得為承，言刻意求之而不可得也。以乃使象罔為轉，言象罔得之。以黃帝曰為合，言象罔得遺珠。夫以玄珠喻道，以知喻心智，以離朱喻目，以喫詬喻耳，以象罔喻無心。言有心尋珠，反不可得，因道非耳目所能見聞也。唯有棄除心機智巧，於靜寂無心之中，方能體會大道。成玄英云：

罔象，無心之謂。離聲色，絕思慮，故知與離朱自涯而反，喫詬言辯，用力失真，唯罔象無心，獨得玄珠也。

㈤許由論治亂之率

堯之師曰許由，許由之師曰齧缺，齧缺之師曰王倪，王倪之師曰被衣。堯問於許由曰：「齧缺可以配天乎？吾藉王倪以要之。」許由曰：「殆哉圾乎天下！齧缺之為人也，聰明叡知，給數以敏，其性過人，而又乃以人受天。彼審乎禁過，而不知過之所由生。與之配天乎？彼且乘人而無天，方且本身而異形，方且尊知火馳，方且為緒使，方且為物絯，方且四顧而物應，方且應衆宜，方且與物化而未始有恆。夫何足以配天乎？雖然，有族，有祖，可以為衆父，而不可以為衆父父。治，亂之率也，北面之禍也，南面之賊也。」

【剖析】

本節為重言式寓言。借重許由與堯言，喻治為亂之率也。本文堯欲以齧缺配天命而為天子，許由謂其師缺齧聰明過人，以人為而棄自然，審乎禁過，而不知過之所由生，禍亂之賊也。其事雖屬虛構，由此可知，莊子寓言中，師不必賢於弟子，弟子不必不如師也。莊子不過借許由之口，以說明其思想而已。成玄英云：夫聖人治天下也，冕旒垂目，黈纊塞耳，所以杜聰明，不欲多聞多見。今齧缺乃內懷聖知，外眩聰明，詞鋒捷辯，計數弘遠，德行性識，所作過人；其迹既彰，必以為患。

㈤華封人論壽富多男子

堯觀乎華。華封人曰：「嘻，聖人！請祝聖人。」「使聖人壽。」堯曰：「辭。」「使聖人富。」「使聖人多男子。」堯曰：「辭。」封人曰：「壽，富，多男子，人之所欲也。女獨不欲，何邪？」堯曰：「多男子則多懼，富則多事，壽則多辱。是三者，非所以養德也，故辭。」封人曰：「始也我以女爲聖人邪，今然君子也。天生萬民，必授之職。多男子而授之職，則何懼之有！富而使人分之，則何事之有！夫聖人鶉居而鷇食，鳥行而無彰；天下有道，則與物皆昌；天下無道，則修德就閒；千歲厭世，去而上僊；乘彼白雲，至於帝鄉；三患莫至，身常無殃。則何辱之有！」封人去之。堯隨之，曰：「請問。」封人曰：「退已！」

【剖析】

本節為重言式寓言，借重堯與封人對話，說明聖人隨遇而安，順乎自然，如鶉居鷇食，鳥行而無迹。文分四段：首段堯觀乎華至堯曰辭，言堯辭封人壽富多子之祝。二段封人曰至故辭，言堯以多懼多事多辱而辭三祝。三段封人曰至則何辱之有，言多男子而授之職，富而使人分之，壽而上僊至於帝鄉，則無富壽多男子之患也。四段封人去之至退已，言所疑已決，宜速退歸也。文中封人，實為莊子之代言人。夫多男子，若不施以良好教育，造就其才，不堪授之以職，如今之不良少年然，為非作歹，禍延父母，則豈非有多懼之患？若為富不仁，驕奢淫逸，小則傷身，大則喪命；或庶民無罪，懷璧其罪，則豈非有多事之患？若長壽處世，競於名利，奔走鑽營，患得患失，勢必自取其辱，則豈非有多辱之患？是故，唯有羽化登仙，至於帝鄉，三患莫至，身常無殃。則何辱之有？郭象云：物皆得所而志定也。寄之天下，故無事也。夫至人極壽命之長，任窮通之變，其生也天行，其死也物化，故云厭世而上僊也。成玄英云：天地造化為萬物，各有才能，量才授官，有何憂懼！百姓富饒，四海殷實，寄之群有而不以私焉，斯事無為也。夫聖人達生死之不二，通變化之為一，故能盡天年之脩短，厭囂俗以消升。何必鼎湖之擧，獨為上僊，安期之壽，方稱千歲！

(五四)子高責禹德衰刑立

堯治天下，伯成子高立爲諸侯。堯授舜，舜授禹，伯成子高辭爲諸侯而耕。禹往見之，則耕在野。禹趨就下風，立而問焉，曰：「昔堯治天下，吾子立爲諸侯。堯授舜，舜授予，而吾子辭爲諸侯而耕。敢問，其故何也？」子高曰：「昔堯治天下，不賞而民勸，不罰而民畏。今子賞罰而民且不仁，德自此衰，刑自此立，後世之亂，自此始矣。夫子闔行邪？无落吾事。」倨倨乎耕而不顧。

【剖析】

本節為重言式寓言。借重禹與伯成子高之言，說明刑立德衰之理。本文言伯成子高為堯諸侯，禹治天下，其辭而耕在野，禹往而問其故，子高責以行刑政。事屬子虛，子高亦為杜撰人物。莊子藉子高之口，指桑罵槐，以譏後世行刑政之君也。郭象云：夫禹時三聖相承，治成德備，功美漸去，故史籍無所載，仲尼不能閒，是以雖有天下而不與焉，斯乃有而無之也。故考其時而禹為最優，計其人則雖三聖，故一堯耳。時無聖人，故天下之心俄然歸啓。夫至公而居當者，付天下於百姓，取與之非己，故失之不求，得之不辭，忽然而往，侗然而來，是以受非毀於廉節之士而名列於三王，未足怪也。莊子因斯以明堯之弊，弊起於堯而釁成於禹，況後世之無聖乎！寄遠跡於子高，便棄而不治，將以絶聖而反一，遺知而寧極耳。其實則未聞也。夫莊子之言，不可以一途詰，或以黃帝之迹禿堯舜之脛，豈獨貴堯而賤禹哉！故當遺其所寄，而錄其絕聖棄智之意焉。

(五十五)孔子問道於老聃

夫子問於老聃曰：「有人治道若相放，可不可，然不然。辯者有言曰：『離堅白若縣寓。』若是則可謂聖人乎？」老聃曰：「是胥易技係勞形怵心者也。執狸之狗成思，猨狙之便自山林來。丘，予告若，而所不能聞與而所不能言。凡有首有趾无心无耳者衆，有形者與无形无狀而皆存者盡无。其動，止也；其死，生也；其廢，起也，此又非其所以也。有治在人，忘乎物，忘乎天，其名爲忘己。忘己之人，是之謂入於天。」

【剖析】

本節為重言式寓言。借重孔子與老子之對話，說明統治者當忘己之理。夫人之患者，患其有身，因其有身，而不能忘我，故為物之所役也。如胥吏治事，為技能所累，案牘勞形，苦駭心神。獵犬捕狸，因技受縶，焦急憂思。猿猴因靈巧，捕於山林，此皆不能忘己之故也。郭象云：人之所不能忘者，己也，己猶忘之，又奚識哉！斯乃不識不知而冥於自然。成玄英云：凡天下難忘者，己也，而己尚能忘，則天下有何物足存哉！是知物我兼忘者，故冥會自然之道也。

(五十六)將閭葂見季徹論政

將閭葂見季徹曰：「魯君謂葂也曰：『請受教。』辭不獲命，既已告矣，未知中否，請嘗薦之。吾謂魯君曰：『必服恭儉，拔出公忠之屬而无阿私，民孰敢不輯！』」季徹局局然笑曰：「若夫子之言，於帝王之德，猶螳蜋之怒臂以當車軼，則必不勝任矣。且若是，則其自爲處危，其觀臺多物將往投迹者衆。」將閭葂覤覤然驚曰：「葂也汒若於夫子所言矣。雖然，願先生之言其風也。」季徹曰：「大聖之治天下也，搖蕩民心，使之成教易俗，舉滅其賊心而皆進其獨志，若性之自爲，而民不知其所由然。若然者，豈兄堯舜之教民，溟涬然弟之哉？欲同乎德而心居矣。」

【剖析】

本節為重言式寓言。借重將閭葂與季徹對話，說明大聖之治，順乎民性，滅其賊心，進其獨志之理。文分四段：首段將閭葂見季徹，言恭儉公忠無私。二段季徹局局然笑曰，言將閭葂之語，猶螳臂當車。三段將閭葂覤覤然驚曰，願聞其方。四段季徹曰，言為政者，使民順乎自然而心安理得。夫任何事物，若違反自然，勉強而求之，必適得其反，猶東施之效顰，醜態畢露矣！為政之理，何尚不然。郭象云：夫志各有趣，不可相效也。故因其自搖而搖之，則雖搖而非為也；因其自蕩而蕩之，則雖蕩而非動也。故其賊心自滅，獨志自進，教成俗易，悶然無迹，履性自為而不知所由，皆云我自然矣。成玄英云：夫聖治天下，大順群生，乘其自搖而作法，因其自蕩而成教；是以教成而迹不顯，俗易而物不知，皆除滅其賊害之心，而進脩獨化之志。不動於物，故若性之自為；率性而動，故不知其所由然也。

(七七)渾沌氏之術

子貢南遊於楚，反於晉，過漢陰，見一丈人方將爲圃畦，鑿隧而入井，抱甕而出灌，搰搰然用力甚多而見功寡。子貢曰：「有械於此，一日浸百畦，用力甚寡而見功多，夫子不欲乎？」爲圃者卬而視之曰：「奈何？」曰：「鑿木爲機，後重前輕，挈水若抽，數如泆湯，其名爲槔。」爲圃者忿然作色而笑曰：「吾聞之吾師，有機械者必有機事，有機事者必有機心，機心存於胸中，則純白不備；純白不備，則神生不定；神生不定者，道之所不載也。吾非不知，羞而不爲也。」子貢瞞然慚，俯而不對。有閒，爲圃者曰：「子奚爲者邪？」曰：「孔丘之徒也。」爲圃者曰：「子非夫博學以擬聖，於于以蓋衆，獨弦哀歌以賣名聲於天下者乎？汝方將忘汝神氣，墮汝形骸，而庶幾乎！而身之不能治，而何暇治天下乎！子往矣，無乏吾事！」子貢卑陬失色，頊頊然不自得，行三十里而後愈。其弟子曰：「向之人何爲者邪？夫子何故見之變容失色，終日不自反邪？」曰：「始吾以爲天下一人耳，不知復有夫人也。吾聞之夫子，事求可，功求成。用力少，見功多者，聖人之道。今徒不然。執道者德全，德全者形全，形全者神全。神全者，聖人之道也。託生與民竝行而不知其所之，汒乎淳備哉！功利機巧，必忘夫人之心。若夫人者，非其志不之，非其心不爲。雖以天下譽之，得其所謂，謷然不顧；以天下非之，失其所謂，儻然不受。天下之非譽，無益損焉，是謂全德之人哉！我之謂風波之民。」反於魯，以告孔子。孔子曰：「彼假修渾沌氏之術者也；識其一，不知其二；治其內，而不治其外。夫明白入素，无爲復朴，體性抱神，以遊世俗之閒者，汝將固驚邪？且渾沌氏之術，予與汝何足以識之哉！」

【剖析】

本節為重言式寓言。借重子貢遇丈人及孔子之言，喻反樸歸真之理。文分四段：首段子貢南遊於楚至羞而不為也，言道無機心。二段子貢瞞然慙至無乏吾事，言子貢不能治身，焉能治天下。三段子貢卑陬失色至我之謂風波之民，言聖人之道神全者也。四段反於魯至予與汝何足以識之哉，言渾沌氏之術，明白入素，无為復朴，體性抱神。夫道家崇尚自然，反對人為，桔槔挈水雖利，然以人為，故圃者不屑為之；抱甕灌園雖苦，然以合乎自然，故圃者樂而為之。自機械發達，促成物質文明以來，人類沉醉於洋房汽車之豪華生活中，然於精神生活又如何？成玄云：夫有機關之器者，必有機動之務；有機動之務者，必有機變之心。機變存乎胸府，則純粹素白不圓備矣。純粹素白不圓備，則精神緣境，生滅不定。不定者，至道不載也，是以羞而不為。此未體真脩，故抱一守白者也。

(五八)苑風論聖治神德

諄芒將東之大壑，適遇苑風於東海之濱。苑風曰：「子將奚之？」曰：「將之大壑。」曰：「奚為焉？」曰：「夫大壑之為物也，注焉而不滿，酌焉而不竭；吾將遊焉。」苑風曰：「夫子无意於橫目之民乎？願聞聖治。」諄芒曰：「聖治乎？官施而不失其宜，拔舉而不失其能，畢見其情事而行其所為，行言自為而天下化，手撓顧指，四方之民莫不俱至，此之謂聖治。」「願聞德人。」曰：「德人者，居无思，行無慮，不藏是非美惡。四海之內共利之之謂悅，共給之之為安，怊乎若嬰兒之失其母也，儻乎若行而失其道也。財用有餘，而不知其所自來，飲食取足，而不知其所從，此謂德人之容。」「願聞神人。」曰：「上神乘光，與形滅亡，此謂照曠。致命盡情，天地樂而萬事銷亡，萬物復情，此之謂混冥。」

【剖析】

本節為純粹寓言。以諄芒遇苑風之故事，說明聖治、德人、神人之理。文分四段：首段諄芒將東之大壑至吾將遊焉，言大海之無窮。二段苑風曰至此之謂聖治，言聖治自為而化。三段願聞德人至此謂德之容，言德人無是非美惡。四段願聞神人至此之謂混冥，言神人萬物復情。夫返樸歸真，為道家之最高境界。人以物質之欲望，迷失本真。故陽明之學，主明心見性，禪宗之「身若菩提樹，心似明鏡臺，時時勤拂拭，莫使惹塵埃。」頗有異曲同工之妙。六祖之「菩提本非樹，明鏡亦非臺，本來無一物，那得惹塵埃。」其境界益高，與老子無名之道同矣。成玄英云：妙契道境，得無所得，故曰德人。德人凝神端拱，寂爾無思，假令應物行化，曾無謀慮。懷道抱德，物我俱忘，豈容蘊蓄是非，包藏善惡耶！夫德人惠澤弘博，徧覃群品，故貨財將四海共同，資給與萬民無別，是以普天慶悅，率土安寧。夫嬰兒失母，心怊悵而無所依；行李迷途，神儻莽而無所據，用斯二事，以況德人也。

(廿九)赤張滿稽論政

門無鬼與赤張滿稽觀於武王之師。赤張滿稽曰：「不及有虞氏乎！故離此患也。」門無鬼曰：「天下均治而有虞氏治之邪？其亂而後治之與？」赤張滿稽曰：「天下均治之為願，而何計以有虞氏為！有虞氏之藥瘍也，禿而施髢，病而求醫。孝子操藥以修慈父，其色燋然，聖人羞之。至德之世，不尙賢，不使能；上如標枝，民如野鹿；端正而不知以爲義，相愛而不知以爲仁，實而不知以爲忠，當而不知以爲信，蠢動而相使，不以爲賜。是故行而無迹，事而無傳。」

【剖析】

本節爲純粹寓言。借門無鬼與赤張滿稽對話，言至德之世，人民相愛於自然之境。夫禿頭，才需戴假髮；有病，才需飲湯藥；天下混亂，才需仁義忠信以治民。故至德之世，行而無迹，事而無傳，毋須仁義忠信之治；猶健康之人，毋須湯藥之療也。郭象云：天下皆患創亂，故求虞氏之藥。成玄英云：夫身患創，故求醫療，亦猶世逢紛擾，須聖人治之。是以不病則無醫，不亂則無聖。鬢髮如雲，不勞施髢；幸無疾恙，豈假醫人！是知天下清平，無煩大聖。

(六十)厲人夜半生子

厲之人夜半生其子，遽取火而視之，汲汲然唯恐其似己也。

百年之木，破爲犧尊，青黃而文之，其斷在溝中。比犧尊於溝中之斷，則美惡有閒矣，其於失性一也。

【剖析】

本節爲純粹寓言。以厲人夜半生子爲喻，言醜婦亦冀生美女，惡人亦期爲善也。此皆人之本性，雖一時因物欲而迷失，然皆有浪子回頭，迷途知返之日耳。至於百年之木，破而爲二，一爲廟堂之犧尊，一為溝壑之棄木，貴賤榮辱不同，然其喪失木性，同為枯木，兩者無異耳，此猶臧穀之亡羊也。郭象云：厲、惡人也。言天下皆不願為惡，及其為惡，或迫於勞役，或迷而失性耳。然迷者自思復，而厲者自思善，故我無為而天下自化。南華副墨云：厲人生子，恐其似己，人莫不自知也，而大愚大惑之人，乃至終身不解不靈，則不如厲人矣！欲人深思而得之言意之表。成玄英云：言醜人半夜生子，遽取火而看之，情意匆忙，恐其似己。而厲醜惡之甚，尚希改醜以從妍，欲明愚惑之徒，豈不厭迷以思悟耶！釋之不推，自無憂患。郭侍郎云：厲之人夜半生其子，別出一義以收足上意。以己同俗，亦善俗之同乎己，不知其非也。厲者生子，而懼其似己，於此顧不求同焉，惟自知其厲也。然則其同於俗也，與其強己以同於厲無以異也，而憯然不辨其非，亦唯其不知焉而已。

十三、天道

(六十) 堯舜論王天下

昔者舜問於堯曰：「天王之用心何如？」堯曰：「吾不敖无告，不廢窮民，苦死者，嘉孺子而哀婦人。此吾所以用心已。」舜曰：「美則美矣，而未大也。」堯曰：「然則何如？」舜曰：「天德而出寧，日月照而四時行，若晝夜之有經，雲行而雨施矣。」堯曰：「膠膠擾擾乎！子，天之合也；我，人之合也。」夫天地者，古之所大也，而黃帝堯舜之所共美也。故古之王天下者，奚爲哉？天地而已矣。

【剖析】

本節為重言式寓言。借重堯舜之對話，言王天下者，法乎天地之理。文分三段：首段昔者舜問於堯曰至而未大也，言仁民愛物，用心雖美，而未盡善也。次段堯曰然則何如至人之合也，言晝夜循環，雲行雨降，合乎自然也。末段夫天地者至天地而已矣，言治天下，應效法天地運行之理。夫天何言哉，四時行焉；地何言哉，百物生焉。春夏秋冬，循環不已；宇宙萬物，生生不息。此皆自然之理，何庸揠苗助長哉！成玄英云：夫日月盛明，六合俱照，春秋涼暑，四序運行，晝夜昏明，雲行雨施，皆天地之大德，自然之常道者也。既無心於偏愛，豈有情於養育！帝王之道，其義亦然。

(六十) 擊鼓求亡子

孔子西藏書於周室。子路謀曰：「由聞周之徵藏史有老聃者，免而歸居，夫子欲藏書，則試往因焉。」孔子曰：「善。」往見老聃，而老聃不許，於是繙十二經以說。老聃中其說，曰：「大謾，願聞其要。」孔子曰：「要在仁義。」老聃曰：「請問仁義，人之性邪？」孔子曰：「然。君子不仁則不成，不義則不生。仁義，眞人之性也，又將奚爲矣？」老聃曰：「請問，何謂仁義？」孔子曰：「中心物愷，兼愛無私，此仁義之情也。」老聃曰：「意，幾乎後言！夫兼愛，不亦迂乎！無私焉，乃私也。夫子若欲使天下無失其牧乎？則天地固有常矣，日月固有明矣，星辰固有列矣，禽獸固有群矣，樹木固有立矣。夫子亦放德而行，循道而趨，已至矣；又何偈偈乎揭仁義，若擊鼓而求亡子焉？意，夫子亂人之性也！」

【剖析】

本節爲重言式寓言。借重孔子與老聃之對話，言高擧仁義，猶擊鼓而追捕逃亡之人，鼓聲愈大，而亡子其奔愈遠，則適得其反，以喻雖欲求道，而離道愈遠。文分四段：首段孔子西藏書於周室至善，言子路請孔子見老聃。二段往見老聃至要在仁義，言十二經之要旨為仁義。三段老聃曰至又將奚為矣？言仁義為真人之性也。四段老聃曰請問何謂仁義至夫子亂人之性也，言仁義徒亂人性。夫仁義為人為所定之標準，儒家責人本主義，一切以人類為中心，其是非好惡，皆以人之利害關係而定，所謂益蟲害蟲者，無不以人之主觀而謂之，若以蟲之本身言，何有益害之理？道家責自然主義，人類亦為萬物之一，與萬物一視同仁，則人之與螻蟻地位相等，有何高下之別？故莊子謂仁義亂人之性。成玄英云：言孔丘勉勵身心，擔負仁義，強行於世，以教蒼生，何異乎打擊大鼓而求覓亡子，是以鼓聲愈大而亡者愈離，仁義彌彰而去道彌遠，故無由得之。亡子不獲，罪在鳴鼓；真性不明，過由仁義；故發噫歎，總結之也。

(六三) 士成綺見老子問修身

士成綺見老子而問曰：「吾聞夫子聖人也，吾固不辭遠道而來願見，百舍重趼而不敢息。今吾觀子，非聖人也。鼠壤有餘蔬，而棄妹之者，不仁也，生熟不盡於前，而積斂無崖。」老子漠然不應。士成綺明日復見，曰：「昔者吾有刺於子，今吾心正卻矣，何故也？」老子曰：「夫巧知神聖之人，吾自以為脫焉。昔者子呼我牛也而謂之牛，呼我馬也而謂之馬。苟有其實，人與之名而弗受，再受其殃。吾服也恒服，吾非以服有服。」士成綺雁行避影，履行遂進而問：「修身若何？」老子曰：「而容崖然，而目衝然，而顙頯然，而口闞然，而狀義然，似繫馬而止也。動而持，發也機，察而審，知巧而覩於泰，凡以為不信。邊竟有人焉，其名為竊。」

【剖析】

本節為重言式寓言。借重士成綺與老子對話，言修身應去智巧驕泰。文分三段：首段士成綺見老子而問老子漠然不應，言老子無聖人之仁。次段士成綺明日復見至吾非以服有服，言神聖之人無知巧。末段士成綺雁行避影至其名為竊，言知慧巧黠，傲容外現，皆非本性也。夫老子云：道可道非常道，名可名非常名。故曰子呼我牛也而謂之牛，呼我馬也而謂之馬。牛馬皆名也，若未定名前，呼牛為馬，呼馬為牛，皆可也；若一旦定名，則不可易也。士成綺譽之為聖人，毀之非聖人，老子皆漠然無動於衷，不計毀譽，非常人所能及也。郭象云：一毀一譽；若受之於心，則名實俱累，斯所以再受其殃也。成玄英云：昨日汝喚我作牛，我卽從汝喚作牛，喚我作馬，我亦從汝喚作馬，我終不拒。且有牛馬之實，是一名也。人與之名，諱而不受，是再殃也。譏刺之言，未甚牛馬，是尚不諱，而況非乎！

(六十五) 輪扁斲輪得手應心

桓公讀書於堂上。輪扁斲輪於堂下，釋椎鑿而上，問桓公曰：「敢問，公之所讀者何言邪？」公曰：「聖人之言也。」曰：「聖人在乎？」公曰：「已死矣」。曰：「然則君之所讀者，古人之糟魄已夫！」桓公曰：「寡人讀書，輪人安得議乎！有說則可，無說則死。」輪扁曰：「臣也以臣之事觀之。斲輪，徐則甘而不固，疾則苦而不入。不徐不疾，得之於手而應於心，口不能言，有數存焉於其間。臣不能以喻臣之子，臣之子亦不能受之於臣，是以行年七十而老斲輪。古之人與其不可傳也死矣，然則君之所讀者，古人之糟魄已夫！」

【剖析】

本節為重言式寓言。借重桓公與輪扁對話，喻道之不可言傳也。文分二段：首段桓公讀書於堂上至无說則死，言輪扁譏桓公所讀為死書，作為引子，次段輪扁曰至古人之糟魄已夫，以斲輪之得手應心，而喻道之不可言傳。佛家云：如人飲水，冷暖自知。宇宙間事理，頗有不可言傳者，蓋口舌之代心，尚不能說明，何況文字之代口舌者也，又何能表達哉！孟子云：盡信書，不如無書。禪宗之不立文字，又豈無微旨哉！是故，吾人讀書，不可咬文嚼字，僅求文字之表面，應去其糟粕，取其精華，透視文字內涵之意義，心領神會其無形之原理，方得其中三昧。郭象云：當古之事，已滅於古矣，雖或傳之，豈能使古在今哉！古不在今，今事已變，故絕學任性，與時變化而後至焉。成玄英云：夫聖人制法，利物隨時，時既不停，法亦隨變。是以古人古法淪殘於前，今法今人自興於後，無容執古聖迹行乎今世。故知所讀之書，定是糟粕也。

十四、天運

(廿五)巫咸祒論爲政

「天其運乎？地其處乎？日月其爭於所乎？孰主張是？孰維綱是？孰居无事推而行是？意者其有機緘而不得已邪？意者其運轉而不能自止邪？雲者爲雨乎？雨者爲雲乎？孰隆施是？孰居无事淫樂而勸是？風起北方，一西一東，有上彷徨，孰噓吸是？孰居无事而披拂是？敢問何故？」巫咸祒曰：「來！吾語女。天下有六極五常，帝王順之則治，逆之則凶。九洛之事，治成德備，監照下土，天下戴之，此謂上皇。」

【剖析】

本節為純粹寓言。巫咸祒為杜撰人物，借其與人之對話，說明天地運行，萬物動靜，全賴六合五行，自無之象也。文分三段：首段天其運乎至敢問何故，一連串之疑問，此皆吾人常存乎心中者也，故未假設發問之人。此言天地宇宙萬物運行動靜，其原因何在？次段巫咸祒曰至此謂上皇，言為政之道，順乎六合五行，此自然之理也。夫天地運行，日月輪轉，雲雨風化，為六合五行，自然之象，順治逆凶，為政之道也。莊子於天地宇宙之觀念，頗合今日之自然科學思想，已無天帝鬼神之迷信色彩，可見神權思想已漸趨沒落矣！郭象云：夫物事之近，或知其故，然尋其原以至乎極，則無故而自爾也。自爾則無所稍問其故也，但當順之。成玄英云：言自然之理，有此六極五常，至於日月風雲，例皆如此，但當任之，自然具足，何為措意於其間哉！

㈥莊子論至仁无親

商大宰蕩問仁於莊子。莊子曰：「虎狼，仁也。」曰：「何謂也？」莊子曰：「父子相親，何為不仁？」曰：「請問至仁。」莊子曰：「至仁無親。」大宰曰：「蕩聞之，無親則不愛，不愛則不孝。謂至仁不孝，可乎？」莊子曰：「不然。夫至仁尚矣，孝固不足以言之。此非過孝之言也，不及孝之言也。夫南行者至於郢，北面而不見冥山，是何也？則去之遠也。故曰：以敬孝易，以愛孝難；以愛孝易，而忘親難；忘親易，使親忘我難；使親忘我易，兼忘天下難，兼忘天下易；使天下兼忘我難。夫德遺堯舜而不爲也，利澤施於萬世，天下莫知也，豈直太息而言仁孝乎哉！夫孝悌仁義，忠信貞廉，此皆自勉以役其德者也，不足多也。故曰，至貴，國爵并焉；至富，國財并焉；至願，名譽并焉。是以道不渝。」

【剖析】

本節為重言式寓言。借大宰蕩與莊子談仁，申說至仁無親之義。文分四段：首段商大宰蕩問仁於莊子，莊子以虎狼釋仁。二段何謂也，莊子以虎狼父子相親故曰仁。三段請問至仁，言至仁無親。四段闡釋至仁崇高，孝不足以言之。老子云：天道無親。此言至仁無親，句法相似，意義亦同。其謂至仁者一視同仁，無所偏愛。故老子云：天地不仁，以萬物為芻狗；聖人不仁，以百姓為芻狗。郭象云：夫至仁者，百節皆適，則終日不自識也。聖人在上，非有為也，恣之使各自得而已耳。自得其為，則衆務自適，群生自足，天下安得不各自忘我哉！各自忘矣，主其安在乎？斯所謂兼忘也。成玄英云：夫兼忘天下者，乘萬乘如脫屣也；使天下兼忘我者，謂百姓日用而不知也。夫垂拱汾陽而游心姑射，揖讓之美，貴在虛忘，此兼忘天下者也。方前則難，比後便易，未若忘懷至道，息智自然，將造化而同功，與天地而合德者，故能恣萬物之性分，順百姓之所為，大小咸得，飛沈不喪，利澤滑被，物皆自然，上如標枝，民如野鹿。當是時也，主其安在乎？此使下天兼忘我者也，可謂軒頊之前，淳古之君耳。其德不見，故天下忘之。斯則從劣向優，自粗入妙，遣之又遣，玄之又玄也。

北門成問於黃帝曰：「帝張咸池之樂於洞庭之野，吾始聞之懼，復聞之怠，卒聞之而惑；蕩蕩默默，乃不自得。」帝曰：「女殆其然哉！吾奏之以人，徵之以天，行之以禮義，建之以大清。夫至樂者，先應之以人事，順之以天理，行之以五德，應之以自然，然後調理四時，太和萬物。四時迭起，萬物循生；一盛一衰，文武倫經；一清一濁，陰陽調和，流光其聲；蟄蟲始作，吾驚之以雷霆；其卒無尾，其始無首；一死一生，一僨一起；所常無窮，而一不可待，汝故懼也。吾又奏之以陰陽之和，燭之以日月之明；其聲能短能長，能柔能剛；變化齊一，不主故常；在谷滿谷，在阬滿阬；塗郤守神，以物爲量。其聲揮綽，其名高明。是故鬼神守其幽，日月星辰行其紀。吾止之於有窮，流之於无止。予欲慮之而不能知也，望之而不能見也，逐之而不能及也；儻然立於四虛之道，倚於槁梧而吟。心窮乎所欲知，目窮乎所欲見，力屈乎所欲逐，吾既不及已夫！形充空虛，乃至委蛇。汝委蛇，故怠。吾又奏之以無怠之聲，調之以自然之命，故若混逐叢生，林樂而無形；布揮而不曳，幽昏而無聲。動於無方，居於窈冥；或謂之死，或謂之生；或謂之實，或謂之榮；行流散徙，不主常聲。世疑之，稽於聖人。聖也者，達於情而遂於命也。天機不張而五官皆備，無言而心說，此之謂天樂。故有焱氏爲之頌曰：『聽之不聞其聲，視之不見其形，充滿天地，苞裹六極。』女欲聽之而無接焉，而故惑也。樂也者，始於懼，懼故祟；吾又次之以怠，怠故遁；卒之於惑，惑故愚；愚故道，道可載而與之俱也。」

【剖析】

本節為重言式寓言。借北門成與黃帝論樂，言心隨樂而變化，此以樂喻道也。文分兩段：首段北門成問於黃帝，言聞咸池之樂，產生懼怠惑三種心境。次段帝曰，釋樂之極境，合乎天道。本段可分為四項，首項女殆其然哉，言聞樂而懼之故，次項吾又奏之以陰陽之和，言聞樂而怠之故，三項吾又奏之以無怠之聲，言聞樂而惑之故。末項樂也者，總結樂以載道之理。夫天樂，聽之不聞其聲，視之不見其形，充滿天地，苞裹六極。此以樂喻道，天樂即天道也。成玄英云：大音希聲，故聽之不聞，大象無形；故視之不見；道無不在，故充滿天地二儀；大無不包，故囊括六極。六極，六合也。假欲留意聽之，亦不可以耳根承接，是故體茲至樂，理趣幽微，心無分別，事同愚惑也。

(六八)東施效顰

孔子西遊於衞。顏淵問師金曰：「以夫子之行爲奚如？」師金曰：「惜乎，而夫子其窮哉！」顏淵曰：「何也？」師金曰：「夫芻狗之未陳也，盛以篋衍，巾以文繡，尸祝齋戒以將之。及其已陳也，行者踐其首脊，蘇者取而爨之而已；將復取而盛以篋衍，巾以文繡，遊居寢臥其下，彼不得夢，必且數眯焉。」「今而夫子，亦取先王已陳芻狗，聚弟子遊居寢臥其下。故伐樹於宋，削迹於衞，窮於商周，是非其夢邪？圍於陳蔡之間，七日不火食，死生相與鄰，是非其眯邪？」夫水行莫如用舟，而陸行莫如用車。以舟之可行於水也，而求推之於陸，則沒世不行尋常。古今非水陸與？周魯非舟車與？今蘄行周於魯，是猶推舟於陸也，勞而無功，身必有殃。彼未知夫无方之傳，應物而不窮者也。且子獨不見夫桔槔者乎？引之則俯，舍之則仰。彼，人之所引，非引人也，故俯仰而不得罪於人。故夫三皇五帝之禮義法度，不矜於同而矜於治。故譬三皇五帝之禮義法度，其猶柤梨橘柚邪！其味相反而皆可於口。故禮義法度者，應時而變者也。今取猨狙而衣以周公之服，彼必齕齧挽裂，盡去而後慊。觀古今之異，猶猨狙之異乎周公也。故西施病心而矉其里，其里之醜人見之而美之，歸亦捧心而矉其里。其里之富人見之，堅閉門而不出，貧人見之，挈妻子而去走。彼知矉美而不知矉之所以美。惜乎，而夫子其窮哉！」

【剖析】

本節為重言式寓言。借顏淵與師金之對話，說明禮義法度，應時而變。文分兩段：首段孔子西遊於衛至何也為引子，言孔子之行何如？次段師金曰至夫子其窮哉，言孔子行古禮之不當。本段可分四項：首項夫芻狗之未陳也至是非其眯矣？言孔子復古禮，猶取先王已陳芻狗，頗不適宜也。二項夫水行莫如用舟至應物而不窮者也，言古今周魯，因時空之不同，禮應有所異，否則，猶推舟於陸，徒勞而無功。三項且子獨不見夫桔槔者乎至其味相反而皆於可口，言禮義法度，應時而變，猶桔槔之俯仰，如柤梨橘柚之甘苦。四項故禮義法度者至夫子其窮哉！言禮義法度，古今之異，猶猨狙之異乎周公，應時而變，否則一味守舊，如東施之效矉矣！夫禮義法度，應隨之時空而改變，不可食古不化，蓋古今異風，中外異俗，莊子舉例取譬，頗為淺顯適切，以芻狗、舟車、桔槔、樝梨、猿狙、妍醜為喻。首言取先王陳狗，拾古人牙慧，已不適時也。水行用舟，陸行用車，自然之理也。行周禮於魯國，猶推舟於陸，不適於地，因空間不同也。桔槔引舍，隨之俯仰，柤梨橘柚，甘苦可口，皆適性而變化也。否則，如猨狙而應周公之服，東施捧心而矉其里，為有識者之所竊笑矣！郭象云：況夫禮義，當其時而用之，則西施也；時過而不棄，則醜人也。成玄英云：嚬之所以美者，出乎西施之好也。彼之醜人，但美嚬之麗雅，而不知由西施之姝好也。

㈥ 老子論采眞之遊

孔子行年五十有一而不聞道，乃南之沛見老聃。老聃曰：「子來乎？吾聞子，北方之賢者也，子亦得道乎？」孔子曰：「未得也。」老子曰：「子惡乎求之哉？」曰：「吾求之於度數，五年而未得也。」老子曰：「子又惡乎求之哉？」曰：「吾求之於陰陽，十有二年而未得。」老子曰：「然。使道而可獻，則人莫不獻之於其君；使道而可進，則人莫不進之於其親；使道而可以告人，則人莫不告其兄弟；使道而可以與人，則人莫不與其子孫。然而不可者，無它也，中無主而不止，外無正而不行。由中出者，不受於外，聖人不出；由外入者，無主於中，聖人不隱。名，公器也，不可多取。仁義，先王之蘧廬也，止可以一宿而不可久處，覯而多責。古之至人，假道於仁，託宿於義，以遊逍遙之墟，食於苟簡之田，立於不貸之圃。逍遙，無爲也；苟簡，易養也；不貸，無出也。古者謂是采眞之遊。以富爲是者，不能讓祿；以顯爲是者，不能讓名；親權者不能與人柄。操之則慄，舍之則悲，而一無所鑒，以闚其所不休者，是天之戮民也。怨恩取與諫敎生殺，八者，正之器也，唯循大變無所湮者爲能用之。故曰，正者，正也。其心以爲不然者，天門弗開矣。」

【剖析】

本節為重言式寓言。借重孔子與老子之對話，說明反樸歸真之理。文分兩段：首段孔子行言五十至十有二年而未得為引子，言孔子求道而不可得。次段老子曰然至天門弗開矣，言采真之遊。本段可分三項：首項老子曰然至覯而多責，言道無可獻進告與人。二項古之至人至采真之遊，言至人逍遙無為，苟簡不貸。三項以富為是者至天門弗開矣，言循順自然，不為物役。夫道無形，無可觸摸，耳目所不能見聞，無其充塞乎天地宇宙萬物之間，故曰使道而可獻進，則人莫不獻進於其君親；使道而可告與人，則人莫不告與其兄弟子孫。郭象云：夫至道深玄，妙絕言象，非無非有，不自不佗。是以不進獻於君親，豈得告於子弟！所以然者，無佗由也。故託孔老二聖以明玄中之玄也。

(七十)老子語仁義

孔子見老聃而語仁義。老聃曰：「夫播糠眯目，則天地四方易位矣；蚊虻噆膚則通昔不寐矣。夫仁義憯然乃憤吾心，亂莫大焉。吾子使天下無失其朴，吾子亦放風而動，總德而立矣，又奚傑然若負建鼓而求亡子者邪？夫鵠不日浴而白，烏不日黔而黑。黑白之朴，不足以爲辯；名譽之觀，不足以爲廣。泉涸，魚相處於陸，相呴以濕，相濡以沫，不若相忘於江湖！」

孔子見老聃歸，三日不談。弟子問曰：「夫子見老聃，亦將何所規哉？」孔子曰：「吾乃今於是乎見龍！龍，合而成體，散而成章，乘雲氣而養乎陰陽。予口張而不能嗋，予又何規老聃哉！」子貢曰：「然則人固有尸居而龍見，雷聲而淵默，發動如天地者乎？賜亦可得而觀乎？」遂以孔子聲見老聃。老聃方將倨堂而應，微曰：「予年運而往矣，子將何以戒我乎？」子貢曰：「夫三王五帝之治天下不同，其係聲名一也。而先生獨以爲非聖人，如何哉？」老聃曰：「小子少進！子何以謂不同？」對曰：「堯授舜，舜授禹，禹用力而湯用兵，文王順紂而不敢逆，武王逆紂而不肯順，故曰不同。」老聃曰：「小子少進！余語女三皇五帝之治天下。黃帝之治天下，使民心一，民有其親死不哭，而民不非也。堯之治天下，使民心親，民有爲其親，殺其殺，而民不非也。舜之治天下，使民心競，民孕婦十月生子，子生五月而能言，不至乎孩而始誰，則人始有夭矣。禹之治天下，使民心變，人有心而兵有順，殺盜非殺人，自爲種而天下耳，是以天下大駭，儒墨皆起。其作始有倫而今乎婦，女何言哉！余語汝，三皇五帝之治天下，名曰治之，而亂莫甚焉。三皇之知，上悖日月之明，下睽山川之精，中墮四時之施。其知憯於蠣蠆之尾，鮮規之獸，莫得安其性命之情者，而猶自以爲聖人，不可恥乎，其无恥也？」子貢蹴蹴然立不安。

【剖析】

本節為重言式寓言。借重孔子與老子對話，說明仁義昏亂人心之理。文分三段：首段孔子見老聃而語仁義至不若相忘於江湖，言無失其朴。次段孔子見老聃歸至遂以孔子聲見老聃，言老子尸居而龍見。末段老聃方將倨堂至子貢蹴蹴然立不安，言三皇五帝之治天下，名曰治之，而亂莫甚焉。夫白鶴之羽，不須日日洗而白；烏鴉之毛，不須日日染而黑；黑白之色，質性自然。仁義亂心，失其真樸，猶三皇五帝之治天下者也。成玄英疏云：夫仲尼滯於聖迹，故發辭則語仁義。夫播糠眯目，目暗故不能辯東西；蚊虻噆膚，膚痛則徹夜不睡。是以外物雖微，為害必巨。況夫仁非天理，義不率性，捨己效佗，喪其本性，其為害也，豈眛目嚼膚而已哉！

㈩六經乃先王之陳迹

孔子謂老聃曰：「丘治詩書禮樂易春秋六經，自以爲久矣，孰知其故矣；以奸者七十二君，論先王之道而明周召之迹，一君無所鉤用。甚矣夫！人之難說也，道之難明邪？」老子曰：「幸矣子之不遇治世之君也！夫六經，先王之陳迹也，豈其所以迹哉！今子之所言，猶迹也。夫迹，履之所出，而迹豈履哉！夫白鶂之相視，眸子不運而風化；蟲，雄鳴於上風，雌應於下風而化；類自爲雌雄，故風化。性不可易，命不可變，時不可止，道不可壅。苟得於道，無自而不可；失焉者，無自而可。」孔子不出三月，復見曰：「丘得之矣。烏鵲孺，魚傅沫，細要者化，有弟而兄啼。久矣夫丘不與化爲人！不與化爲人，安能化人！」老子曰：「可。丘得之矣！」

【剖析】

本節為重言式寓言。借重孔子與老子之對話，說明六經乃先王之陳迹。文分四段：首段孔子謂老聃曰至道之難明邪？言以六經說七十二君而無所用。二段老子曰至无自而可，言六經非道也。三段孔子不出三月至安能代人，言丘得道矣。四段老子曰至得之矣，言老子贊美孔子得道。夫痕迹，猶言足跡鞋印，而非足與鞋也。六經為先王之事迹，而非先王之道也。郭象云：所以迹者，真性也。夫任物之真性者，其迹則六經也。

十五、刻意

(七十二)干越之劍

水之性，不雜則清，莫動則平；鬱閉而不流，亦不能清；天德之象也。故曰：「純粹而不雜，靜一而不變，惔而無爲，動而以天行；此養神之道也。」夫有干越之劍者，柙而藏之，不敢輕用也，寶之至也。精神四達並流，無所不極，上際於天，下蟠於地，化育萬物，不可爲象，其名爲同帝。

【剖析】

本節爲純粹寓言。以干越之劍，寶而藏之，珍惜愛護，不敢輕用，以喻養神之道也。夫身體髮膚，受之父母，不可毀傷，而況精神者乎！世俗之人，爭名逐利，勞形傷神。終日沈迷於歌臺舞榭，陶醉於聲色犬馬之中，或身敗名裂，或毀身喪生，可不慎哉！成玄英云：夫有此干越之寶劍，柙中而藏之，自非敵國大事，不敢輕用。寶而重之，遂至於此，而況寶愛精神者乎！

十六、繕性

(七十三)去性從心

逮德下衰，及燧人伏羲，始爲天下，是故順而不一。德又下衰，及神農黃帝，始爲天下，是故安而不順。德又下衰，及唐虞始爲天下，興治化之流，澆淳散朴。離道以善，險德以行，然後去性而從於心。

【剖析】

本節爲重言式寓言。借燧人、伏羲、神農黃帝、唐堯虞舜，說明道德衰落，每下愈況，離道求善，行險背德，終棄本性，順從心慾矣。成玄英云：古者茹毛飲血，與麋鹿同群。及至燧人始變生爲熟，伏羲則服牛乘馬，創立庖廚，畫八卦以制文字，放蜘蛛而造密網。既而智詐萌矣，嗜欲漸焉，澆淳樸之心，散無爲之道。德衰而始爲天下，此之謂乎！是順黎庶之心，而不能混同至一也。

十七、秋水

(卌四)河伯與海若論道

秋水時至，百川灌河，涇流之大，兩涘渚崖之間，不辯牛馬。於是焉河伯欣然自喜，以天下之美，爲盡在己，順流而東行，至於北海，東面而視，不見水端。於是焉河伯始旋其面目，望洋向若而歎曰：「野語有之曰：『聞道百，以爲莫己若者。』我之謂也！且夫我嘗聞少仲尼之聞，而輕伯夷之義者，始吾弗信；今我睹子之難窮也，吾非至於子之門，則殆矣！吾長見笑於大方之家。」北海若曰：「井鼃不可以語於海者，拘於虛也；夏蟲不可以語於冰者，篤於時也；曲士不可以語於道者，束於教也。今爾出於崖涘，觀於大海，乃知爾醜，爾將可與語大理矣。天下之水，莫大於海，萬川歸之，不知何時止而不盈；尾閭泄之，不知何時已而不虛；春秋不變，水旱不知。此其過江河之流，不可爲量數，而吾未嘗以此自多者，自以比形於天地，而受氣於陰陽。吾在天地之間，猶小石小木之在大山也：方存乎見少，又奚以自多！計四海之在天地之間也，不似礨空之在大澤乎？計中國之在海內，不似稊米之在大倉乎？號物之數謂之萬，人處一焉；人卒九州，穀食之所生，舟車之所通，人處一焉；此其比萬物也，不似豪末之在於馬體乎？五帝之所連，三王之所爭，仁人之所憂，任士之所勞，盡此矣。伯夷辭之以爲名，仲尼語之以爲博，此其自多也，不似爾向之自多於水乎？」

河伯曰：「然則吾大天地而小毫末可乎？」北海若曰：「否！夫物，量無窮，時無止，分無常，終始無故。是故大知觀於遠近，故小而不寡，大而不多，知量無窮；證曏今故，故遙而不悶，掇而不跂，知時無止；察乎盈虛，故得而不喜，失而不憂，知分之無常也；明乎坦塗，故生而不說，死而不禍，知終始之不可故也。計人之所知，不若其所不知，其生之時，不若未生之時；以其至小，求窮其至大之域，是故迷亂而不能自得也。由此觀之，又何以知毫末之足以定至細之倪，又何以知天地之足以窮至大之域？」

河伯曰：「世之議者，皆曰：『至精無形，至大不可圍。』是信情乎？」北海若曰：「夫自細視大者不盡，自大視細者不明。夫精，小之微也；垺，大之殷也；故異便，此勢之有也。夫精粗者，期於有形者也；無形者，數之所不能分也，不可圍者，數之所不能窮也。可以言論者，物之粗也；可以意致者，物之精也；言之所不能論，意之所不能察致者，不期精粗焉。是故大人之行，不出乎害人，不多仁恩；動不爲利，不賤門隸；貨財弗爭，不多辭讓；事焉不借人，不多食乎力，不賤貪汙；行殊乎俗，不多辟異，爲在從衆，不賤佞諂；世之爵祿不足以爲勸，戮恥不足以爲辱；知是非之不可爲分，細大之不可爲倪。聞曰：『道人不聞，至德不得，大人無己。』約分之至也。」

河伯曰：「若物之外，若物之內，惡至而倪貴賤，惡至而倪小大？」北海若曰：「以道觀之，物無貴賤；以物觀之，自貴而相賤；以俗觀之，貴賤不在己。以差觀之，因其所大而大之，則萬物莫不大；因其所小而小之，則萬物莫不小；知天地之爲稊米也，知毫末之爲丘山也，則差數覩矣。以功觀之，因其所有而有之，則萬物莫不有；因其所無而無之，則萬物莫不無；知東西之相反，而不可以相無，則功分定矣。以趣觀之，因其所然而然之，則萬物莫不然；因其所非而非之，則萬物莫不非；知堯桀之自然而相非，則趣操覩矣。昔者堯舜讓而帝，之噲讓而絕，湯武爭而王，白公爭而滅。由此觀之，爭讓之禮，堯桀之行，貴賤有時，未可以爲常也。梁麗可以衝城，而不可以窒穴，言殊器也；騏驥驊騮，一日而馳千里，捕鼠不如狸狌，言殊技也；鴟鵂夜撮蚤，察毫末，晝出瞋目而不見丘山，言殊性也。故曰：『蓋師是而無非，師治而無亂乎？』是未明天地之理，萬物之情者也。是猶師天而無地，師陰而無陽，其不可行明矣。然且語而不舍，非愚則誣也，帝王殊禪，三代殊繼。差其時，逆其俗者，謂之篡之夫；當其時，順其俗者，謂之義之徒。默默乎河伯！女惡知貴賤之門，大小之家！」

河伯曰：「然則我何爲乎？何不爲乎？吾辭受趣舍，吾終奈何？」北海若曰：「以道觀之，何貴何賤，是謂反衍；無拘而志，與道大蹇。何少何多，是謂謝施；無一而行，與道參差。嚴乎若國之有君，其無私德，繇繇乎若祭之有社，其無私福；泛泛乎其若四方之無窮，其無所畛域。兼懷萬物，其孰承翼？是謂無方。萬物一齊，孰短孰長？道無終始，物有死生，不恃其成；一虛一滿，不位乎其形。年不可舉，時不可止；消息盈虛，終則有始。是所以語大義之方，論萬物之理也。物之生也，若驟若馳，無動而不變，無時而不移，何爲乎？何不爲乎？夫固將自化。」

河伯曰：「然則何貴於道邪？」北海若曰：『知道者必達於理，達於理者必明於權，明於權者不以物害己。至德者火弗能熱，水弗能溺，寒暑弗能害，禽獸弗能賊。非謂其薄之也，言察乎安危，寧於禍福，謹於去就，莫之能害也。故曰：『天在內，人在外，德在乎天。』知天人之行，本乎天，位乎德，蹢躅而屈伸，反要而語極。」曰：「何謂天？何謂人？」北海若曰：「牛馬四足是謂天，落馬首，穿牛鼻，是謂人。故曰：『無以人滅天，無以故滅命，無以得殉名。』謹守而勿失，是謂反其眞。」

【剖析】

本節為純粹寓言。借河伯與海若對話，推演齊物論之意義，旨在反樸歸真，勸人無以人滅天，無以故滅命，無以得殉名。文分七段：首段秋水時至至不似爾向之自多於水乎！言大小係比較得之，河以海相比，河小海大，海天相比，海小天大，大小之理，皆可依此類推而得之矣。二段河伯曰至又何以知天地之足以窮至大之域，言物量無窮，不可以天地為大，以豪末為小。三段河伯曰至約分之至也，言大小之難以區別，猶是非之不可為分。四段河伯曰至小大之家，由道物差功趣等觀點，探討宇宙萬物之理。五段河伯曰至夫固將自化，言道無終始，物有死生，反覆循環，新陳代謝，生生不息，此自然之道也。六段河伯曰至反要而語極，其言知道達理，隨機應變，不以物害己，此道之可貴也。七段何謂天至是謂反其真，言人為於天然之理。夫宇宙事物，是非善惡，大小美醜，甚難以一定標準衡量，蓋以時空之關係，中外古今觀念不同；或以思想情感之因素，喜怒哀樂好惡各異。如以衣言之：西方人以中國仕女高叙旗袍為不雅，中國人則以西方仕女袒胸露背為側目；此以中西觀念不同故也。次就食言：有人喜食臭豆腐，有人喜食五香干，此口味嗜好之不同故也。再就住言：陶淵明喜竹籬茅舍，李後主喜雕欄殿閣，此思想意境之不同故也。再以行言：有人喜乘一葉孤舟，悠閒自得；有人喜坐豪華客機，凌雲翱翔，此好惡之不同故也。依此類推，舉一反三，知是非之不可為分，小大之不可為倪也。世俗淺薄之徒，常以己為是，以人為非，此猶瞎子摸象，永不見真象也。蓋宇宙事物，均具有是非美醜，陰陽善惡之兩面，無法舍惡而取善，舍醜而取美也。且以善惡美醜，均以時空人為而異，非一成不變者也。至於是非善惡，亦非常人之所能分也，必須有大知之人，始可辨別也。庸俗之徒，誤以莊子無是非善惡，則又不如河伯矣。夫無是而不明其非，無善而不明其惡，如東西方向之相反，而不可以相無，即無東方不能定出西方，反之亦然。其他美醜之理，善惡之道，陰陽之別，男女之分，亦復如是也。郭象云：天下莫不相與為彼我，而彼我皆欲自為，斯東西之相反也。然彼我相與為脣齒，脣齒者未嘗相為，而脣亡則齒寒。故彼之自為，濟我之功弘矣，斯相反而不可以相無者也。故因其自為而無其功，則天下之功莫不皆無矣；因其不可相無而有其功，則天下之功莫不皆有矣。若乃忘其自為之功而思夫相為之惠，惠之愈勤而偽薄滋甚，天下失業而情性瀾漫矣，故其功分無時可定也。成玄英云：夫東西異方，其義相反也，而非東無以立西，斯不可以相無者也。若近取諸身者，眼見耳聽，手捉脚行，五臟六腑，四肢百體，各有功能，咸稟定分，豈眼為耳視而脚為手行哉？相為之功，於斯滅矣。此是因其所無而無之，則萬物莫不無也。然足不行則四肢為之委頓，目不視則百體為之否塞，而所司各用，無心相為，濟彼之功，自然成矣，斯因其所有而有之，則萬物莫不有也。以此觀之，則功用有矣，分各定矣。若乃忘其自為之功而思夫相為之惠，則彼我失性而是非殽亂也，豈莊生之意哉！

㈤夔蚿蛇風相憐

夔憐蚿，蚿憐蛇，蛇憐風，風憐目，目憐心。夔謂蚿曰：「吾以一足踔踔而行，予無如矣。今子之使萬足，獨奈何？」蚿曰：「不然，子不見夫唾者乎？噴則大者如珠，小者如霧，雜而下者，不可勝數也。今予動吾天機，而不知其所以然。」蚿謂蛇曰：「吾以衆足行，而不及子之無足，何也？」蛇曰：「夫天機之所動，何可易邪？吾安用足哉！」蛇謂風曰：「予動吾脊脅而行，則有似也。今子蓬蓬然起於北海，蓬蓬然入於南海，而似無有，何也？」風曰：「然。予蓬蓬然起於北海，而入於南海也，然而指我則勝我，鰌我亦勝我。雖然，夫折大木，蜚大屋者，唯我能也，故以衆小不勝為大勝也。為大勝者，唯聖人能之。」

【剖析】

本節為純粹寓言。以夔蚿蛇風之對話，喻無形勝有形之理。文分四段：首段夔憐蚿至目憐心，言夔蚿蛇風彼此欣羨。二段夔謂蚿曰至而不知其所以然，言夔以一足行，蚿以萬足走，此皆自然也。三段蚿謂蛇曰至吾安用足哉！言蚿以衆足行，蛇以無足動，自然之理也。四段蛇謂風曰至唯聖人能之，言蛇脊脅而行，似有足也，風則無形而行，雖不能勝人手脚之所指，然折木蜚屋，為大勝也。夫人忍小忿而就大謀，此猶風也。老子云：柔弱勝剛強。風雖柔弱無形，然無物不能摧毀也。郭象云：恣其天機，無所與爭，斯小不勝者也。然乘萬物御群材之所為，使群材各自得，萬物各自為，則天下莫不逍遙矣，此乃聖人所以為大勝也。成玄英云：風雖自北徂南，擊揚溟海，然人以手指撝於風，風即不能折指，以脚踏踏於風，風亦不能折脚，此小不勝也。然而飄風卒起，羊角乍騰，則大廈為之飛揚，櫟社以之摧折，此大勝也。譬達觀之士，穢迹揚波，混愚智於群小之間，泯是非於囂塵之內，此衆小不勝也。而亭毒蒼生，造化區宇，同二儀之覆載，等三光之照燭，此大勝也。非下凡之所解，唯聖人獨能之。

(廿六) 孔子困於匡

孔子遊於匡，宋人圍之數帀，而絃歌不惙。子路入見曰：「何夫子之娛也？」孔子曰：「來！吾語女。我諱窮久矣，而不免，命也；求通久矣，而不得，時也；當堯舜而天下無窮人，非知得也；當桀紂而天下無通人，非知失也；時勢適然。夫水行不避蛟龍者，漁父之勇也；陸行不避兕虎者，獵夫之勇也；白刃交於前，視死若生者，烈士之勇也；知窮之有命，知通之有時，臨大難而不懼者，聖人之勇也。由處矣，吾命有所制矣。」無幾何，將甲者進辭曰：「以為陽虎也，故圍之。今非也，請辭而退。」

【剖析】

本節為重言式寓言。借重孔子之言以述莊道，孔子可為莊子之代言人，言窮通時命也。夫窮困，命也；不達，時也。堯舜桀紂，無窮通人，非知得失，時勢適然。漁父獵夫，不避蛟龍兕虎，烈士視死若生，聖人不懼大難，知窮通有時命。此順乎自然，聽於天命，老莊之思想也。郭象云：命非己制，故無所用其心也。夫安於命者，無往而非逍遙矣，故雖匡陳羑里，無異於紫極閒堂也。成玄英云：告救子路，令其安心。我稟天命，自有涯分，豈由人事所能制哉！

㈦坎井之鼃

公孫龍問於魏牟曰：「龍少學先王之道，長而明仁義之行；合同異，離堅白；然不然，可不可；困百家之知，窮衆口之辯；吾自以爲至達已。今吾聞莊子之言，汒焉異之，不知論之不及與，知之弗若與？今吾無所開吾喙，敢問其方？」公子牟隱机太息，仰天而笑曰：「子獨不聞夫埳井之鼃乎？謂東海之鼈曰：『吾樂與！出跳梁乎井幹之上，入休缺甃之崖；赴水則接掖持頤，蹶泥則沒足滅跗；還虷蟹與科斗，莫吾能若也。且夫擅一壑之水，而跨跱埳井之樂，此亦至矣，夫子奚不時來入觀乎！』東海之鼈，左足未入，而右膝已縶矣。於是逡巡而卻，告之海曰：『夫千里之遠，不足以舉其大；千仞之高，不足以極其深。禹之時十年九潦，而水弗爲加益；湯之時八年七旱，而崖不爲加損。夫不爲頃久推移，不以多少進退者，此亦東海之大樂也。』於是埳井之鼃聞之，適適然驚，規規然自失也。且夫知不知是非之竟，而猶欲觀於莊子之言，是猶使蚊負山，商蚷馳河也，必不勝任矣。且夫知不知論極妙之言，而自適一時之利者，是非埳井之鼃與？且彼方跐黃泉而登大皇，無南無北，奭然四解，淪於不測。無東無西，始於玄冥，反於大通。子乃規規然而求之以察，索之以辯，是直用管闚天，用錐指地也，不亦小乎！子往矣，且子獨不聞夫壽陵餘子之學行於邯鄲與？未得國能，又失其故行矣，直匍匐而歸耳。今子不去，將忘子之故，失子之業。」公孫龍口呿而不合，舌舉而不下，乃逸而走。

【剖析】

本節為重言式寓言。借公孫龍與公子牟之對話，頗似河伯與海若之言，喻無以得而殉名之理。文分三段：首段公孫龍問於魏牟至敢問其方，言公孫龍如河伯之多於水，以堅白同異之說，服衆人之口，及聞莊子言，自感弗如也。次段公子牟至失子之業，以井蛙海鼈之對話，井蛙埳井之樂，海鼈言海之大，不以旱災而枯竭，不以水災而盈滿。夫莊子之言，如海之汪洋，欲窺其究竟，則如蚊蟲負山，商蚷馳河，以管窺天，用錐指地也。末段公孫龍至乃逸而走，言聞魏牟之言，目瞪口呆。夫名家之說，服人之口，而不能服人之心，所謂坐狙丘，議稷下，毀三皇，罪五帝，一旦而天下服。莊子對名家之說，頗有微詞，故對公孫龍惠施之徒，常加抨擊也。成玄英云：夫以觀察求道，言辯率真，雖復規規用心，而去之遠矣。譬猶以管窺天，詎知天之濶狹！用錐指地，寧測地之淺深！莊子道合二儀，孫龍德同錐管，智力優劣如此之懸，既其不如，宜其速去矣。

(十六)楚之神龜

莊子釣於濮水，楚王使大夫二人往先焉，曰：「願以境內累矣！」莊子持竿不顧曰：「吾聞楚有神龜，死已三千歲矣，王巾笥而藏之廟堂之上。此龜者，寧其死爲留骨而貴乎？寧其生而曳尾於塗中乎？」二大夫曰：「寧生而曳尾塗中。」莊子曰：「往矣！吾將曳尾於塗中。」

【剖析】

本節為重言式寓言。借莊子與楚使對話，以楚之神龜為喻，言莊子適性自然也。本文雖短，起承轉合，布局井然。首段莊子釣於濮水為起，言楚王使大夫往聘莊子為相。二段莊子持竿不顧為承，言神龜寧死為貴，寧生曳尾塗中。三段二大夫曰為轉，言寧生曳尾塗中。四段莊子曰為合，言曳尾塗中，而婉辭楚相。夫卿相，尊位也；千金，重利也，人人之所欣羨也，而莊生棄之如敝屣，其淡泊名利之情，溢於言表，流於翰墨矣。成玄英云：莊子保高尚之遐志，貴山海之逸心，類澤雉之養性，同泥龜之曳尾，是以令使命之速往，庶全我之無為也。

(七九) 鵷鶵之志

惠子相梁，莊子往見之。或謂惠子曰：「莊子來，欲代子相。」於是惠子恐，搜於國中三日三夜。莊子往見之曰：「南方有鳥，其名爲鵷鶵，子知之乎？夫鵷鶵發於南海，而飛於北海，非梧桐不止，非練實不食，非醴泉不飲。於是鴟得腐鼠，鵷鶵過之仰而視之曰『嚇！』今子欲以子之梁國而嚇我邪？」

【剖析】

本節為重言式寓言。借莊子與惠子之言，喻梁相如腐鼠也。夫燕雀焉知鴻鵠之志，莊子以鵷雛自喻，止於梧桐，食於練實，飲於醴泉。言鳳鳥擇木而棲，君子擇主而侍。以鴟喻惠子，以腐鼠喻梁相。夫卿相尊位，千金重利，然莊子視之，猶敝屣腐鼠也。成玄英云：惠施恐莊子奪己，故整旅揚兵，莊子因往見之，為其設譬。夫鳳是南方之鳥，來儀應瑞之物，非梧桐不止，非溟海不停，非竹實不食，非醴泉不飲。而凡猥之鳶，偶得臭鼠，自美其味，仰嚇鳳凰。譬惠施滯溺榮華，心貪國相，豈知莊子清高，無情爭奪。噫！夫燕雀焉知鴻鵠之志！

(六十)儵魚之樂

莊子與惠子遊於濠梁之上。莊子曰：「儵魚出遊從容，是魚之樂也。」惠子曰：「子非魚，安知魚之樂？」莊子曰：「子非我，安知我不知魚之樂？」惠子曰：「我非子，固不知子矣；子固非魚也，子之不知魚之樂全矣。」莊子曰：「請循其本。子曰『汝安知魚樂』云者，既已知吾知之而問我，我知之濠上也。」

【剖析】

本節為重言式寓言。借莊子與惠子對話，爭辯儵魚之樂。莊子雖非名家，然由本文觀之，頗合理則。莊生因物我一體，故知魚樂，如夢蝴蝶然，栩栩然如莊周也。惠子未能忘我，為外物所役，追逐於名利之途，豈能體會悠閒自得之快樂心境。夫境由心生，苦樂一念，外界事物，皆由心境。夫心情愉快，見萬物莫不如是，我見青山多嫵媚，青山見我亦如是。若心情悲傷，觸景生情，覩物落淚，感時花濺淚，恨別鳥驚心也。人之心境，猶電視機然，黑白構造者，接收顯現黑白畫面，彩色構造者，接收顯現彩色畫面，夫惠施與莊生，其心境亦如是，故所見各異耳。成玄英云：夫魚遊於水，鳥棲於陸，各率其性，物皆逍遙。而莊子善達物情所以，故知魚樂也。

十八、至樂

(七十)莊子妻死鼓盆而歌

莊子妻死，惠子弔之，莊子則方箕踞鼓盆而歌。惠子曰：「與人居，長子老身死，不哭亦足矣；又鼓盆而歌，不亦甚乎？」莊子曰：「不然。是其始死也，我獨何能無概然！察其始而本無生，非徒無生也，而本無形，非徒無形也，而本無氣。雜乎芒芴之間，變而有氣，氣變而有形，形變而有生。今又變而之死，是相與爲春秋冬夏四時行也。人且偃然寢於巨室，而我噭噭然隨而哭之，自以爲不通乎命，故止也。」

【剖析】

本節為重言式寓言。借莊子與惠子對話，說明道無死生之理。夫人之軀體，有形之物也，卽形而下之器。就物質而言，是有生死耳；然人之魂魄，無形之靈也，卽形而上之道；就精神而言，是無生死耳。惠子見物體之生滅，而未能見精神之不生不滅也。莊子妻死，始有悲戚之心，此人之常情也。察其始本無生，變而之死，猶春夏秋冬四時之循環不息也，此非常人之所能諒察也。明乎此，莊子妻死，鼓盆而歌，庸俗之人，焉能知之。惠子之責，莊子之歌，又何足怪哉！成玄英云：莊子知生死之不二，達哀樂之為一，是以妻亡不哭，鼓盆而歌，垂脚箕踞，敖然自樂。莊子聖人，妙達根本，故覩察初始，本自無生，未生之前，亦無形質，無形質之前，亦復無氣。從無生有，假合而成，是知此身不足惜也。大道在恍惚之內，造化芒昧之中，和雜清濁，變成陰陽二氣；二氣凝結，變而有形；形旣成就，變而生育。且從無出有，變而為生，自有還無，變而為死。而生來死往，變化循環，亦猶春秋冬夏，四時代序。是以達人觀察，何哀樂之有哉！

㈦滑介叔左肘生瘤

支離叔與滑介叔觀於冥伯之丘，崑崙之虛，黃帝之所休。俄而柳生其左肘，其意蹶蹶然惡之。支離叔曰：「子惡之乎？」滑介叔曰：「亡，予何惡！生者，假借也，假之而生生者，塵垢也。死生爲晝夜。且吾與子觀化而化及我，我又何惡焉！」

【剖析】

本節為純粹寓言。支離叔與滑介叔皆杜撰人物，借其二人之對話，以左肘生瘤之故事，喻人生應順時變化。夫人之喜美厭醜，此常理也。左肘生瘤，無不惡之，惡之又有何用？不僅於事無補，徒增煩惱而已，不如順其變化，曠達心境。蓋人生不如意之事十常八九，左肘生瘤，以喻道境中之波折而已。凡事皆作如是觀，則可逍遙於人世矣！成玄英云：觀化之理，理在忘懷，我本無身，何惡之有也！夫以二氣五行，四支百體假合結聚，借而成身。是知生者塵垢穢累，非真物者也。以生為晝，以死為夜，故天不能無晝夜，人焉能無死生！我與子同遊，觀於變化，化而及我，斯乃理當待終，有何嫌惡？既冥死生之變，故合至樂也。

㈧髑髏之言

莊子之楚，見空髑髏，髐然有形，撽以馬捶，因而問之曰：「夫子貪生失理而爲此乎？將子有亡國之事，斧鉞之誅，而爲此乎？將子有不善之行，愧遺父母妻子之醜，而爲此乎？將子有凍餒之患而爲視此乎？將子之春秋，故及此乎？」於是語卒，援髑髏，枕而臥。夜半，髑髏見夢曰：「子之談者似辯士。視子所言，皆生人之累也，死則無此矣。子欲聞死之說乎？」莊子曰：「然。」髑髏曰：「死無君於上，無臣於下，亦無四時之事，從然以天地爲春秋，雖南面王樂，不能過也。」莊子不信曰：「吾使司命復生子形，爲子骨肉肌膚，反子父母妻子，閭里知識，子欲之乎？」髑髏深矉蹙頞曰：「吾安能棄南面王樂，而復爲人閒之勞乎！」

【剖析】

本節為純粹寓言。莊子借髑髏之言，喻死無生人之累患，其樂之情，勝於南面而王也。夫螻蟻尚且偷生，而人生不如死，以死為解脫，上無暴君苛政之患，下無臣民生計之累，亦無一年四季春夏秋冬之勞苦工作，無拘無束，逍遙自在於大自然之中，縱使南面為王，亦不及此樂耳。莊生身處亂世，目覩民生疾苦，故借髑髏之言，發此感慨耳。莊子以生死為一，不以生樂死苦，亦不主死樂生苦，本文強調以天地為春秋，逍遙於自然，悠閒自得之樂而已。成玄英云：夫死者，魂氣升於天，骨肉歸乎土。既無四時炎涼之事，寧有君臣上下之累乎！從容不復死生，故與二年同其年壽；雖南面稱孤，王侯之樂亦不能過也。

㈥ 魯侯養鳥

顏淵東之齊，孔子有憂色。子貢下席而問曰：「小子敢問，回東之齊，夫子有憂色，何邪？」孔子曰：「善哉汝問！昔者管子有言，丘甚善之曰：『褚小者不可以懷大，綆短者不可以汲深。』夫若是者，以爲命有所成，而形有所適也，夫不可損益。吾恐回與齊侯言堯舜黃帝之道，而重以燧人神農之言。彼將內求於己而不得，不得則惑，人惑則死。且女獨不聞邪？昔者海鳥止於魯郊，魯侯御而觴之于廟，奏九韶以爲樂，具太牢以爲膳。鳥乃眩視憂悲，不敢食一臠，不敢飲一杯，三日而死。此以己養養鳥也，非以鳥養養鳥也。夫以鳥養養鳥者，宜栖之深林，遊之壇陸，浮之江湖，食之鰌鰷，隨行列而止，委虵而處。彼唯人言之惡聞，奚以夫譊譊爲乎？咸池九韶之樂，張之洞庭之野，鳥聞之而飛，獸聞之而走，魚聞之而下入，人卒聞之，相與還而觀之。魚處水而生，人處水而死，彼必相與異，其好惡故異也。故先聖不一其能，不同其事，名止於實，義設於適，是之謂條達而福持。」

【剖析】

本節為重言式寓言。借重孔子之言，以魯侯養鳥，而喻適性自然之理。文分兩段：首段顏淵東之齊至何邪？子貢以回東之齊，夫子有憂色，而問其故？二段以魯侯養鳥而鳥死為喻，深恐齊侯待回如魯侯之養鳥，而憂心忡忡也。本段分為三項：首項善哉汝問至人惑則死，以賦法直敘，引管子言，說明命有所成，形有所適，不可改變也。深恐齊侯不明回言，惑而則死。二項且汝獨不聞矣至其好惡故異也，以養鳥為喻，宜棲深林，魚處水而生，人處水而死。三項故先聖不一其能至是之謂條達而福持，言往聖各任其能，各適其事，名實相符，義理適性，使條理通達，福壽無窮。夫鳥棲森林，獸居深山，各得其宜，其樂融融。若金絲雀之受人寵愛，金衣玉食，養尊處優，雖滿足於物質生活，然精神不得自由，終於羽毛無光，憔悴而死於金籠矣。陶淵明辭彭澤令後，若鳥之出籠，復得自由。其詩云

：久在樊籠裏，復得返自然。欣喜之情，流於翰墨。若虎落平陽，則被犬欺；龍在淺水，則遭蝦戲。史遷曾慨乎言之，虎居深山，百獸驚恐，一旦囚於檻阱，失其威猛；如階下之囚，見獄卒則頭搶地，乞憐之態，流於筆墨。魚處水而生，人處水而死，水性適魚，而不適於人也。道家崇尚自然，順乎物性，言明察物性，順應物性，順性則生，逆性則死，自然之理，而積極有益於人生。淺薄之徒，誤以順乎自然為聽其自然，懶散墮落，萎靡頹唐，而以為道家思想消極無益人生，則非莊生之過也。成玄英云：魚好水而惡陸，人好陸而惡水。彼之人魚，稟性各別，好惡不同，故死生斯異。豈唯二種，萬物皆然也。

(八五)百歲髑髏

列子行食於道從，見百歲髑髏，攓蓬而指之曰：「唯予與汝知而未嘗死，未嘗生也。若果養乎？予果歡乎？」

【剖析】

本節為重言式寓言。借重列子見髑髏之感言，喻生死若一，憂樂無憂，不以生歡，不以死悲也。列子為莊子之代言人，亦卽莊子之化身，其以髑髏為知音，何聖人之寂寞也！蓋曲高而和寡乎？難怪李白嘗慨乎言之，自古聖賢皆寂寞，唯有飲者留其名，而寄情於杜康矣。夫知音之難求，自古皆然，莊子之寂寞一生，無亞聖之幸，有冷豬頭之享，而學說之曲解毀謗，豈無因哉！髑髏形雖滅，而神未滅，卽身雖死，而心未死。蓋道無終始，物有死生也。佛說之不生不滅，聖經之言永生，中西聖哲，其理一也。成玄英云：禦寇困於行李，食於道傍，仍見枯朽髑髏，形色似久。言百歲者，擧其大數。髑髏隱在蓬草之下，遂拔卻蓬草，因而指麾與言。然髑髏以生為死，以死為生，列子則以生為生，以死為死。生死各執一方，未足為定，故未嘗死，未嘗生也。

十九、達生

(八十六)醉者墜車

子列子問關尹曰：「至人潛行不窒，蹈火不熱，行乎萬物之上而不慄。請問何以至於此？」關尹曰：「是純氣之守也，非知巧果敢之列。居，予語女！凡有貌象聲色者，皆物也，物與物何以相遠？夫奚足以至乎先？是色而已。則物之造乎不形而止乎無所化，夫得是而窮之者，物焉得而止焉！彼將處乎不淫之度，而藏乎無端之紀，游乎萬物之所終始，壹其性，養其氣，合其德，以通乎物之所造。夫若是者，其天守全，其神無郤，物奚自入焉！夫醉者之墜車，雖疾不死。骨節與人同而犯害與人異，其神全也，乘亦不知也，墜亦不知也，死生驚懼不入乎其胸中，是故遻物而不慴。彼得全於酒而猶若是，而況得全於天乎？聖人藏於天，故莫之能傷也。復讎者不折鏌干，雖有忮心者不怨飄瓦，是以天下平均。故無攻戰之亂，無殺戮之刑者，由此道也。不開人之天，而開天之天，開天者德生，開人者賊生。不厭其生，不忽於人，民幾乎以其眞！」

【剖析】

本節為重言式寓言。借重列子與關尹之對話，以醉者墜車，雖疾不死為喻，說明至人神全，莫之能害之理。文分兩段：首段子列子問關尹至請問何以至於此？問至人不受水火傷害之故。二段關尹曰至民幾乎以其真，言神全氣守，莫之能傷。本段可分爲二項：首項是純氣之守也至物奚自入焉，以賦法直敍，言壹性養氣，合德通物之理。次項夫醉者之墜車至而況德全於乎，以比喻法，言醉者墜車，雖疾不死，因其神全，死生驚懼不入乎心。末段聖人藏於天至民幾乎以其真，以賦法直敍，言聖人合於自然，故水火不能傷也。夫嬰兒墜樓，雖傷不死，因嬰兒不知墜樓之險，故恐懼死亡暗陰不入於心，雖皮傷骨折，不致於死，反之亦然。如死囚臨刑，間有刀鎗未入，毫髮未傷，而已魂飛魄散，其故安在？恐懼死亡之情，已入於心也。成玄英云：夫醉人乘車，忽然顛墜，雖復困疾，必當不死。其謂心無緣慮，神照凝全，既而乘墜不知，死生不入，是故遻於外物而情無慴懼。此第一喻也。干將鏌鋣，並古之良劍。雖用劍殺害，因以結讎，而報讎之人，終不瞋怒此劍而折之也，其爲無心，故物莫之害也。此第二喻也。飄落之瓦，偶爾傷人，雖忮逆褊心之夫，終不怨恨，爲瓦是無心之物。此第三喻也。

㈦ 痀子捕蟬

仲尼適楚，出於林中，見痀僂者承蜩，猶掇之也。仲尼曰：「子巧乎！有道邪？」曰：「我有道也。五六月累丸二而不墜，則失者錙銖；累三而不墜，則失者十一；累五而不墜，猶掇之也。吾處身也，若厥株拘；吾執臂也，若槁木之枝；雖天地之大，萬物之多，而唯蜩翼之知。吾不反不側，不以萬物易蜩之翼，何爲而不得！」孔子顧謂弟子曰：「用志不分，乃凝於神，其痀僂丈人之謂乎！」

【剖析】

本節為重言式寓。借孔子與痀僂者之對話，以捕蟬之道，說明專心一志，聚精凝神，萬事無不克之理。文分起承轉合：以仲尼適楚為承，見痀僂者捕蟬如拾取，神乎其技，與庖丁解牛，異曲同工。以仲尼曰為承，問捕蟬之技為技巧抑道理。以痀僂者曰為轉，言捕蟬之技，由平日以竹竿堅累疊丸練成。以孔子顧謂弟子曰為合，言用志不分，乃凝於神，畫龍點睛，以破題旨矣。夫痀者捕蟬，由於累丸不墜，捕蟬如拾取，此言其技之精也。身如木樁，臂如槁枝，此言心定也。萬物雖多，唯知蜩翼，不反不側，心無二念，安神定志，不以萬物易蜩翼，故捕蟬如反掌之易，如探囊取物之便。夫神乎其技，安心定志，此乃痀者捕蟬之道也。由此舉一反三，則萬事皆然也。淺薄之徒，凡事投機取巧，不知若練；心猿意馬，見易思遷，其欲有成，則難如登山矣。成玄英云：夫運心用志，凝靜不離，故累丸乘蜩，妙凝神鬼。

㈥ 船夫駕舟

顏淵問仲尼曰：「吾嘗濟乎觴深之淵，津人操舟若神。吾問焉，曰：『操舟可學邪？』曰：『可。善游者數能。若乃夫沒人，則未嘗見舟而便操之也。』吾問焉而不吾告，敢問何謂也？」仲尼曰：「善游者數能，忘水也。若乃夫沒人之未嘗見舟而便操之也，彼視淵若陵，視舟之覆猶其車却也。覆却萬方陳乎前而不得入其舍，惡往而不暇！以瓦注者巧，以鉤注者憚，以黃金注者殙。其巧一也，而有所矜，則重外也。凡外重者內拙。」

【剖析】

本節為重言式寓言。借顏淵與孔子對話，以津人操舟若神為喻，說明就外物所役者，則內心笨拙也。夫善泳者，易習操舟，因忘水也；潛水者，見舟便操，視淵若陵也。以瓦注者巧，以鉤注者憚，以黃金注者殙，蓋投鼠而忌器，外重而內拙也。成玄英云：率性操舟，任真遊水，心無矜係，何往不閒！豈唯操舟，學道亦爾，但能遺忘，即是達生。夫射者之心，巧拙無二，為重於外物，故心有所矜，只為貴重黃金，故內心昏拙，豈唯在射，萬事亦然。

(六九) 養生若牧羊

田開之見周威公。威公曰：「吾聞祝腎學生，吾子與祝腎游，亦何聞焉？」田開之曰：「開之操拔篲以侍門庭，亦何聞於夫子！」威公曰：「田子無讓，寡人願聞之。」開之曰：「聞之夫子曰：『善養生者，若牧羊然，視其後者而鞭之。』」威公曰：「何謂也？」田開之曰：「魯有單豹者，巖居而水飲，不與民共利，行年七十而猶有嬰兒之色；不幸遇餓虎，餓虎殺而食之。有張毅者，高門縣薄，無不走也，行年四十而有內熱之病以死。豹養其內而虎食其外，毅養其外而病攻其內，此二子者，皆不鞭其後者也。」仲尼曰：「無入而藏，無出而陽，柴立其中央。三者若得，其名必極。夫畏塗者，十殺一人，則父子兄弟相戒也，必盛卒徒而後敢出焉，不亦知乎！人之所取畏者，衽席之上，飲食之閒；而不知為之戒者，過也。」

【剖析】

本節為重言式寓言。借重田開之與周威公對話，以養生若牧羊，鞭其後者為喻，說明養生之道，應內精外形並重，矯正其不及之理。文分四段：首段以田開之見周威公為起，言威公欲聞祝腎養生之道。次段以威公曰田子無讓為承，言養生若牧羊。三段以威公曰何謂也為轉，言豹養其內而虎食其外，毅養其外而病攻其內，皆非養生之道。末段仲尼曰為合，言養生應內外並重，合乎中庸之道，飲食男女，尤應戒之。夫單豹養生，偏重修心，行年七十，色如嬰兒，餓虎食之，何其不幸！此不重於外之過也。張毅養生，偏重修身，行年四十，熱病喪生，何其悲哉！此不重於內之過也。是故，吾人養生，應體德兼修，身心並重也。成玄英云：單豹寡欲清虛，養其內德而虎食其外。張毅交遊世貴，養其形骸而病攻其內以死。此二子各滯一邊，未為折中，故並不鞭其後也。

(九十)祝宗人說彘

祝宗人玄端以臨牢筴，說彘曰：「汝奚惡死？吾將三月豢汝，十日戒，三日齊，藉白茅，加汝肩尻乎雕俎之上，則汝爲之乎？」爲彘謀，曰不如食以糠糟而錯之牢筴之中；自爲謀，則苟生有軒冕之尊，死得於腞楯之上，聚僂之中則爲之。爲彘謀則去之，自爲謀則取之，所異彘者何也？

【剖析】

本節為純粹寓言，以祝宗人說彘，言祭祀之豬，豢養三月，死供彫俎之上為喻，而諷權貴人物，戚榮華而遺害，逐權位而取禍，雖生有軒冕之尊，而死得腞楯之上，其與豬何異！郭象云：欲贍則身亡，理常俱耳，不閑人獸也。成玄英云：為彘謀者，不如置之圈內，食之糟糠，不用白茅，無勞彫且；自為謀，則苟且生時有乘軒戴冕之尊，死則置於棺中，載於楯車之上，則欲得為之。為彘謀則去白茅雕俎，自為謀則取於軒冕楯車，而異彘者何也？此蓋顛倒愚惑，非達生之性也。

（六十）桓公見鬼患病

桓公田於澤，管仲御，見鬼焉。公撫管仲之手曰：「仲父何見？」對曰：「臣無所見。」公反，誒詒為病，數日不出。齊士有皇子告敖者曰：「公則自傷，鬼惡能傷公！夫忿滀之氣，散而不反，則為不足；上而不下，則使人善怒；下而不上，則使人善忘；不上不下，中身當心，則為病。」桓公曰：「然則有鬼乎？」曰：「有。沈有履，竈有髻。戶內之煩壤，雷霆處之；東北方之下者，倍阿鮭蠪躍之；西北方之下者，則泆陽處之。水有罔象，丘有峷，山有夔，野有彷徨，澤有委蛇。」公曰：「請問，委蛇之狀何如？」皇子曰：「委蛇，其大如轂，其長如轅，紫衣而朱冠。其為物也，惡聞雷車之聲，則捧其首而立。見之者殆乎霸。」桓公辴然而笑曰：「此寡人之所見者也。」於是正衣冠與之坐，不終日而不知病之去也。

【剖析】

本節為重言式寓言。借桓公與皇子告敖之對話，以桓公見鬼而病為喻，說明心神不寧而患病，心神釋然而病癒。文分四段：首段桓公田於譯為起，言桓公見鬼。二段以公反為承，皇子言患病之因。三段桓公曰然則有鬼乎為轉，言水丘山野皆有鬼。四段公曰請問委蛇之狀何如？言見委蛇者霸，桓公笑而病癒。夫心中有鬼，心神恍惚，而幻象現乎前，致憂慮而患病，皇子以心理治療，探知病源，對症醫治，可謂與現代精神科之醫師媲美矣！郭象云：此章言憂來而累生者，不明也；患去而性得者，達理也。成玄英云：聞說委蛇，情中暢適，於是整衣冠，共語論，不終日而情抱豁然，不知疾病從何而去也。

(九十一)紀渻子養鬪鷄

紀渻子爲王養鬪鷄。十日而問：「鷄已乎？」曰：「未也，方虛憍而恃氣。」十日又問，曰：「未也。猶應嚮景。」十日又問，曰：「未也。猶疾視而盛氣。」十日又問，曰：「幾矣。鷄雖有鳴者，已無變矣，望之似木鷄矣，其德全矣，異鷄無敢應者，反走矣。」

【剖析】

本節為重言式寓言。以紀渻子為王養鬪鷄為喻，說明養神之理。文分四段：首段紀渻子為王養鬪鷄為起，言方虛憍而恃氣。二段十日又問為承，言猶應嚮影。三段十日又問為轉，言猶疾視而盛氣。四段十日又問為合，言望視木鷄，其德全矣。夫養神之理，猶養鷄也，去其虛憍盛氣，安靜沉着，形似木鷄，其德全矣。郭象云：此章言養之以至於全者，猶無敵於外，況自全乎！成玄英云：神識安閒，形容審定，遙望之者，其猶木鷄，不動不驚，其德全具，他人之鷄，見之反走，天下無敵，誰敢應乎？

(九十二)呂梁泳者

孔子觀於呂梁，縣水三十仞，流沫四十里，黿鼉魚鼈之所不能游也。見一丈夫游之，以爲有苦而欲死也，使弟子竝流而拯之。數百步而出，被髮行歌而游於塘下。孔子從而問焉，曰：「吾以子爲鬼，察子則人也。請問，蹈水有道乎？」曰：「亡，吾無道，吾始乎故，長乎性，成乎命。與齊俱入，與汨偕出，從水之道而不爲私焉。此吾所以蹈之也。」孔子曰：「何謂始乎故，長乎性，成乎命？」曰：「吾生於陵而安於陵，故也；長於水而安於水，性也；不知吾所以然而然，命也。」

【剖析】

本節為重言式寓言。借重孔子與泳者對話，以游為喻，說明安習成性之理。文分三段：首段孔子觀於呂梁，言見一丈人游於急流之下。次段孔子從而問焉，言從水之道而不為私焉。末段孔子曰，言始故長性成命之理。夫急流而泳，神乎其技，此無它，生於陸而安於陸，是故常；長於水畔而安於水，是習性；不知所以然而然，是命定；即順乎水之自然本性也。豈唯游泳，萬事皆然。郭象云：此章言人有偏能，得其所能而任之，則天下無難矣。用夫無難以涉乎生生之道，何往而不通也！成玄英云：初始生於陵陸，遂與陵為故舊也。長大游於水中，習而成性也。既習水成性，心無懼憚，恣情放任，遂同自然天命也。

(六四) 梓慶削木爲鐻

梓慶削木爲鐻，鐻成，見者驚猶鬼神。魯侯見而問焉，曰：「子何術以爲焉？」對曰：「臣工人，何術之有！雖然，有一焉。臣將爲鐻，未嘗敢以耗氣也，必齊以靜心。齊三日，而不敢懷慶賞爵祿；齊五日，不敢懷非譽巧拙；齊七日，輒然忘吾有四枝形體也。當是時也，無公朝，其巧專而外骨消；然後入山林，觀天性；形軀至矣，然後成見鐻，然後加手焉；不然則已。則以天合天，器之所以疑神者，其是與！」

【剖析】

本節為重言式寓言。借魯侯與梓慶對話，以削木製鐻為喻，說明成器之理。夫梓慶成鐻，猶鬼斧神工。其將為鐻，蓄精養銳，齊戒靜心。復去慶賞爵祿，毀譽巧拙！輒然忘我，則無患得患失之心。公無顧慮，技巧專一，外慮消失，然後入山採木，以其本性，應合樹木自然，故成巧奪天工之鐻也。豈唯為鐻，萬事皆然。郭象云：盡因物之妙，故乃疑是鬼神所作也。成玄英云：所以鐻之微妙疑似鬼神者，只是因於天性，順其自然，故得如此。此章明順理則巧若神鬼，性乖則心勞而自拙也。

(九五) 東野稷御馬

東野稷以御見莊公，進退中繩，左右旋中規。莊公以為文弗過也，使之鉤百而反。顏闔遇之，入見曰：「稷之馬將敗。」公密而不應。少焉，果敗而反。公曰：「子何以知之？」曰：「其馬力竭矣，而猶求焉，故曰敗。」

【剖析】

本節為重言式寓言。借魯莊公與顏闔之對話，以東野稷御馬而敗為喻，說明凡事應順乎自然，不可勉強而為，若有意矜勢誇能，耗神過度，若馬力竭而困敗也。文分三段：首段東野稷以御見莊公，言善於馭，命其鉤百而反。次段顏闔遇之，言稷馬將敗。末段少馬果敗而反，言馬竭猶馭，故知其敗。夫宇宙事物，不宜強求，適可而止，若違反自然，勉強為之，追逐於名利之途，則必勞形傷心，身敗名裂，有違達生之道矣。成玄英云：馬力竭盡，而求其過分之能，故知必敗也。非唯車馬，萬物皆然。

㈥工倕畫圖

工倕旋而蓋規矩，指與物化而不以心稽，故其靈臺一而不桎。忘足，屨之適也；忘要，帶之適也；知忘是非，心之適也；不內變，不外從，事會之適也。始乎適而未嘗不適者，忘適之適也。

【剖析】

本節爲純粹寓言。以工倕手指旋轉而與規矩合爲喻，說明忘適之適之理。夫倕工畫圖，指與物化，精巧絕倫，融合爲一。忘足適屨，忘腰適帶，忘是非適心，內心專一，外不役物，而致忘適之適也。郭象云：是非生於不適耳。所遇而安，故無所變從也。識適者，猶未識也。成玄英云：夫有屨有帶，本爲足爲要；今既忘足要，屨帶理當閑適。亦猶心懷憂戚，爲有是非；今則知忘是非，故心常適樂也。外智凝寂，內心不移，物境虛空，外不從事，乃契會真道，所在常適。夫體道虛忘，本性常適，非由感物而後歡娛，則有時不適，本性常適，故無往不歡也。斯乃忘適之適，非有心適。

㈦扁子論至人之德

有孫休者，踵門而詫子扁慶子曰：「休居鄉不見謂不修，臨難不見謂不勇；然而田原不遇歲，事君不遇世，賓於鄉里，逐於州部，則胡罪乎天哉？休惡遇此命也？」扁子曰：「子獨不聞夫至人之自行邪？忘其肝膽，遺其耳目，芒然彷徨乎塵垢之外，逍遙乎無事之業，是謂爲而不恃，長而不宰，今汝飾知以驚愚，修身以明汙，昭昭乎若揭日月而行也。汝得全而形軀，具而九竅，無中道夭於聾盲跛蹇而比於人數，亦幸矣，又何暇乎天之怨哉！子往矣！」孫子出。扁子入，坐有閒，仰天而歎。弟子問曰：「先生何爲歎乎？」扁子曰：「向者休來，吾告之以至人之德，吾恐其驚而遂至於惑也。」弟子曰：「不然。孫子之所言是邪？先生之所言非邪？非固不能惑是。孫子所言非邪？先生所言是邪？彼固惑而來矣，又奚罪焉！」扁子曰：「不然。昔者有鳥止於魯郊，魯君說之，爲具太牢以饗之，奏九韶以樂之，鳥乃始憂悲眩視，不敢飲食。此之謂以己養養鳥也。若夫以鳥養養鳥者，宜棲之深林，浮之江湖，食之以委蛇，則平陸而已矣。今休，款啓寡聞之民也，吾告以至人之德，譬之若載鼬以車馬，樂鴳以鐘鼓也。彼又惡能無驚乎哉！」

【剖析】

本節為重言式寓言。借孫休與扁子對話，說明至人之德。文分四段：首段有孫休者至休惡遇此命也為起，言休何罪。田原不遇歲，事君不遇世。次段扁子曰至子往矣為承，言至人之行。三段孫子出至又奚罪焉為轉，言恐休惑於至人之德。四段扁子曰至彼又惡能無驚乎哉為合，以魯侯養鳥，車馬載鼬，鐘鼓樂鴳為喻，言孫休不適於論至人之道。夫至人之行，忘去形體，遺棄聰明，超乎塵外，逍遙無為之境。然孫休以驚愚飾知，以明汙修身，若擧日月之照明而行，得保形體無缺，亦幸運矣，又何怨天尤人哉！成玄英云：光飾心智，驚動愚俗；修勞身形，顯他汙穢；昭昭明白，自炫其能，猶如擔揭日月而行於世也，豈是蹈光匿耀，以蒙養恬哉！

二〇、山木

(九六)、木以不材壽

莊子行於山中，見大木枝葉盛茂，伐木者止其旁而不取也。問其故？曰：「無所可用。」莊子曰：「此木以不材得終其天年。」夫子出於山，舍於故人之家。故人喜，命豎子殺雁而烹之。豎子請曰：「其一能鳴，其一不能鳴，請奚殺？」主人曰：「殺不能鳴者。」明日弟子問於莊子曰：「昨日山中之木，以不材得終其天年；今主人之雁，以不材死；先生將何處？」莊子笑曰：「周將處乎材與不材之間，材與不材之間，似之而非也，故未免乎累。若夫乘道德而浮游，則不然。無譽無訾，一龍一蛇，與時俱化，而無肯專爲；一上一下，以和爲量，浮游乎萬物之祖；物物而不物於物，則胡可得而累邪！此神農黃帝之法則也。若夫萬物之情，人倫之傳，則不然。合則離，成則毀；廉則挫，尊則議，有爲則虧，賢則謀，不肖則欺，胡可得而必乎哉！悲夫！弟子志之，其唯道德之鄉乎！」

【剖析】

本節為純粹寓言。莊子借與弟子對話，以山木不材得終其天年，雁以不材死為喻，言處世之道，唯有如龍蛇與時俱化。文分三段：首段莊子行於山中，言木以不材得終其天年。次段夫子出於山，言雁以不能鳴而見殺。末段明日弟子問於莊子，言處世之道，其唯道德之鄉。夫木以不材壽，雁以不材夭，其因相同，其果不同。究其原因，蓋時空因素之不同。表面視之，兩者皆為不材；然詳析之，則不同也。就空間而言：木處於山中，因無所可用，砍伐運輸，勞命傷財，故不取也，得享其天年。雁處於平地人家，雖其不善鳴，然其肉美味可口，可作食物，故殺而烹之。反之，若木處於平地人家，雖無成器之才，然可用作燃料，則亦不得享其天年矣。雁若處於山中，自由飛翔，因不善鳴，難以遭人發現而獵殺，則可享其長壽矣。是故，宇宙事物，不可一味摹仿，應隨機應變。庸俗之徒，善於仿效。就事而言：以為甲既可如此，乙有何不可。如甲坐飛機，一生平安；乙坐飛機，則機毀人亡。再就物言：鴉片，毒物也，普通人食之，則傷身喪生。然在醫學上，可作為麻醉劑，在治療上，不可或缺之藥物也。諸如此類，不勝枚舉，吾人當舉一反三，隨機應變，趨吉避凶。故莊子謂處與材與不材之間，亦似之而非也。應如神龍之現露，或如蟲之隱伏，變化莫測，而順乎自然，歸於道德之鄉。郭象云：不可必，故待之不可以一方也，唯與時俱化者，為能涉變而常通耳。成玄英云：言能用中平之理，其為道德之鄉也。

（九九）豐狐文豹以皮亡身

市南宜僚見魯侯，魯侯有憂色。市南子曰：「君有憂色，何也？」魯侯曰：「吾學先王之道，修先君之業，吾敬鬼尊賢，親而行之，無須臾離居；然不免於患，吾是以憂。」市南子曰：「君之除患之術淺矣！夫豐狐文豹，棲於山林，伏於巖穴，靜也；夜行晝居，戒也；雖飢渴隱約，猶且胥疏於江湖之上，而求食焉，定也；然且不免於罔羅機辟之患。是何罪之有哉？其皮為之災也。今魯國獨非君之皮邪？吾願君刳形去皮，洒心去欲，而遊於無人之野。南越有邑焉，名為建德之國，其民愚而朴，少私而寡欲；知作而不知藏，與而不求其報；不知義之所適，不知禮之所將；猖狂妄行，乃蹈乎大方；其生可樂，其死可葬。吾願君去國捐俗，與道相輔而行。」君曰：「彼其道遠而險，又有江山，我無舟車奈何？」市南子曰：「君無形倨，無留居，以爲君車。」：「彼其道幽遠而無人，吾誰與爲鄰？吾無糧，我無食，安得而至焉？」市南子曰：「少君之費，寡君之欲，雖無糧而乃足。君其涉於江而浮於海，望之而不見其崖，愈往而不知其所窮。送君者皆自崖而反，君自此遠矣！故有人者累，見有於人者憂。故堯非有人，非見有於人也。吾願去君之累，除君之憂，而獨與道遊於大莫之國。方舟而濟於河，有虛船來觸舟，雖有惼心之人不怒；有一人在其上，則呼張歙之；一呼而不聞，再呼而不聞，於是三呼邪，則必以惡聲隨之。向也不怒，而今也怒，向也虛，而今也實。人能虛己以遊世，其孰能害之？」

【剖析】

本節爲重言式寓言。借市南宜僚與魯侯之對話，以豐狐文豹爲喻，言魯國之君位，如狐豹之皮，爲禍患之因也，唯有虛己以處世也。文分二段：首段市南宜僚見魯侯至與道相輔而行，言豐狐文豹以皮爲災，猶魯侯以位爲禍，宜去國捐俗而行道。次段君曰彼其道遠而險至其孰能害之，言虛己以遊世。夫庶民無罪，懷璧其罪，狐豹以皮禍，鹿以角災，象以牙害，紅顏薄命，君位亡身。諸如此類，不勝枚舉。郭象云：有其身而矜其國，故雖憂懷萬端，尊賢尚行，而患慮愈深矣。

（一〇）北宮奢賦斂爲鐘

北宮奢爲衞靈公賦斂以爲鐘，爲壇乎郭門之外，三月而成上下之縣。王子慶忌見而問焉，曰：「

子何術之設？」奢曰：「一之間，無敢設也。奢聞之：『既彫既琢，復歸於朴。』侗乎其無識，儻乎其怠疑，萃乎芒乎，其送往而迎來；來者勿禁，往者勿止；從其彊梁，隨其曲傅，因其自窮，故朝夕賦斂，而毫毛不挫，而況有大塗者乎！」

【剖析】

本節為重言式寓言。借北宮奢與王子慶忌對話，以賦斂製鐘為喻，言專心一志，而無雜念，豈唯為鐘，萬事皆然。夫為政之道，順任自然，毋巧立名目，苛捐雜稅，榨取民脂民膏。若北宮奢募款為鐘，皆順乎民心，自由樂捐，是故鐘成而民無損。何況用大道化民，則民益順矣。郭象云：泰然無執，用天下之自為，斯大通之塗也，故曰經之營之，不日成之。成玄英云：直致任物，己無挫損，況資大道，神化無為，三月而成，何怪之有！

㈡　甘井先竭

孔子圍於陳蔡之間，七日不火食。太公任往弔之，曰：「子幾死乎？」曰：「然。」「子惡死乎？」曰：「然。」任曰：「予嘗言不死之道。東海有鳥焉，其名曰意怠，其為鳥也，翂翂翐翐，而似無能；引援而飛，迫脅而棲；進不敢為前，退不敢為後；食不敢先嘗，必取其緒。是故其行列不斥，而外人卒不得害，是以免於患。直木先伐，甘井先竭。子其意者飾知以驚愚，修身以明汙，昭昭乎若揭日月而行，故不免也。昔吾聞之大成之人曰：『自伐者無功，功成者墮，名成者虧。』孰能去功與名，而還與衆人！道流而不明，居得行而不名處，純純常常，乃比於狂；削迹捐勢，不為功名。是故無責於人，人亦無責焉。至人不聞，子何喜哉？」孔子曰：「善哉！」辭其交遊，去其弟子，逃於大澤；衣裘褐，食杼栗；人獸不亂群，入鳥不亂行。鳥獸不惡，而況人乎！

【剖析】

本節為重言式寓言。借重孔子與太公任之對話，以東海之鳥為喻，言不死之道，唯有去功與名。文分三段：首段孔子圍於陳蔡之間至然，言大公任往弔謂惡死乎。次段任公曰至子何喜哉？言處世之道，欲避禍免患，唯有若東海之鳥，進退不敢為前後，食不敢先嘗。末段孔子曰至而況人乎？言孔子避世於大澤，與鳥獸為伍。夫東海之鳥，不敢為天下先，故能免患，而直木先伐，甘井先竭，豐狐文豹，鹿角象牙，皆若世間之功名利祿，有則患之，應若去水火然，速避免禍，方能達養生之道。成玄英云：試言長生之道，舉海鳥而譬之。翂翂翐翐，是舒遲不能高飛之貌也。飛必援引徒侶，不敢先起；棲必戢其脅翼，廹引於群。夫進退處中，遠害之至，飲啄隨行，必依次敘。為其謙柔，不與物競，故衆鳥行列，不獨斥棄也，而外人造次不得害之，是以免於人間之禍患。直木有材，先遭斫伐；甘井來飲，其流先竭。人衒才智，其義亦然。

（三）棄千金之璧

孔子問子桑雽曰：「吾再逐於魯，伐樹於宋，削迹於衞，窮於商周，圍於陳蔡之間。吾犯此數患，親交益疏，徒友益散，何與？」子桑雽曰：「子獨不聞假人之亡與？林回棄千金之璧，負赤子而趨，或曰：『為其布與？赤子之布寡矣；為其累與？赤子之累多矣；棄千金之璧，負赤子而趨，何也？

』林回曰：『彼以利合，此以天屬也。』夫以利合者，迫窮禍患害相棄也；以天屬者，迫窮禍患害相收也。夫相收之與相棄，亦遠矣。且君子之交淡若水，小人之交甘若醴；君子淡以親，小人甘以絕。彼無故以合者，則無故以離。」孔子曰：「敬聞命矣！」徐行翔佯而歸，絕學捐書，弟子無挹於前，其愛益加進。異日桑雽又曰：「舜之將死，眞泠禹曰：『汝戒之哉！形莫若緣，情莫若率。緣則不離，率則不勞；不離不勞，則不求文以待形；不求文以待形，固不待物。』」

【剖析】

本節為重言式寓言。借重孔子與桑雽之對話，以假人逃亡，棄璧負子為喻，言以利合者，禍患相棄，而以天屬者，患難相共。文分四段：首段孔子問子桑雽曰至何與？言其患難親友疏散之故。二段子桑雽曰至則無故以離，以假人棄璧負子逃亡為喻，言以利合者，禍患相棄，以義合者，患難相共。三段孔子曰至其愛益加進，言絕學捐書，無揖讓之禮，徒有敬愛。四段異日至固不待物，言外表順衆，內心率真。夫君子之交淡若水，小人之交甘若醴；君子以義合，故淡以親；小人以利合，故甘以絕。中國人言義，西方人言利，故國際之間，無道義可言，唯有利害而已。明乎此，假人棄璧負子，與夫見利忘義，何足怪哉！成玄英云：假遭晉滅，百姓逃亡，林回棄擲寶璧，負子而走。或人問之，謂為財布，然亦以為財則少財，以為累則多累，輕少負多，不知何也？寶璧，利合也。赤子，親屬也。親屬，急迫猶相收；利合，窮禍則相棄。棄收之情，相去遠耳。

莊子衣大布而補之，正緳係履而過魏王。魏王曰：「何先生之憊邪？」莊子曰：「貧也，非憊也。士有道德不能行，憊也；衣弊履穿，貧也，非憊也；此所謂非遭時也。王獨不見夫騰猿乎？其得枏梓豫章也，攬蔓其枝，而王長其間，雖羿蓬蒙不能眄睨也。及其得柘棘枳枸之間也，危行側視，振動悼慄；此筋骨非有加急而不柔也，處勢不便，未足以逞其能也。今處昏上亂相之間，而欲無憊，奚可得邪？此比干之見剖心，徵也夫！」

【剖析】

本節為重言式寓言。借莊子與魏王對話，以騰猿行於荊棘為喻，言處昏君亂相時期，唯有安貧樂道。夫猿猴跳躍於枏梓豫章，何其逍遙自在，一旦行於荊棘叢中，恐懼戰慄，何其悲哉！比干剖心，悽慘在目，悲痛之情，流於翰墨。莊生以騰猿自喻，枏梓喻太平，荊棘喻亂世，其衣弊履穿，亦不得已也。孔子云：富與貴，人之所欲也，不以其道得之，與我如浮雲。俗云：寧作太平犬，毋作離亂人。痛哉斯言！噫！莊生之生不逢辰，何其哀哉！郭象云：遭時得地，則申其長技，故雖古之善射，莫之能害。勢不便而強為之，則受戮矣。成玄英云：言善士賢人，遭時得地，猶如猨得直木，則跳擲自在，雖有善射之人，不敢舉目側視，何況彎弓乎！夫猿得有刺之木，不能逞其捷巧，是以心中悲悼而戰慄，形貌危行而側視，非謂筋骨有異於前，而勢不便也。士逢亂世，亦須如然。當時周室微弱，六國興盛，於是主昏於上，臣亂於下。莊生懷道抱德，莫能見用，晦迹遠害，故發此言。昔殷紂無道，比干忠諫，剖心而死，豈非徵驗！引古證今，異日明鏡。

(一四)孔子窮於陳蔡

孔子窮於陳蔡之間，七日不火食，左據槁木，右擊槁枝，而歌猋氏之風，有其具而無其數，有其聲而無宮角，木聲與人聲，犁然有當於人之心。顏回端拱還目而窺之。仲尼恐其廣己而造大也，愛己而造哀也，曰：「回無受天損易，無受人益難。無始而非卒也，人與天一也。夫今之歌者其誰乎？」回曰：「敢問無受天損易？」仲尼曰：「飢渴寒暑，窮桎不行，天地之行也，運物之泄也，言與之偕逝之謂也。爲人臣者，不敢去之，執臣之道猶若是，而況乎所以待天乎？」「何謂無受人益難？」仲尼曰：「始用四達，爵祿並至而不窮，物之所利，乃非己也，吾命其在外者也。君子不爲盜，賢人不爲竊。吾若取之何哉！故曰：『鳥莫知於鷾鴯，目之所不宜處，不給視，雖落其實，棄之而走。』其畏人也，而襲諸人間，社稷存焉爾。」「何謂無始而非卒？」仲尼曰：「化其萬物，而不知其禪之者，焉知其所終？焉知其所始？正而待之而已耳。」「何謂人與天一邪？」仲尼曰：「有人，天也；有天，亦天也。人之不能有天，性也，聖人晏然體逝而終矣！」

【剖析】

本節為重言式寓言。借重孔子與顏回對話，以困厄陳蔡而歌為喻，言處逆境當怡然自得。文分六段：首段孔子窮於陳蔡之閒，言安於逆境。二段顏回端拱還目而窺之？言天損人益，始終天人之難易。三段回曰敢問無受天損易？言飢渴寒暑，天地之行，順其變化，可防其損也。四段何謂无受人益難？言貪圖官爵俸祿，雖與盜竊無異，然難以拒絕。五段何謂无始而非卒，言萬物演化，終始循環不息。六段何謂天與人一邪？言天人秉性自然一理，聖人應順其變化。夫人處逆境而怡然自得，不怨天尤人，安貧樂道，順乎自然，非常人所能及也。唯有君子固窮，小人則窮斯濫矣。成玄英云：夫自然之理，有窮塞之損，達於時命，安之則易。人倫之道，有爵祿之益，儻來而寄，推之即難。此明仲尼雖擊木而歌，無心哀怨。於今為始者，於昨為終也。欲明無始無終，無生無死。既無死無生，何窮塞之有哀乎！所謂天損人益者，猶是教迹之言也。若至凝理處，皆是自然，故不二也。

(一〇五) 螳螂捕蟬

莊周遊於雕陵之樊，覩一異鵲自南方來者，翼廣七尺，目大運寸，感周之顙而集於栗林。莊周曰：「此何鳥哉？翼殷不逝，目大不覩。」蹇裳躩步，執彈而留之。覩一蟬，方得美蔭而忘其身；螳螂執翳而搏之，見得而忘其形；異鵲從而利之，見利而忘其眞。莊周怵然曰：「噫！物固相累，二類相召也。」捐彈而反走，虞人逐而誶之。莊周反入，三月不庭。藺且從而問之：「夫子何爲頃間甚不庭乎？」莊周曰：「吾守形而忘身，觀於濁水而迷於清淵。且吾聞諸夫子曰：『入其俗，從其令。』今吾遊於雕陵而忘吾身，異鵲感吾顙，遊於栗林而忘眞，栗林虞人以吾爲戮，吾所以不庭也。」

【剖析】

本節為純粹寓言。以螳螂捕蟬，異鵲在後為喻，言美蔭得利，而忘其身形真性。文分四段：首段莊周遊乎雕陵之樊，言覩異鵲執彈而留之。二段覩一蟬方得美蔭而忘身，言物固相累。三段莊周反入，言夫子何以不樂？四段莊周曰，言守形忘身，自取其辱，故不快也。夫螳螂捕蟬，異鵲在後；異鵲捕螳，彈弓在後；莊周捐彈反走，虞人逐而誶之。瓜田李下，莊生豈有不知？蓋以此設喻耳。覩此情景，弱肉強食，觸目驚心，危機四伏。豈唯蟲鳥，人類亦然。夫人處世，無論順逆，皆應戒慎恐懼，戰戰兢兢，臨淵履冰，如蹈虎尾，切莫得意忘形，失真喪性。莊生文筆流暢，刻畫生動，萬物相剋之象，如剪刀石頭布然。宇宙人生哲理，深入淺出，真不愧為哲人矣。成玄英云：莊生執彈未放，中間忽見一蟬，隱於樹葉，美兹蔭庇，不覺有身；有螳螂執木葉以自翳，意在捕蟬，不覺形見異鵲；異鵲在螳螂之後，利其捕蟬之便，意在取利，不覺性命之危，所謂忘真矣。既覩蟬鵲徇利忘身，於是怵然警惕，仍發噫歎之聲。故知物相利者，必有累憂。既覺利害相隨，棄彈弓而反走，虞人謂其盜栗，故逐而問之。意在異鵲，遂忘栗林之禁令，斯忘身也。虞人謂我偷栗，是成身之恥辱如此，是故不庭。夫莊子大人，隱身卑位，遨遊宋國，養性漆園，豈迷目於清淵，留意於利害者邪！蓋欲評品群性，毀殘其身耳。

(二六)美醜二妾

陽子之宋，宿於逆旅。逆旅有妾二人，其一人美，其一人惡，惡者貴而美者賤，陽子問其故？逆旅小子對曰：「其美者自美，吾不知其美也；其惡者自惡，吾不知其惡也。」陽子曰：「弟子記之！行賢而去自賢之行，安往而不愛哉！」

【剖析】

本節為重言式寓言。借陽子與逆旅小子對話，以美醜二妾為喻，言行賢而去自賢之行。夫美醜二妄，美者因美而驕傲，則失其美矣；醜者因醜而謙卑，則掩其醜矣。宇宙事物，豈唯美醜，萬事皆然也。莊生美學觀點，不以外形而定其美醜，而以內在之美為重也。成玄英云：美者恃其美，故人忘其美而不知也；惡者謙下自惡，故人忘其惡而不知也。夫種德立行而去自賢輕物之心者，何往而不得愛重哉！

二一、田子方

(一〇七)東郭順子道貌自然

田子方侍坐於魏文侯，數稱谿工。文侯曰：「谿工，子之師邪？」子方曰：「非也，无擇之里人也；稱道數當，故無擇稱之。」文侯曰：「然則子无師邪？」子方曰：「有。」曰：「子之師誰邪？」子方曰：「東郭順子。」文侯曰：「然則夫子何故未嘗稱之？」子方曰：「其爲人也眞，人貌而天虛，緣而葆眞，清而容物。物無道，正容以悟之，使人之意也消。無擇何足以稱之！」子方出，文侯儻然終日不言，召前立臣而語之曰：「遠矣，全德之君子！始吾以聖知之言仁義之行爲至矣，吾聞子方之師，吾形解而不欲動，口鉗而不欲言。吾所學者直土梗耳，夫魏直爲我累耳！」

【剖析】

本節為重言式寓言。借田子方與魏文侯對話，以東郭順子之為人為喻，言貌合自然，順乎本性。

文分二段：前段田子方侍坐於魏文侯，言東郭順子其為人也真。後段子方出，言魏侯稱美全德君子。

夫聖知之言，仁義之行，為儒家為人之準繩。道家崇尚自然，人為之聖知仁義，反為人生之束縛，故稱讚質樸純真耳。成玄英云：初昔所學，用先王聖智之言，周孔仁義之行，為窮理至極；今聞說子方之師，其道弘博，遂使吾形解散，不能動止，口舌鉗困，無可言語，自覺所學，土木而已，逢雨則壞，並非真物。

(一八)溫伯雪子論禮義

溫伯雪子適齊，舍於魯。魯人有請見之者，溫伯雪子曰：「不可。吾聞中國之君子，明乎禮義而陋於知人心，吾不欲見也。」至於齊，反舍於魯，是人也又請見。溫伯雪子曰：「往也蘄見我，今也又蘄見我，是必有以振我也。」出而見客，入而歎。明日見客，又入而歎。其僕曰：「每見之客也，必入而歎，何邪？」曰：「吾固告子矣：『中國之民，明乎禮義而陋乎知人心。』昔之見我者，進退一成規，一成矩，從容一若龍，一若虎，其諫我也似子，其道我也似父，是以歎也。」仲尼見之而不言。子路曰：「吾子欲見溫伯雪子久矣，見之而不言，何邪？」仲尼曰：「若夫人者，目擊而道存矣，亦不可以容聲矣。」

【剖析】

本節為重言式寓言。借重溫伯雪子與僕人對話，孔子與子路之言，以龍虎父子為喻，言魯人明禮義而陋知人心。文分三段：首段溫伯雪子適齊至吾不欲見也，言齊人明禮義而陋知人心。次段至於齊至是以歎也，言進退成規矩，從容若龍虎，諫道似父子。末段仲尼見之而不言至亦不可以容聲矣，言目擊而道存，得意而忘言也。夫禮義形諸於外，耳聞目見者也，如進退合乎規矩，動容猶若龍虎，諫道似乎父子；而道存諸於內心，非耳目所能察知也。偏重於禮義，往往流於形式主義，如燒香唸佛之徒，口誦彌陀，而心存邪念。偽君子者，滿口仁義道德，一肚子男盜女娼，內外不一，表裏各異。如斯之徒，令人不齒。莊生之輕禮義而重道德，豈無因哉！成玄英云：匡諫我也，如子之事父；訓導我也，似父之教子。夫遠近尊卑，自有情義，既非天性，何事殷勤！是知聖迹之弊，遂有斯矯，是以歎之也。夫體悟之人，忘言得理，目裁運動而玄道存焉，無勞更事辭費，容其聲說也。

（一九）唐肆求馬

顏淵問於仲尼曰：「夫子步亦步，夫子趨亦趨，夫子馳亦馳；夫子奔逸絕塵，而回瞠若乎後矣！」夫子曰：「回，何謂邪？」曰：「夫子步，亦步也；夫子言，亦言也；夫子趨，亦趨也；夫子辯，亦辯也；夫子馳，亦馳也；夫子言道，回亦言道也；及奔逸絕塵而回瞠若乎後者，夫子不言而信，不必而周，无器而民滔乎前，而不知所以然而已矣。」仲尼曰：「惡！可不察與！夫哀莫大於心死，而人死亦次之。日出東方而入於西極，萬物莫不比方，有目有趾者，待是而後成功，是出則存，是入則亡。萬物亦然，有待也而死，有待也而生。吾一受其成形，而不化以待盡，效物而動，日夜無隙，而不知其所終；薰然其成形，知命不能規乎其前，丘以是日徂。吾終身與汝交一臂而失之，可不哀與！女殆著乎吾所以著也。彼已盡矣，而女求之以爲有，是求馬於唐肆也。吾服女也甚忘，女服吾也亦甚忘。雖然，女奚患焉！雖忘乎故吾，吾有不忘者存。」

【剖析】

本節為重言式寓言。借重孔子與顏淵對話，以唐肆求馬為喻，言宇宙萬物，無動而不變，蹈前人之陳跡，拾其牙慧，永落其後。是故，夫子步趨言辯，奔馳言道，而回雖亦步亦趨，然夫子奔逸絕塵，而回則瞠乎其後矣。夫宇宙事物，瞬息萬變，吾人若一味盲從摹仿，蹈其足印，若刻舟求劍，其愚不可及。蓋足印究非原物，刻舟焉能求劍？郭象云：唐肆，非停馬處也」，言求向者之有，不可復得也。人之生，若馬之過肆耳，恆無駐須臾，新故之相續，不舍晝夜也。成玄英云：顏回孔子，對面清談，向者之言，其則非遠，故言殆著也。彼之故事，於今已滅，汝仍求向時之有，謂在於今者耳，所謂求馬於唐肆也。唐肆非停馬之處也，向者見馬，市道而行，今時覆尋，馬已過去。亦猶向者之迹已滅於前，求之於今，物已變矣。故知新新不住，運運遷移耳。

(二〇) 老聃神遊物初

孔子見老聃，老聃新沐，方將被髮而乾，慹然似非人，孔子便而待之，少焉見，曰：「丘也眩與，其信然與？向者先生形體掘若槁木，似遺物離人而立於獨也。」老聃曰：「吾游於物之初。」孔子曰：「何謂邪？」曰：「心困焉而不能知，口辟焉而不能言，嘗爲女議乎其將。至陰肅肅，至陽赫赫；肅肅出乎天，赫赫發乎地；兩者交通成和而物生焉，或爲之紀而莫見其形。消息滿虛，一晦一明，日改月化，日有所爲，而莫見其功。生有所乎萌，死有所乎歸，始終相反乎無端而莫知乎其所窮。非是也，且孰爲之宗！」孔子曰：「請問游是。」老聃曰：「夫得是，至美至樂也，得至美而游乎至樂，謂之至人。」孔子曰：「願聞其方。」曰：「草食之獸不疾易藪，水生之蟲不疾易水，行小變而不失其大常也，喜怒哀樂不入於胸次。夫天下也者，萬物之所一也。得其所一而同焉，則四支百體將爲塵垢，而死生終始將爲晝夜而莫之能滑，而況得喪禍福之所介乎！棄隸者若棄泥塗，知身貴於隸也，貴在於我而不失於變。且萬化而未始有極也，夫孰足以患心！已爲道者解乎此。」孔子曰：「夫子德配天地，而猶假至言以修心，古之君子，孰能脫焉？」老聃曰：「不然。夫水之於汋也，無爲而才自然矣。至人之於德也，不修而物不能離焉，若天之自高，地之自厚，日月之自明，夫何修焉！」孔子出，以告顏回曰：「丘之於道也，其猶醯雞與！微夫子之發吾覆也，吾不知天地之大全也」

【剖析】

本節為重言式寓言。借重孔子與老聃之對話，以水蟲　草獸不惡變易水藪為喻，言游心於物初之境。文分六段：首段孔子見老聃，言游心於物初。二段孔子曰何謂邪？言造化之道，莫見其形。三段孔子曰請問遊是，言至人至美至樂。四段孔子曰願聞其方？言四支百體如塵埃，死生終始如晝夜，萬物之所同也。五段孔子曰夫子德配天地，言水之於汋也，无為而才自然。六段孔子出，言丘道猶醯鷄。夫遊於物之初，則形若槁木，心無喜怒哀樂，萬物變化無窮，若天高地厚，日月之明，皆自然之道也。吾人不明斯理，若甕中小蟲、井底之蛙，永見笑於方家矣！郭象云：比吾全於老聃，猶甕中之與天地矣。成玄英云：醯鷄，醋甕中之蠛蠓，每遭物蓋甕頭，故不見二儀也。亦猶仲尼遭聖迹蔽覆，不見事理，若無老子為發覆蓋，則終身不知天地之大全，虛通之妙道也。

(二) 魯少儒士

莊子見魯哀公。哀公曰：「魯多儒士，少爲先生方者。」莊子曰：「魯少儒」哀公曰：「舉魯國而儒服，何謂少乎？」莊子曰：「周聞之，儒者冠圜冠者，知天時；履句屨者，知地形；緩佩玦者，事至而斷。君子有其道者，未必爲其服也；爲其服者，未必知其道也。公固以爲不然，何不號於國中曰：『無此道而爲此服者，其罪死！』」於是哀公號之五日，而魯國無敢儒服者，獨有一丈夫儒服而立於公門。公卽召而問以國事，千轉萬變而不窮。莊子曰：「以魯國而儒者一人耳，可謂多乎？」

【剖析】

本節爲重言式寓言。借莊子與魯哀公對話，以魯國儒士爲喻，言多假儒，明道之儒者一人耳。文分二段：前段莊子見魯哀公至其罪死，言魯國儒服而冠者爲假儒。後段於是哀公號之五日至可謂多乎？言魯國儒者一人耳。夫舉魯國而儒服，未必知其道也；君子有其道者，未必爲其服也。以今日視之，何尚不然！舉世西裝革履之士，自命不凡之徒，號稱學者專家者，比比皆是，然真正通古今之變，了中外之理者，又有幾人？殆鳳毛麟角耳。夫農學博士，覩麥苗而謂之韮菜？真如孔子所言不如老農矣！噫！莊子謂魯國儒者一人耳，以今證古，豈妄言哉！成玄英云：夫服以象德，不易其人，莊子體知，故譏儒少。哀公庸暗，不察其道，直據衣冠，謬稱多儒。夫天員地方，服以象德。故戴圓冠以象天者，則知三象之吉凶；履方屨以法地者，則知九州之水陸；曳綬佩玦者，事到而決斷。是以懷道之人，不必爲服，爲服之者，不必懷道。彼己之子，今古有之，是故莊生寓言辯說也。孔子聖人，觀機吐智，若鏡之照，轉變無窮，舉國一人，未足多也。

(二二) 奚舜心無爵祿死生

百里奚爵祿不入於心，故飯牛而牛肥，使秦穆公忘其賤，與之政也。有虞氏死生不入於心，故足以動人。

【剖析】

本節為重言式寓言。借百里奚、秦穆公、有虞氏之事，言百里奚心無爵祿，有虞氏心無死生也。夫心無爵祿死生，非常人之所能及也。庸俗之徒，慕高官厚祿，貧生怕死，此人之常情也。成玄英云：百里奚，秦之賢人也。本是虞人，虞被晉亡，遂入秦國。初未遭用，貧賤飯牛。安於飯牛，身甚肥悅，忘於富貴，故爵祿不入於心。後穆公知其賢，委以國事，都不猜疑，故云忘其賤矣。舜遭後母之難，頻被躓頓，而不以死生經心，至孝有聞，感動天地，於是堯妻以二女，委以萬乘，故足以動人也。

(二三) 宋元君召史畫圖

宋元君將畫圖，衆史皆至，受揖而立；舐筆和墨，在外者半。有一史後至者，儃儃然不趨，受揖不立，因之舍。公使人視之，則解衣般礴臝。君曰：「可矣，是眞畫者也。」

【剖析】

本節為純粹寓言。借宋元君召史畫圖之事為喻，言真畫者一人耳。以今視之，今之畫家，亦何其衆也。夫淺薄之徒，狂妄自大，讀書無多，自命不凡，習西洋之皮毛，以眩耀國人，信筆塗鴉，如驢尾然；既無思想，又乏美感，尚且大言不慚，恬不知恥，謂之曰超現實，言之曰超想象。噫！無怪乎于公嘗慨乎言之，遠視似花，近視是疤。豈徒然哉！成玄英云：宋國之君，欲畫國中山川地土圖樣，而畫師並至，受君令命，拜揖而立，調朱和墨，爭競功能。除其受揖，在外者半，言其趨競者多。儃儃，寬閑之貌也。內既自得，故外不矜持，徐行不趨，受命不立，直入就舍，解衣箕坐，保露赤身，曾無懼憚。元君見其神彩，可謂真畫者也。

(二四) 姜太公釣魚

文王觀於臧，見一丈夫釣，而其釣莫釣；非持其釣有釣者也，常釣也。文王欲學而授之政，而恐大臣父兄之弗安也；欲終而釋之，而不忍百姓之無天也。於是旦而屬之大夫曰：「昔者寡人夢見良人，黑色而䫇，乘駁馬而偏朱蹄，號曰：『寓而政於臧丈人，庶幾乎民有瘳乎！』」諸大夫蹴然曰：「先君王也。」文王曰：「然則卜之。」諸大夫曰：「先君之命，王其無它，又何卜焉！」遂迎臧丈人而授之政。典法無更，偏令無出。三年，文王觀於國，則列士壞植散群，長官者不成德，斔斛不敢入於四竟。列士壞植散群，則尚同也；長官者不成德，則同務也；斔斛不敢入於四竟，則諸侯無二心也。文王於是焉以為大師，北面而問曰：「政可以及天下乎？」臧丈人昧然而不應，泛然而辭，朝令而夜遁，終身無聞。顏淵問於仲尼曰：「文王其猶未邪？又何以夢為乎？」仲尼曰：「默，汝無言！夫文王盡之也，而又何論刺焉！彼直以循斯須也。」

【剖析】

本節為重言式寓言。借文王遇姜太公釣魚，其釣莫釣為喻，言為政無為之理。文分四段：文王觀於臧至常釣也，言臧丈人其釣莫釣。二段文王欲擧而受之政至又何卜焉，言文王假先君託夢授釣翁政事。三段遂迎臧丈人而授之政至終身无聞，言臧丈人為政自然無為。四段顏淵問於仲尼曰至彼直以循斯須也，言文王以盡心治國。夫臧丈人者，姜太公是也，其垂釣莫釣，示文王為政之道。莊丈人觀魚游於渭水，何其樂也，何必釣而殺之，覩其痛苦哀號之狀？觀宇宙萬物，草木鳥獸蟲魚，自由生長，自得其樂，情趣盎然！又何必自私自利，據為己有，奪而取之，傷害萬物邪？然庸俗之徒，用盡心機，捉鳥捕魚，摘花折草，養入私家庭園，心胸何其狹窄！蓋大自然非吾人生之大庭園乎？悠遊其間，靜觀萬物皆自得，豈不樂趣盎然！而為政之理，牧民之道，又何尚不然耳。郭象云：聊以卒歲，竟無以求，不以得失經意，其於假釣而已。成玄英云：臧者，近渭水地名也。丈夫者，寓言於太公也。呂望未遭文王之前，綸釣於臧地，無心施餌，聊自寄此逍遙。非執持其釣，有意羨魚，常遊渭濱，卒歲而已。

(二五) 伯昏无人論射箭

列御寇爲伯昏無人射，引之盈貫，措杯水其肘上，發之，適矢復沓，方矢復寓。當是時，猶象人也。伯昏無人曰：「是射之射，非不射之射也。嘗與汝登高山，履危石，臨百仞之淵，若能射乎？」於是無人遂登高山，履危石，臨百仞之淵，背逡巡，足二分垂在外，揖御寇而進之。御寇伏地，汗流至踵。伯昏無人曰：「夫至人者，上闚青天，下潛黃泉，揮斥八極，神氣不變。今女怵然有恂目之志，爾於中也殆矣夫！」

【剖析】

本節為重言式寓言。借伯昏無人之言，以列禦寇射箭為喻，說明是射之射，有為之為；不射之射，無為之為之理。文分四段：首段列禦寇為伯昏無人射為起，言其射技之精也。二段伯昏無人曰是射之射為承，言是射之射。三段於是無人遂登高山為轉，言禦寇恐懼，汗流至踵。四段伯昏無人曰夫至人者為合，言至人履危臨淵，神氣不變也。夫列禦寇射箭，身履平地，靜如木偶，百發百中，猶人生處於太平盛世之順境，無往而不利也。伯昏無人射箭，身履危石，臨於深淵，背側於後，足二分於外，神態凝定，神氣不變，猶人生處於烽火亂世之逆境，危機四伏，而能應付自如，誠不易也。郭象云：夫德充於內，則神滿於外，無遠近幽深，所在皆明，故審安危之機而泊然自得也。不能明至分，故有懼，有懼而所喪多矣，豈唯射乎！成玄英云：夫至德之人，與大空等量，故能上闚青天，下隱黃泉，譬彼神龍，升沈無定，縱放八方，精神不改，臨彼萬仞，何足介懷！今我觀汝有怵惕之心，眼目眩惑，懷詢懼之志，汝於射中，危殆矣夫！

(二六) 孫叔敖不計毀譽

肩吾問於孫叔敖曰：「子三爲令尹而不榮華，三去之而無憂色。吾始也疑子，今視子之鼻間栩栩然，子之用心獨奈何？」孫叔敖曰：「吾何以過人哉！吾以其來不可卻也，其去不可止也，吾以爲得失之非我也，而無憂色而已矣。我何以過人哉！且不知其在彼乎，其在我乎？其在彼邪？亡乎我；在我邪？亡乎彼。方將躊躇，方將四顧，何暇至乎人貴人賤哉！」仲尼聞之曰：「古之眞人，知者不得說，美人不得濫，盜人不得劫，伏戲黃帝不得友。死生亦大矣，而無變乎己，況爵祿乎！若然者，其神經乎大山而無介，入乎淵泉而不濡，處卑細而不憊，充滿天地，既以與人，己愈有。」

【剖析】

本節為重言式寓言。借肩吾與孫叔敖之對話，孔子之言，以孫子三為令尹而不榮，三去之而無憂為喻，說明不計毀譽之理。文分三段：首段肩吾問於孫叔敖，言不以令尹之去就而哀樂。次段孫叔敖曰，言富貴來去自然，得失非我，故無喜憂。末段仲尼聞之曰，言古之真人，不受外物之影響也。孫子以富貴榮華，來去自然，得之不喜，失之不憂。仲尼以真人喻之，知者美人，不得說濫，盜人伏戲，不得劫友，死生無變，況爵祿乎！夫舉世譽之而不加勸，舉世毀之而不加沮，非常人之所能及也。一人向隅，滿室為之不樂，孩稚調笑，戾夫為之破顏。李廣夜行，霸陵尉辱之，殺之而後快；諸如此類，不勝枚舉矣！成玄英云：夫達者毀譽不動，寵辱莫驚，故孫敖三仕而不榮華，三黜而無憂色。肩吾始聞其言，猶懷疑惑，復察其貌，栩栩自懽，若為用心，獨得如此也？夫軒冕榮華，物來儻寄耳，故其來不可遣卻，其去不可禁止。窮通得喪，豈由我哉！達此去來，故無憂色，何有藝術能過人耶！仲尼聞孫叔敖之言而美其德，故引遠古以證斯人。古之真人，窮微極妙，縱有智言之人，不得辯說，美色之姿，不得淫濫，盜賊之徒，何能劫剝，三皇五帝，未足交友也。夫真人入火不熱，入水不濡，經乎大山而神無障礙，屈處卑賤，其道不虧，德合二儀，故充滿天地，不損己為物，故愈有也。

(一七)凡未始亡

楚王與凡君坐，少焉，楚王左右曰凡亡者三。凡君曰：「凡之亡也，不足以喪吾存。夫『凡之亡不足以喪吾存』，則楚之存不足以存存。由是觀之，則凡未始亡而楚未始存也。」

【剖析】

本節為重言式寓言。借凡君之言，說明生死存亡之理。夫楚王左右再三勸其興兵滅凡，凡君聞之，言凡國滅亡，不足以影響其存在；同理，楚國之存在，亦不足以保障其存在。蓋生死存亡，自然之象也；猶月之陰晴圓缺，人之悲歡離合也。郭象云：夫遺之者不以亡為亡，則存亦不足以為存矣。曠然無矜，乃常存也。存亡更在於心之所措耳，天下竟無存亡。成玄英云：夫存亡者，有心之得喪也；既冥於得喪，故亡者未必亡而亡者更存，存者不獨存而存者更亡也。

二二、知北遊

(一八)智者不言

知北遊於玄水之上，登隱弅之丘，而適遭無為謂焉。知謂無為謂曰：「予欲有問乎若：何思何慮則知道？何處何服則安道？何從何道則得道？」三問而無為謂不答也，非不答，不知答也。知不得問，反於白水之南，登狐闋之上，而睹狂屈焉。知以之言也問乎狂屈。狂屈曰：「唉！予知之，將語若，中欲言而忘其所欲言。」知不得問，反於帝宮，見黃帝而問焉。黃帝曰：「無思無慮始知道，無處無服始安道，無從無道始得道。」知問黃帝曰：「我與若知之，彼與彼不知也，其孰是邪？」黃帝曰：「彼無爲謂眞是也，狂屈似之；我與汝終不近也。夫知者不言，言者不知，故聖人行不言之教。道不可至。仁可爲也，義可虧也，禮相僞也。故曰：『失道而後德，失德而後仁，失仁而後義，失義而後禮。禮者，道之華而亂之首也。』故曰，『爲道者日損，損之又損之以至於無爲，無爲而無不爲也。』今已爲物也，欲復歸根，不亦難乎！其易也，其唯大人乎！生也死之徒，死也生之始，孰知其紀！人之生，氣之聚也；聚則爲生，散則爲死。若死生爲徒，吾又何患！故萬物一也，是其所美者爲神奇，其所惡者爲臭腐；臭腐復化爲神奇，神奇復化爲臭腐。故曰『通天下一氣耳。』聖人故貴一。」知謂黃帝曰：「吾問無爲謂，無爲謂不應我，非不應我，不知應我也。吾問狂屈，狂屈中欲告我而不我告，非不我告，中欲告而忘之也。今予問乎若，若知之，奚故不近？」黃帝曰：「彼其眞是也，以其不知也；此其似之也，以其忘之乎；予與若終不近也，以其知之也。」狂屈聞之，以黃帝爲知言。

【剖析】

本節為純粹寓言。借知與黃帝之對話，說明無為之道。文分五段：首段知北遊至不知答也，言無為謂不知回答道也。二段知不得問，反於白水之南，至中欲言而忘其所欲言，言狂屈忘其所言道也。三段知不得問，反於帝宮，至无從无道始得道，言道尚無為之理。四段知問黃帝曰至聖人故貴一，言知者不言，言者不知，生聚死散，萬物一也。五段知謂黃帝曰至以黃帝為知言，言無為謂真知道，狂屈近於道，予與若不近道。夫道尚無為而無不為，生聚死散，天下一氣耳。成玄英曰：夫氣聚為生，氣散為死，聚散雖異，為氣則同。斯則死生聚散，可為徒伴，既無其別，有何憂色！夫物無美惡而情有向背，故情之所美者則謂為神妙奇特，情之所惡者則謂為腥臭腐敗，而顛倒本末，一至於斯。然物性不同，所好各異；彼之所美，此則惡之；此之所惡，彼又為美。故毛嬙麗姬，人之所美，魚見深入，鳥見高飛。斯則臭腐神奇，神奇臭腐，而是非美惡，何有定焉！是知天下萬物，同一和氣耳。

(二九) 初生之犢

齧缺問道乎被衣，被衣曰：「若正汝形，一汝視，天和將至；攝汝知，一汝度，神將來舍。德將為汝美，道將為汝居，汝瞳焉如新生之犢而無求其故！」言未卒，齧缺睡寐。被衣大說，行歌而去之，曰：「形若槁骸，心若死灰，真其實知，不以故自持。媒媒晦晦，無心而不可與謀。彼何人哉！」

【剖析】

本節為純粹寓言。借齧缺問道於被衣，以初生之犢喻道，言體正神凝，虛寂寧靜。文分兩段：前段齧缺問道乎被衣，言道如新生之犢。後段言未卒，言悟道神速。夫道純真無知，如初生之犢，形若槁骸，心若死灰耳。道為形而上者，視而不見，聽而不聞，為無形者也。達官官人，尚不能明，況販夫走卒乎！莊生欲說明斯理，故反覆設譬也。成玄英云：心既虛夷，視亦平直，故如新生之犢，於事無求也。談玄未終，斯人已悟，坐忘契道，事等睡瞑，於是被衣喜躍，贊其敏速，行於大道，歌而去之。形同槁木之骸，心類死灰之土，無情直任純實之真知，不自矜於事故也。

(三〇) 舜問丞於道

舜問乎丞曰：「道可得而有乎？」曰：「汝身非汝有也，汝何得有夫道？」舜曰：「吾身非吾有也，孰有之哉？」曰：「是天地之委形也；生非汝有，是天地之委和也；性命非汝有，是天地之委順也；子孫非吾有，是天地之委蛻也。故行不知所往，處不知所持，食不知所味。天地之彊陽之氣也，又胡可得而有邪！」

【剖析】

本節為重言式寓言。借舜與丞之對話，說明道為天地之氣，胡可得而有。夫身為天地之委形，生為天地之委和，性命為天地之委順，子孫為天地之委蛻，皆為天地之所賦予也。夫吾人之身體，佛家所謂臭皮囊是也，終必棄之。身既不可保有，而金銀珠寶、洋房汽車、嬌妻美妾、父母子女，焉得保有？而生命短暫，百歲幾何？何必勞苦形骸，碌碌於名利之途？郭象云：若身是汝有者，則美惡死生，當制之由汝。今氣聚而生，汝不能禁也；氣散而死，汝不能止也。明其委結而自成耳，非汝有也。夫天地陰陽，結聚剛柔和順之氣，成汝身形性命者也。故聚則為生，散則為死。死生聚散，既不由汝，是知汝身，豈汝有邪？

(三) 老聃論至道

孔子問於老聃曰：「今日晏閒，敢問至道。」老聃曰：「汝齋戒，疏瀹而心，澡雪而精神，掊擊而知！夫道，窅然難言哉！將爲汝言其崖略。夫昭昭生於冥冥，有倫生於無形，精神生於道，形本生於精，而萬物以形相生，故九竅者胎生，八竅者卵生。其來無迹，其往無崖，無門無房，四達之皇皇也。邀於此者，四肢彊，思慮恂達，耳目聰明，其用心不勞，其應物無方。天不得不高，地不得不廣，日月不得不行，萬物不得不昌，此其道與！且夫博之不必知，辯之不必慧，聖人以斷之矣。若夫益之而不加益，損之而不加損者，聖人之所保也。淵淵乎其若海，魏魏乎其終則復始也，運量萬物而不匱。則君子之道，彼其外與！萬物皆往資焉而不匱，此其道與！中國有人焉，非陰非陽，處於天地之間，直且爲人，將反於宗。自本觀之，生者，喑醷物也。雖有壽夭，相去幾何？須臾之說也。奚足以爲堯桀之是非！果蓏有理，人倫雖難，所以相齒。聖人遭之而不違，過之而不守。調而應之，德也；偶而應之，道也；帝之所興，王之所起也。人生天地之閒，若白駒之過郤，忽然而已。注然勃然，莫不出焉；油然漻然，莫不入焉。已化而生，又化而死，生物哀之，人類悲之。解其天弢，墮其天袠，紛乎宛乎，魂魄將往，乃身從之，乃大歸乎！不形之形，形之不形，是人之所同知也，非將至之所務也，此衆人之所同論也。彼至則不論，論則不至。明見無值，辯不若默。道不可聞，聞不若塞。此之謂大得。」

【剖析】

本節為重言式寓言。借孔子與老子對話，說明至道之理。文分兩段：首段孔子問於老聃，言問至道。末段老聃曰，言道不可聞。本段可分為五項：首項汝齊戒，言道深奧難言。二項夫昭昭生於冥冥，言萬物不得道則不易。三項且夫博之不必知，言萬物皆依憑道而不匱乏。四項中國有人焉，言調和順應謂之德，隨機適應謂之道。五項人生天地之間，言道不可聞。夫道無形，萬物賴之而生，雖耳目所不能聞見，然充塞乎天地之間，上則為日星，下則為河嶽。故道無所不在，花草樹木，鳥獸蟲魚，無不有道。失之則物滅，得之則物生，生聚死散，皆天地自然之道也。成玄英云：夫昭昭顯著之物，生於窅冥之中；人倫有為之事，生於無形之內；精智神識之心，生於重玄之道；有形質氣之類，根本生於精微。夫無形之道，能生有形之物，有形之物，則以形質氣類而相生也。故人獸九竅而胎生，禽魚八竅而卵生，稟之自然，不可相易。夫率自然之性，遊無迹之塗者，故形骸於天地之間，寄精神於八方之表；是以無門無房，四達皇皇，逍遙六合，與化偕行也。

(三) 每下愈況

東郭子問於莊子曰：「所謂道，惡乎在？」莊子曰：「無所不在。」東郭子曰：「期而後可。」莊子曰：「在螻蟻。」曰：「何其下邪？」曰：「在稊稗。」曰：「何其愈下邪？」曰：「在瓦甓。」曰：「何其愈甚邪？」曰：「在屎溺。」東郭子不應。莊子曰：「夫子之問也，固不及質。正獲之問於監市履豨也，每下愈況。汝唯莫必，無乎逃物。至道若是，大言亦然。周徧咸三者，異名同實，其指一也。嘗相與游乎無何有之宮，同合而論，無所終窮乎！嘗相與無爲乎！澹而靜乎！漠而清乎！調而閒乎！寥已吾志，無往焉而不知其所至，去而來而不知其所止，吾已往來焉而不知其所終；彷徨乎馮閎，大知入焉而不知其所窮，物物者與物無際，而物有際者，所謂物際者也；不際之際，際之不際者也。謂盈虛衰殺，彼爲盈虛非盈虛，彼爲衰殺非衰殺，彼爲本末非本末，彼爲積散非積散也。」

【剖析】

本節為重言式寓言。借東郭子與莊子之對話，以道在屎溺為喻，言道無所不在也。文分二段：首段東郭子問於莊子至東郭子不應，言道無所不在。末段莊子曰夫子之問也至彼為積散非積散也，以監市履狶為喻，言每下愈況。夫道無所不在，既無貴賤，亦無界限。庸俗之徒，以為道甚尊貴，高不可攀；莊子謂道在屎溺，常人以為臭穢不堪，豈有道邪？茲就醫學言：醫生欲知病情，常抽取病人血液或屎溺而化驗之，其間豈非大有學問哉！莊生之言，誠不我欺也。成玄英云：大道無不在，而所在皆無，故處處有之，不簡穢賤。東郭未達斯趣，謂道卓爾清高，在瓦甓已嫌卑甚，又聞屎溺，故瞋而不應也。

(三) 論道非道

妸荷甘與神農同學於老龍吉。神農隱几闔戶晝瞑，柯荷甘日中奓戶而入曰：「老龍死矣！」神農隱几擁杖而起，嚗然放杖而笑，曰：「天知予僻陋慢訑，故棄予而死。已矣夫子！無所發予之狂言而死矣夫！」弇堈弔聞之，曰：「夫體道者，天下之君子所繫焉。今於道，秋豪之端萬分未得處一焉，而猶知藏其狂言而死，又況夫體道者乎！視之無形，聽之無聲，於人之論者，謂之冥冥，所以論道，而非道也。」

【剖析】

本節為純粹寓言。借老龍吉死為喻，言論道非道之理。文分兩段：首段妸荷甘與神農同學於老龍吉，言老龍吉死，無復談玄垂訓，開發人心。末段弇堈弔聞之，言大道無形無聲。夫道視之無形，聽之無聲，生存於古今，充塞乎天地。郭象云：明夫至道非言之所得也，唯在乎自得耳。冥冥而猶非道，明道之無名也。成玄英云：弇堈聞龍吉之亡，傍為議論云：體道之人，世間共重，賢人君子，繫屬歸依。今老龍之於玄道，猶豪端萬分之未一，尚知藏其狂簡，處順而亡，況乎妙悟之人，曾肯露其言說！是知體道深玄，忘言契理者之至稀也。夫玄道虛漠，妙體希夷，非色非聲，絕視絕聽。故於學人論者，論曰冥冥而謂之冥冥，猶非真道也。

(二四) 泰清問道

於是泰清問乎无窮曰：「子知道乎？」無窮曰：「吾不知。」又問乎無為。無為曰：「吾知道。」曰：「子之知道，亦有數乎？」曰：「有。」曰：「其數若何？」無為曰：「吾知道之可以貴，可以賤，可以約，可以散，此吾所以知道之數也。」泰清以之言也問乎無始曰：「若是，則無窮之弗知與無為之知，孰是而孰非乎？」無始曰：「不知深矣，知之淺矣；弗知內矣，知之外矣。」於是泰清中而歎曰：「弗知乃知乎！知乃不知乎！孰知不知之知？」無始曰：「道不可聞，聞而非也；道不可見，見而非也；道不可言，言而非也。知形形之不形乎！道不當名。」無始曰：「有問道而應之者，不知道也。雖問道者，亦未聞道。道無問，問無應。無問問之，是問窮也；無應應之，是無內也。以無內待問窮，若是者，外不觀乎宇宙，內不知乎太初，是以不過乎崑崙，不游乎太虛。」

【剖析】

本節為純粹寓言。借泰清、無窮、無為、無始之問答，言道不可聞見，不可言傳，不當命名。文分四段：首段於吾泰清問乎無窮曰至孰是而孰非乎？言道之知與不知，其孰是邪！二段无始曰不知深矣至孰知不知之知，言不知深知淺，弗知內知外。三段无始曰道不聞至道不當名，言道非耳聞目見言傳者也。四段无始曰有問道而應之者至不遊乎太虛，言問道而應之者，不知道也。夫道不可聞，聽之无聲；道不可見，視之无形；道不可言，如人飲水，冷暖自知；道不當名，名可名，非常名也。郭象云：故默成乎不聞不見之域而後至焉。成玄英云：道無聲，不可以耳聞；耳聞非道也；道無色，不可以眼見，眼見非道也；道無名，不可以言說，言說非道也。

(二五) 有無之道

光曜問乎無有曰：「夫子有乎？其無有乎？」光曜不得問，而孰視其狀貌，窅然空然，終日視之而不見，聽之而不聞，搏之而不得也。光曜曰：「至矣！其孰能至此乎！予能有無矣，而未能無無也；及為無有矣，何從至此哉！」

【剖析】

本節為純粹寓言。借光曜之言，說明有無之道。文分兩段：首段光曜問乎無有，言視而不見，聽而不聞，搏而不得。末段光曜曰，言未能達無無之境。夫道無形，故搏而不得，耳目之所不能見聞也。郭象云：此皆絕學之意也。於道絕之，則夫學者乃在根本中來矣。故學之善者，其唯不學乎！成玄英云：光明照曜，其智尚淺，唯能得無喪有，未能雙遣有無，故歎無有至深，誰能如此玄妙！而言無有者，非直無有，亦乃無無，四句百非，悉皆無有。以無之一字，無所不無，言約理廣，故稱無也。而言何從至此者！但無有之境，窮理盡性，自非玄德上士，孰能體之！是以淺學小智，無從而知也。

(二六)捶鉤不失豪芒

大馬之捶鉤者，年八十矣，而不失豪芒。大馬曰：「子巧與？有道與？」曰：「臣有守也。臣之年二十而好捶鉤，於物無視也，非鉤無察也。是用之者，假不用者也以長得其用，而況乎無不用者乎！物孰不資焉！」

【剖析】

本節為純粹寓言。借大馬與捶鉤者之問答，以捶鉤不失豪芒為喻，言聚精會神，無事不成，何況捶鉤乎？夫捶鉤之翁，年二十而好捶鉤，專心凝神，心無雜念，至年八十，故捶鉤不失豪芒。其敬業精神，令人欽慕！成玄英云：大司馬家有工人，少而善鍛鉤，行年八十，而捶鉤彌巧，專性凝慮，故無豪芒之差失也。司馬怪其年老而捶鍛愈精，謂其工巧別有道術也。所以至老而長得其捶鉤之用者，假賴於不用心視察他物故也。夫假不用為用，尚得終年，況乎體道聖人，無用無不用，故能成大用，萬物資稟，不亦宜乎！

(二七)愛人无已

冉求問於仲尼曰：「未有天地可知邪？」仲尼曰：「可。古猶今也。」冉求失問而退，明日復見，曰：「昔者吾問『未有天地可知乎？』夫子曰：『可。古猶今也。』昔日吾昭然，今日吾昧然，敢問何謂也？」仲尼曰：「昔之昭然也，神者先受之；今之昧然也，且又爲不神者求邪？無古無今，無始無終。未有子孫而有子孫，可乎？」冉求未對。仲尼曰：「已矣，未應矣！不以生生死，不以死死生。死生有待邪？皆有所一體。有先天地生者物邪？物物者非物。物出不得先物也，猶其有物也。猶其有物也，無已。聖人之愛人也終無已者，亦乃取於是者也。」

【剖析】

本節爲重言式寓言。借冉求與仲尼之對話，言天地萬物生生不息，故聖人之愛人也無已。文分四段：首段冉求問於仲尼曰，言古猶今也。二段冉求失問而退，言昔日昭然，今日昧然，何故？三段仲尼曰昔之昭然也，言道無古今始終。四段冉求未對，言聖人愛人無已。夫天地自然循環，生生不息，聖人愛人，永無休止，此法乎天地者也。易曰：天行健，君子當自強不息。其此之謂乎？郭象云：取於自爾，故恩流百代而不廢也。成玄英云：夫得道聖人，慈愛覆育，恩流百代而無窮止者，良由德合天地，妙體自然，故能虛己於彼，忘懷亭毒，不仁萬物，芻狗蒼生，蓋取斯義而然也。

二六 化與不化

顏淵問乎仲尼曰：「回嘗聞諸夫子曰：『無有所將，無有所迎。』回敢問其游。」仲尼曰：「古之人，外化而內不化，今之人，內化而外不化。與物化者，一不化者也。安化安不化，安與之相靡，必與之莫多。狶韋氏之囿，黃帝之圃，有虞氏之宮，湯武之室。君子之人，若儒墨者師，故以是非相䪥也，而況今之人乎！聖人處物不傷物。不傷物者，物亦不能傷也。唯無所傷者，爲能與人相將迎。山林與！皋壤與！使我欣欣然而樂與，樂未畢也，哀又繼之。哀樂之來，吾不能禦，其去弗能止。悲夫，世人直謂物逆旅耳！夫知遇而不知所不遇，知能能而不能所不能。無知無能者，固人之所不免也「。夫務免乎人之所不免者，豈不亦悲哉！至言去言，至爲去爲。齊知之所知，則淺矣。」

【剖析】

本節爲重言式寓言。借顏淵與仲尼之對話，說明安化安不化之理。夫古人外化而內不化，今人內化而外不化，聖人順應自然之變化，不傷物，而物亦不傷也。郭象云：化與不化，皆任彼耳，斯無心也。成玄英云：夫聖人無心，隨物流轉，故化與不化，斯安任之，旣無分別，曾不槪意也。

丁、雜篇

二三、庚桑楚

(二九) 春生秋成

老聃之役有庚桑楚者，偏得老聃之道，以北居畏壘之山，其臣之畫然知者去之，其妾之挈然仁者遠之；擁腫之與居，鞅掌之爲使。居三年，畏壘大壤。畏壘之民相與言曰：「庚桑子之始來，吾洒然異之。今吾日計之而不足，歲計之而有餘。庶幾其聖人乎！子胡不相與尸而祝之，社而稷之乎？」庚桑子聞之，南面而不釋然。弟子異之。庚桑子曰：「弟子何異於予？夫春氣發而百草生，正得秋而萬寶成。夫春與秋，豈無得而然哉？天道已行矣。吾聞至人，尸居環堵之室，而百姓猖狂不知所往。今以畏壘之細民而竊竊焉欲俎豆予於賢人之間，我其杓人之邪！吾是以不釋於老聃之言。」弟子曰：「不然。夫尋常之溝，巨魚無所還其體，而鯢鰌爲之制；步仞之丘陵，巨獸無所隱其軀，而蘷狐爲之祥。且夫尊賢授能，先善與利，自古堯舜以然，而況畏壘之民乎！夫子亦聽矣！」庚桑子曰：「小子來！夫函車之獸，介而離山，則不免於罔罟之患；呑舟之魚，碭而失水，則蟻能苦之。故鳥獸不厭高，魚鼈不厭深。夫全其形生之人，藏其身也，不厭深眇而已矣。且夫二子者，又何足以稱揚哉！是其於辯也，將妄鑿垣牆而殖蓬蒿也。簡髮而櫛，數米而炊，竊竊乎又何足以濟世哉！擧賢則民相軋，任知則民相盜。之數物者，不足以厚民。民之於利甚勤，子有殺父，臣有殺君，正晝爲盜，日中穴阫。吾語女，大亂之本，必生於堯舜之間，其末存乎千世之後。千世之後，其必有人與人相食者也！」

【剖析】

本節為重言式寓言。借庚桑楚與弟子之對話，以春生秋成為喻，言為政之道亦當如是。文分四段：首段老子之役有庚桑楚者，至社而稷之乎？言庚桑子使畏壘豐收，欲尊為天子。二段庚桑子聞之，至吾是以不釋於老聃之言，言春生秋成為自然之象。三段弟子曰至夫子亦聽矣，以巨魚無所容於溝渠為喻，言尊賢授能，自古以然。四段庚桑子曰至其必有人與人相食者也。以函車之獸離山，不免於罔罟；吞舟之魚失水，螻蟻能苦之為喻，言鳥獸不厭高，魚鼈不厭深，全形養生之人，藏其身也。夫虎落平陽被犬欺，龍在淺水遭蝦戲。故曰：函車之獸，介而離山，則不免於罔罟之患；吞舟之魚，碭而失水，則蟻能苦之。俗云：樹大招風，人怕出名豬怕肥。是故欲全生免身，當韜光養晦。故曰鳥獸不厭高，魚鼈不厭深；全其形生之人，藏其身也。郭象云：夫春秋生成，皆得自然之道，故不為也，去利遠害乃全。若嬰身於利祿，則粗而淺。成玄英云：夫春生秋實，陰陽之恆；夏長冬藏，物之常事。故春秋豈有心施於萬實，而天然之道已自行焉，故其生有之德也。其獸極大，口能含車，孤介離山，則不免網羅為其患害。吞舟之魚，其質不小，波蕩失水，蟻能害之。故鳥獸高山，魚鼈深水，豈好異哉？蓋全身遠害，魚鳥尚爾，而況人乎？夫棲遁之人，全形養生者，故當遠迹塵俗，深就山泉，若嬰於利祿，則粗而淺也。

(三)、心若死灰

南榮趎蹴然正坐曰：「若趎之年者已長矣，將惡乎託業以及此言邪？」庚桑子曰：「全汝形，抱汝生，无使汝思慮營營，若此三年，則可以及此言矣。」南榮趎曰：「目之與形，吾不知其異也，而盲者不能自見；耳之與形，吾不知其異也，而聾者不能自聞；心之與形，吾不知其異也，而狂者不能自得。形之與形，亦辟矣，而物或閒之邪，欲相求而不能相得？今謂趎曰：『全汝形，抱汝生，勿使汝思慮營營。』趎勉聞道達耳矣！」庚桑子曰：「辭盡矣。奔蜂不能化藿蠋，越鷄不能伏鵠卵，魯鷄固能矣！鷄之與鷄，其德非不同也。有能與不能者，其才固有巨小也。今吾才小，不足以化子。子胡不南見老子！」

南榮趎贏糧，七日七夜，至老子之所。老子曰：「子自楚之所來乎？」南榮趎曰：「唯。」老子曰：「子何與人偕來之衆也？」南榮趎懼然顧其後。老子曰：「子不知吾所謂乎？」南榮趎俯而慚，仰而嘆曰：「今者吾忘吾答，因失吾問。」老子曰：「何謂也？」南榮趎曰：「不知乎？人謂我朱愚。知乎？反愁我軀。不仁則害人，仁則反愁我身；不義則傷彼，義則反愁我己。我安逃此而可？此三言者，趎之所患也，願因楚而問之。」老子曰：「向吾見若眉睫之間，吾因以得汝矣，今汝又言而信之。若規規然，若喪父母，揭竿而求諸海也。女亡人哉，惘惘乎！汝欲反汝情性，而无由入，可憐哉！」南榮趎請入就舍，召其所好，去其所惡，十日自愁，復見老子。老子曰：「汝自洒濯，熟哉鬱鬱乎！然而其中津津乎猶有惡也。夫外韄者不可繁而捉，將內揵；內韄者不可繆而捉，將外揵。外內韄者，道德不能[illegible]，而況放道而行者乎！」

南榮趎曰：「里人有病，里人問之，病者能言其病，然其病，病者猶未病也！若趎之聞大道，譬猶飲藥以加病也！趎願聞衞生之經而已矣。」老子曰：「衞生之經，能抱一乎？能勿失乎？能无卜筮而知吉凶乎？能止乎？能已乎？能舍諸人而求諸己乎？能翛然乎？能侗然乎？能兒子乎？兒子終日嗥而嗌不嗄，和之至也；終日握而手不掜，共其德也；終日視而目不瞚，偏不在外也。行不知所之，居不知所爲，與物委蛇，而同其波。是衞生之經已。」南榮趎曰：「然則是至人之德已乎？」曰：「非也。是乃所謂冰解凍釋者，能乎？夫至人者，相與交食乎地而交樂乎天，不以人物利害相攖，不相與爲怪，不相與爲謀，不相與爲事，翛然而往，侗然而來。是謂衞生之經已。」曰：「然則是至乎？」曰：「未也。吾固告汝曰：『能兒子乎？』兒子動不知所爲，行不知所之，身若槁木之枝，而心若死灰矣。若是者，禍亦不至，福亦不來。禍福无有，惡有人災也！」

【剖析】

本節為重言式寓言。借重老子與南榮趎之對話，以嬰兒為喻，言保全本性，如保赤子然。文分六段：首段南榮趎蹴然正坐曰，至則可以及此言也，言全形抱生，毋思慮營營。二段南榮趎曰，至子胡不南見老子，言奔蜂不能化藿蠋，越鷄不能伏鵠卵。三段南榮趎贏糧，至可憐哉！言趎有知仁義三言之患。四段南榮趎請入就舍，至趎願聞衛生之經而已矣，言趎聞大道，猶飲藥以加病也。五段老子曰，至是衛生之經已，言與物委蛇，而同其波。五段南榮趎曰：至是衛生之經已，言翛然而往，侗然而來。六段曰然則是至乎，至惡有人災也，言身若槁木，心若死灰。夫養生之道，如嬰兒然，喜樂不入於心，則禍福不及於身也。如嬰兒遇地震而無懼，由高樓跌下，安然無恙，而成人則不然。蓋境由心生，苦樂一念耳。昔一囚犯，法醫謂其抽血五千西西即死，囑醫務人員行之，隨時告其所抽數量，未達其數即逝。其實滴血未抽，其故何在？哀莫大於心死也。郭象云：禍福生於失得，人災由於愛惡。今槁木死灰，無情之至，則愛惡失得無自而來。成玄英云：夫禍福生乎得喪，人災起乎美惡。今既形同槁木，心若死灰，得喪兩忘，美惡雙遣，尚無冥昧之責，何人災之有乎！

二四、徐无鬼

(三)、魏武侯悅相馬術

徐无鬼因女商見魏武侯，武侯勞之曰：「先生病矣！苦於山林之勞，故乃肯見於寡人。」徐无鬼曰：「我則勞於君，君有何勞於我！君將盈耆欲，長好惡，則性命之情病矣；君將黜耆欲，掔好惡，則耳目病矣。我將勞君，君有何勞於我！」武侯超然不對。少焉，徐无鬼曰：「嘗語君，吾相狗也。下之質執飽而止，是狸德也；中之質若視日，上之質若亡其一。吾相狗，又不若吾相馬也。吾相馬，直者中繩，曲者中鉤，方者中矩，圓者中規，是國馬也，而未若天下馬也。天下馬有成材，若卹若失，若喪其一，若是者，超軼絕塵，不知其所。」武侯大說而笑。徐无鬼出，女商曰：「先生獨何以說吾君乎？吾所以說吾君者，橫說之則以詩書禮樂，從說之則以金版六弢，奉事而大有功者不可爲數，而吾君未嘗啟齒。今先生何以說吾君，使吾君說若此乎？」徐无鬼曰：「吾直告之吾相狗馬耳。」女商曰：「若是乎？」曰：「子不聞夫越之流人乎？去國數日，見其所知而喜；去國旬月，見所嘗見於國中者喜；及期年也，見似人者而喜矣；不亦去人滋久，思人滋深乎？夫逃虛空者，藜藋柱乎鼪鼬之逕，踉位其空，聞人足音跫然而喜矣，又況乎昆弟親戚之謦欬其側者乎！久矣夫莫以真人之言謦欬吾君之側乎！」

【剖析】

本節為重言式寓言。借徐无鬼、女商、魏武侯之對話，以相犬馬之術為喻，譏刺武侯充滿嗜欲，增長好惡也。文分二段：首段徐无鬼因女商見魏武侯，至武侯大悅而笑，言國馬中繩鉤規矩，未若天下馬成材超逸絕塵也。末段徐无鬼出至謦欬吾君之側乎！以去國愈久，懷鄉愈深為喻，言武侯性好犬馬也。夫聲色犬馬，人之大慾存焉。夫子嘗歎曰：吾未見好德如好色者也。武侯說之以詩書禮樂，而未嘗啓齒，聞徐士相犬馬之術而悅；武帝說之以治國之道，而不入於耳，聞賈生析鬼神之事，至深夜而不倦。噫！此二君者，其氣味相投者乎？郭象云：夫真人之言所以得吾君，性也；始得之而喜，久得之則忘。成玄英云：武侯思聞犬馬，其日固久，譬彼流人，方茲逃客，羇旅既淹，實懷鄉眷。今乃以真人六經之說，太公兵法之談，謦欬其側，非所宜也。

(三)、徐无鬼論爲義偃兵

徐无鬼見武侯，武侯曰：「先生居山林，食芧栗，厭蔥韭，以賓寡人，久矣夫！今老邪？其欲干酒肉之味邪？其寡人亦有社稷之福邪？」徐无鬼曰：「无鬼生於貧賤，未嘗敢飲食君之酒肉，將來勞君也。」君曰：「何哉，奚勞寡人？」曰：「勞君之神與形。」武侯曰：「何謂邪？」徐无鬼曰：「天地之養也一，登高不可以爲長，居下不可以爲短。君獨爲萬乘之主，以苦一國之民，以養耳目鼻口，夫神者不自許也。夫神者，好和而惡姦；夫姦，病也，故勞之。唯君所病之，何也？」武侯曰：「欲見先生久矣。吾欲愛民而爲義偃兵，其可乎？」徐无鬼曰：「不可。愛民，害民之始也；爲義偃兵，造兵之本也；君自此爲之，則殆不成。凡成美，惡器也；君雖爲仁義，幾且僞哉！形固造形，成固有伐，變固外戰。君亦必無盛鶴列於麗譙之閒，無徒驥於錙壇之宮，無藏逆於得，無以巧勝人，無以謀勝人，無以戰勝人。夫殺人之士民，兼人之土地，以養吾私與吾神者，其戰不知孰善？勝之惡乎在？君若勿已矣，修胸中之誠，以應天地之情而勿攖。夫民死已脫矣，君將惡乎用夫偃兵哉！」

【剖析】

本節為重言式寓言。借徐无鬼與武侯之對話，言君主為耳目口鼻之慾，以苦一國之民也。文分二段：首段徐无鬼見武侯至何也？言勞君之神與形。末段武侯曰欲見先生久矣，至君將惡乎用夫偃兵哉！言仁義為偽。夫莊生目覩當時之君主，假借仁義，以行其私慾，殺人之士民，兼人之土地，以苦一國之民，以養其耳目口鼻之慾。明黃宗義原君篇所謂：敲剝天下之骨髓，以供我一人之淫樂也。成玄英云：夫應天順人，而或滅凶殄逆者，雖亡國戮人而不失百姓之歡心也。若使誅殺人民，兼併土地，而意在貪取，私養其身及悅其心者，雖復戰克前敵，善勝於人，不知此勝於何處在，善且在誰邊也。

(三)、治天下若牧馬

黃帝將見大隗乎具茨之山，方明爲御，昌寓驂乘，張若謵朋前馬，昆閽滑稽後車；至於襄城之野，七聖皆迷，無所問塗。適遇牧馬童子，問塗焉，曰：「若知具茨之山乎？」曰：「然。」「若知大隗之所存乎？」曰：「然」。黃帝曰：「異哉小童！非徒知具茨之山，又知大隗之所存。請問爲天下？」小童曰：「夫爲天下者，亦若此而已矣，又奚事焉！予少而自遊於六合之內，予適有瞀病，有長者教予曰：『若乘日之車而遊於襄城之野。』今予病少痊，予又且復遊於六合之外。夫爲天下，亦若此而已。予又奚事焉！」黃帝曰：「夫爲天下者，則誠非吾子之事。雖然，請問爲天下。」小童辭。黃帝又問。小童曰：「夫爲天下者，亦奚以異乎牧馬者哉！亦去其害馬者而已矣！」黃帝再拜稽首，稱天師而退。

【剖析】

本節為純粹寓言。借黃帝與童子之對話，以牧馬為喻，言治天下者，當去其害馬者而已矣。文分二段：首段黃帝將見大隗乎具茨之山至曰然，言七聖迷塗問乎牧馬童子。末段黃帝曰異哉小童，至稱天師而退，言為天下者如牧馬，去其害馬者也。夫牧民如牧馬，順其自然之性也。若以制刑法以治民，如絡馬首以縶馬，此皆傷民害馬者也。老子無為而為之思想，發揮無遺矣。郭象云：各自若則無事矣，無事乃可以為天下也。師夫天然而去其過分，則大隗至也。成玄英云：夫欲脩為天下，亦如治理其身，身既無為，物有何事！故老經云，我無為而民自化。頓悟聖言，故身心愛敬，退其分外，至乎大隗，合乎天然之道，其在吾師乎！

(三四)、魯遽調瑟

莊子曰：「射者非前期而中，謂之善射，天下皆羿也，可乎？」惠子曰：「可。」莊子曰：「天下非有公是也，而各是其所是，天下皆堯也，可乎？」惠子曰：「可。」莊子曰：「然則儒墨楊秉四，與夫子爲五，果孰是邪？或者若魯遽者邪？其弟子曰：『我得夫子之道矣，吾能冬爨鼎而夏造冰矣。』魯遽曰：『是直以陽召陽，以陰召陰，非吾所謂道也，吾示子乎吾道。』於是乎爲之調瑟，廢一於堂，廢一於室，鼓宮宮動，鼓角角動，音律同矣。夫或改調一弦，於五音無當也，鼓之二十五弦皆動，未始異於聲，而音之君已。且若是者邪？」惠子曰：「今夫儒墨楊秉，且方與我以辯，相拂以辭，相鎮以聲，而未始吾非也，則奚若矣？」莊子曰：「齊人蹢子於宋者，其命閽也不以完，其求鈃鍾也以束縛，其求唐子也而未始出域，有遺類矣！夫楚人寄而謫閽者，夜半於無人之時而與舟人鬭，未始離於岑而足以造於怨也。」

【剖析】

本節為重言式寓言。借莊子與惠子對話，以魯遽調瑟誇耀弟子為喻，言是非無定見，各是其所是，天下非有公是也。文分二段：首段莊子曰射者非前期而中，至且若是者邪？言魯遽調瑟示道於弟子。末段惠子曰今夫儒墨楊秉，至而足以造於怨也，言齊人蹢子求鍾，楚人蹢閽鬭舟人。夫魯遽調瑟，各是其是；齊人蹢子求鍾，棄貴取賤，買櫝還珠；楚人蹢閽鬭舟人，語而不休，非愚則誣也。俞樾曰

：楚人寄而蹢閽者，謂寄居人家，而怒責其閽者也。與下文夜半無人之時而與舟人鬬，均此楚人之事，皆喻其自以為是也。郭侍郎曰：意以為夜半無人之境，則竟無人矣；意以為與舟人鬬，則竟鬬矣，造怨者無窮而身固未離於咎也。齊人之於宋，楚人之寄，本非族類，不相習也，無因而造怨，則亦可夜半與舟人鬬矣。是者之是，莫得其所以是；非者之非，莫之其所以非。

㈢、匠石斲泥

莊子送葬，過惠子之墓，顧謂從者曰：「郢人堊漫其鼻端若蠅翼，使匠石斲之。匠石運斤成風，聽而斲之，盡堊而鼻不傷，郢人立不失容。宋元君聞之，召匠石曰：『嘗試爲寡人爲之。』匠石曰：『臣則嘗能斲之。雖然，臣之質死久矣。』自夫子之死也，吾無以爲質，吾無與言之矣。」

【剖析】

本節為純粹寓言。以匠石斲泥為喻，言惠子死後，無以為質，悲知音之難求也。夫人之相知，貴相知心，莊子與惠施，可謂知心矣。雖思想每不合，爭辯不休，然其私交甚篤，故經惠子墓，既弔逝者，復悲無與言之矣，真摯之情，溢於言表。蓋人生之悲哀，莫過於此矣。夫人生於世，知音甚難求也。鮑叔與管仲，子期與伯牙，皆可遇而不可求也。郭象云：非夫不動之質，忘言之對，則雖至言妙斲而無所運之。成玄英云：匠石雖巧，必須不動之質；莊子雖賢，猶藉忘言之對。蓋知惠子之亡，莊子喪偶，故匠人輟成風之妙響，莊子息濠上之微言。

(三六)、隰朋可屬國

管仲有病，桓公問之，曰：「仲父之病病矣，可不諱云！至於大病，則寡人惡乎屬國而可？」管仲曰：「公誰欲與？」公曰：「鮑叔牙。」曰：「不可。其爲人絜廉善士也，其於不已若者不比之。又一聞人之過，終身不忘。使之治國，上且鉤乎君，下且逆乎民。其得罪於君也，將弗久矣！」公曰：「然則孰可？」對曰：「勿已，則隰朋可。其爲人也，上忘而下畔，愧不若黃帝而哀不己若者。以德分人謂之聖，以財分人之謂賢。以賢臨人，未有得人者也；以賢下人，未有不得人者也。其於國有不聞也，其於家有不見也。勿已，則隰朋可。」

【剖析】

本節為重言式寓言。借隰朋可屬國為喻，言上忘其國，下忘其民之理。夫鮑叔牙之為人廉潔善良，無友不如己者，以人為鏡，不蹈覆轍，使其治國，上柬於君，下逆於民。隰朋則不然，其為人冥同物化，忘情一切，自愧德不及黃帝，同情不如己者。夫聖人施德，賢人施財，以善行謙虛對人，未有不得民心者，不干預同事，不苛察家事，故可託之以國政。莊生此則寓言，無非強調為政之道，順任自然，無為而治也。成玄英云：不及己者，但懷悲哀，輔弼齊侯，期於淳樸，心之所愧，不逮軒轅也。聖人以道德拯物，賢人以財貨濟人也。

(三七)、獮猴以靈巧喪生

吳王浮於江，登乎狙之山。衆狙見之，恂然棄而走，逃於深蓁。有一狙焉，委蛇攫搔，見巧乎王。王射之，敏給搏捷矢。王命相者趨射之，狙執死。王顧謂其友顏不疑曰：「之狙也，伐其巧恃其便，以敖予，以至此殛也！戒之哉！嗟乎，無以汝色驕人哉！」顏不疑歸而師董梧以助其色，去樂辭顯，三年而國人稱之。

【剖析】

本節為重言式寓言。借吳王與顏不疑言，以獼猴恃靈巧而射死為喻，戒人不可以色驕人。文分兩段：首段吳王浮於江至狙執死，言狙以靈巧死。末段王顧謂其友顏不疑曰至三年而國人稱之，言王戒之無以色驕人。老子曰：大智若愚。夫狙以恃巧誇能而死，而人何尚不然。人生於世，若恃才傲物，目空一切，小則不容於世，潦倒一生；大則招惹禍患，喪生亡身。若獼猴者，何其愚也！成玄英云：狙矜伐勁巧，恃賴方便，傲慢於王，遂遭死殛。嗟此狡獸，可以戒人，勿淫聲色，驕豪於世。

㈢、南伯子綦之悲

南伯子綦隱几而坐，仰天而噓。顏成子入見曰：「夫子，物之尤也，形固可使若槁骸，心固可使若死灰乎？」曰：「吾嘗居山穴之中矣。當是時也，田禾一覩我，而齊國之衆三賀之。我必先之，彼故知之；我必賣之，彼故鬻之。若我而不有之，彼惡得而知之？若我而不賣之，彼惡得而鬻之？嗟乎！我悲人之自喪者，吾又悲夫悲人者，吾又悲夫悲人之悲者，其後而日遠矣。」

【剖析】

本節為重言式寓言。借南伯子綦與顏成子對話，以形若槁骸，心若死灰為喻，嘆世人自喪真樸。

夫人超然物外，則身如枯骨，心如死灰，喜怒哀樂無動於衷，毀譽禍福無喪於身矣。郭象云：子綦知夫為之不足以救彼而適足以傷我，故以不悲悲之，則其悲稍去，而泊然無心，枯槁其形，所以為日遠矣。成玄英云：子綦悲歎世人，捨己慕佗，喪失其道。夫道無得喪而物有悲樂，故悲人之自喪者亦可悲也。夫玄道沖虛，無喪無樂，是以悲人自喪及悲者，雖復前後悲深淺稱異，咸未偕道，故亦可悲。悲而又悲，遣之又遣，教既彰矣，玄玄之理斯著，與衆妙相符，故日加深遠矣。

㲾、孔子述不言之義

仲尼之楚，楚王觴之，孫叔敖執爵而立，市南宜僚受酒而祭曰：「古之人乎！於此言已。」曰：「丘也聞不言之言矣，未之嘗言，於此乎言之。市南宜僚弄丸而兩家之難解，孫叔敖甘寢秉羽而郢人投兵。丘願有喙三尺。」

【剖析】

本節為重言式寓言。借市南宜僚與孔子對話，以弄丸解難，秉羽投兵為喻，言不言之義。夫天何言哉，四時行焉；地何言哉，百物生焉；為政之道，亦當如是也。郭象云：聖人無言，其所言者，百姓之言耳，故曰不言之言。苟以言為不言，則雖言出於口，故為未之嘗言。成玄英云：夫理而教不言矣，教而理未之嘗言也。是以聖人妙體斯趣，故終日言而未嘗言之也。孔子應宜僚之請，故於此亦言於無言矣。

(四)、子綦悲子梱食祿

子綦有八子，陳諸前，召九方歅曰：「爲我相吾子，孰爲祥？」九方歅曰：「梱也爲祥。」子綦瞿然喜曰：「奚若？」曰：「梱也將與國君同食以終其身。」子綦索然出涕曰：「吾子何爲以至於是極也！」九方歅曰：「夫與國君同食，澤及三族，而況父母乎！今夫子聞之而泣，是禦福也。子則祥矣，父則不祥。」子綦曰：「歅，汝何足以識之，而梱祥邪？盡於酒肉，入於鼻口矣，而何足以知其所自來？吾未嘗爲牧而牂生於奧，未嘗好田而鶉生於宎，若勿怪，何邪？吾所與吾子遊者，遊於天地。吾與之邀樂於天，吾與之邀食於地；吾不與之爲事，不與之爲謀，不與之爲怪；吾與之乘天地之誠，而不以物與之相攖，吾與之一委蛇而不與之爲事所宜。今也然有世俗之償焉！凡有怪徵者，必有怪行，殆乎，非我與吾子之罪，幾天與之也！吾是以泣也。」無幾何而使梱之於燕，盜得之於道，全而鬻之則難，不若刖之則易 於是乎刖而鬻之於齊，適當渠公之街，然身食肉而終。

【剖析】

本節為重言式寓言。借子綦與九方歅對話，以梱有食祿為喻，言口福之慾，不如順任自然為樂。文分四段：首段子綦有八子，言梱將食君之祿。二段子綦索然出涕曰，言聞泣禦福，子祥父不祥。三段子綦曰歅，汝何足以識之，言酒肉口福，不如食樂於天地也。夫食君之祿，享盡人間榮華富貴，是人人之所樂也，子綦何以悲之哉！老子曰：禍兮福所倚，福兮禍所伏。夫禍福相倚，循環不息。梱遭刖足而鬻，食肉終身，豈不悲哉！成玄英云：方歅識見淺近，以食肉為祥，子綦鑒深玄妙，知其非吉，故憫其凶極，悲而出涕。方歎小巫，識鑒不遠，相椢祥者，不過酒肉味入於鼻口。方歎道術，理盡於斯，詎知酒肉由來，從何而至。夫羊須牧養，鶉因田獵，若祿藉功著，然後可致富貴。今椢功行未聞，而與國君同食，何異乎無牧而忽有羊也，不田而獲鶉也！非牧非田，怪如何也！子綦體道，虛忘順物，自足於性分之內，敖遊乎天地之間，所造皆適，不待歡娛，所遇斯食，豈資厚味耶！

(四)、許由逃堯

齧缺遇許由，曰：「子將奚之？」曰：「將逃堯。」曰：「奚謂邪？」曰：「夫堯，畜畜然仁，吾恐其爲天下笑。後世其人與人相食與！夫民，不難聚也；愛之則親，利之則至，譽之則勸，致其所惡則散。愛利出乎仁義，捐仁義者寡，利仁義者衆。夫仁義之行，唯且無誠，且假夫禽貪者器。是以一人之斷制利天下，譬之猶一覕也。夫堯知賢人之利天下也，而不知其賊天下也，夫唯外乎賢者知之矣。」

【剖析】

本節為重言式寓言。借齧缺與許由對話，以許由避堯為喻，言達官貴人多假仁義以取利，仁義因而成為野心家之工具。夫仁義之道，為聖人之所倡，後世之人，假借仁義，行其私利；不僅君主借之以達其家天下之慾，盜跖亦借之以刼奪財物，所謂盜亦有道也。故莊生曾慨乎言之曰：聖人不死，大盜不止也。郭象云：仁義既行，將偽以為之。仁義可見，則夫貪者將假斯器以獲其志。成玄英云：夫利益蒼生，愛育羣品，立功聚衆，莫先仁義。而履仁蹈義，捐率於中者少，託於聖迹以規名利者多，是故行仁義者，矯性偽情，無誠實者也。且貪於名利，險於禽獸者，必假夫仁義為其器者也。

四、暖姝濡需卷婁三者

有暖姝者，有濡需者，有卷婁者。所謂暖姝者，學一先生之言，則暖暖姝姝而私自說也，自以爲足矣，而未知未始有物也，是以謂暖姝者也。濡需者，豕蝨是也，擇疏鬣自以爲廣宮大囿，奎蹏曲隈，乳間股脚，自以爲安室利處，不知屠者之一旦鼓臂布草操煙火，而己與豕俱焦也。此以域進，此以域退，此其所謂濡需者也。卷婁者，舜也。羊肉不慕蟻，蟻慕羊肉，羊肉羶也。舜有羶行，百姓悅之，故三徙成都，至鄧之虛而十有萬家。堯聞舜之賢，擧之童土之地，曰冀得其來之澤。舜擧乎童土之地，年齒長矣，聰明衰矣，而不得休歸，所謂卷婁者也。是以神人惡衆至，衆至則不比，不比則不利也。故無所甚親，無所甚疎，抱德煬和以順天下，此謂眞人。於蟻棄知，於魚得計，於羊棄意。以目視目，以耳聽耳，以心復心。若然者，其平也繩，其變也循。古之眞人，以天待人，不以人入天。古之眞人，得之也生，失之也死；得之也死，失之也生。

【剖析】

本節為純粹寓言。刻畫淺見自滿，苟安自得，勞形自苦等三種人物之形態，進而襯托神人之狀。

文分五段：首段有暖姝者，言人物有三。二段所謂暖姝者，言淺見自滿之人形態。三段濡需者，言偷安自得之人形態。四段卷婁者，言勞形自苦之人形態。五段是以神人惡衆至，言神人棄知自得。夫淺見自滿之徒，所見不廣，所知不深，一曲之見，沾沾自喜，而一無所得。苟安自得之徒，如豕蝨然，寄生於疏鬣奎蹏曲隈乳股，自以為廣宮大囿安室利處，一旦屠者操煙火，與豕俱焦。勞形自苦之徒，如舜然也。蟻慕羊肉，羊肉羶也，舜有羶行，至年長明衰，而不得休歸也。神人抱德養和，以順天下也。夫順乎物性，不以人為毀滅天然，生死得失，任其自然，則無憂無慮，逍遙自得，此道家之所求也。夫人生貪慕富貴榮華，汲汲乎利祿之途，與夫豕蝨何異也。成玄英云：蝨寄猪體上，擇疏長之毛鬣，將為廣大宮室苑囿。蹄脚奎隈之所，股脚乳旁之間，用為溫暖利便。豈知屠人忽操湯火，攘臂布草而殺之乎！卽己與豕俱焦爛者也。喻流俗寡識之人，耽好情欲，與豕蝨濡需喜歡無異也。

二五、則陽

(四)、公閱休冬江夏山

則陽遊於楚，夷節言之於王，王未之見，夷節歸。彭陽見王果曰：「夫子何不譚我於王？」王果曰：「我不若公閱休。」彭陽曰：「公閱休奚爲者邪？」曰：「冬則擉鼈于江，夏則休乎山樊。有過而問者，曰：『此予宅也。』夫夷節已不能，而況我乎！吾又不若夷節。夫夷節之爲人也，無德而有知，不自許，以之神其交，固顚冥乎富貴之地，非相助以德，相助消也。夫凍者假衣於春。暍者反冬乎冷風。夫楚王之爲人也，形尊而嚴；其於罪也，無赦如虎；非夫佞人正德，其孰能橈焉！故聖人，其窮也使家人忘其貧，其達也使王公忘爵祿而化卑。其於物也，與之爲娛矣；其於人也，樂物之通而保己焉；故或不言而飲人以和，與人竝立而使人化。父子之宜，彼其乎歸居，而一間其所施。其於人心者若是其遠也。故曰：待公閱休。」

【剖析】

本節為重言式寓言。借彭陽與王果對話，述遊士干祿競進，如彭陽然；聖人怡淡和樂，如公閱休然。文分二段：首段則陽遊於楚，言王未以夷節見則陽。末段彭陽見王果，言夷節、楚王、公閱休三者之情態。夫夷節者，逐利之徒也，沈迷於富貴，損人德行，若冬寒盼春暖如添衣，中暑求冬風以解暑。楚王者，尊貴威嚴，嫉惡如仇，其於罪犯，如除虎豹然，絕不寬貸赦免。聖人者，窮而忘其貧，富而忘其貴；於物同娛，與人同樂。莊生以遊士干祿求進之可鄙，益顯聖人恬淡和樂之可貴也。郭象云：淡然無欲，樂足於所遇，不以侈靡為貴，而以道德為榮，故其家人不識貧之可苦。輕爵祿而重道德，超然坐忘，不覺榮之在身，故使王公失其所以為高。成玄英云：樂寇居鄭，老萊在楚，妻孥窮窶而樂在其內。賢士尚然，況乎真聖，斯忘貧也。韜光為窮，顯迹為達。哀公德友於尼父，軒轅膝步於廣成，斯皆道任則尊，不拘品命，故能使萬乘之王，五等之君，化其高貴之心而為卑下之行也。

(四)、蝸牛兩角相爭

魏瑩與田侯牟約，田侯牟背之。魏瑩怒，將使人刺之。犀首公孫衍聞而恥之曰：「君爲萬乘之君也，而以匹夫從讎！衍請受甲二十萬，爲君攻之，虜其人民，係其牛馬，使其君內熱發於背，然後拔其國。忌也出走，然後抶其背，折其脊。」季子聞而恥之曰：「築十仞之城，城者既十仞矣，則又壞之，此胥靡之所苦也。今兵不起七年矣，此王之基也。衍亂人，不可聽也。」華子聞而醜之曰：「善言伐齊者，亂人也；善言勿伐者，亦亂人也；謂伐之與不伐亂人也者，又亂人也。」君曰：「然則若何？」曰：「君求其道而已矣！」惠子聞之而見戴晉人。戴晉人曰：「有所謂蝸者，君知之乎？」曰：「然。」「有國於蝸之左角者曰觸氏，有國於蝸之右角者曰蠻氏，時相與爭地而戰，伏屍數萬，逐北旬有五日而後反。」君曰：「噫！其虛言與？」曰：「臣請爲君實之。君以意在四方上下，有窮乎？」君曰：「無窮。」曰：「知遊心於無窮，而反在通達之國，若存若亡乎？」君曰：「然。」曰：「通達之中有魏，於魏中有梁，於梁中有王。王與蠻氏，有辯乎？」君曰：「無辯。」客出而君惝然若有亡也。客出，惠子見。君曰：「客，大人也，聖人不足以當之。」惠子曰：「夫吹筦也，猶有嗃也；吹劍首者，吷而已矣。堯舜，人之所譽也；道堯舜於戴晉人之前，譬猶一吷也。」

【剖析】

本節為重言式寓言。借魏瑩、公孫衍、季子、華子、惠子、戴晉人等言，以蝸牛左右角喻觸蠻氏，譏諷戰國君主爭伐。文分六段：首段魏瑩與田侯牟約，言魏瑩欲刺田侯牟，因其背約也。二段犀首公孫衍聞而恥之，言萬乘之尊，以匹夫行刺，非光明磊落者也。三段季子聞而恥之曰，言築城而壞之，如伐人之國，自毀王基也。四段華子聞而醜之，言伐齊、勿伐、伐與不伐，皆亂人也。五段君曰然則如何？以蝸牛兩角相爭為喻，言戰國君主爭伐。六段客出惠子見，言讚堯舜於戴晉人前，如吹劍首然，絲微之音耳。夫蝸牛之左角曰觸氏，右角曰蠻氏，時相爭地而戰，伏屍數萬，以喻戰國君主之相伐也。郭象云：識知所爭者，若此之細也，則天下無爭矣。成玄英云：蝸之兩角，二國存焉。蠻氏觸氏，頻相戰爭，殺傷既其不少，進退亦復淹時。此起譬也。

(四五)、宜僚聲銷陸沈

孔子之楚，舍於蟻丘之漿。其鄰有夫妻臣妾登極者，子路曰：「是稯稯何爲者邪？」仲尼曰：「是聖人僕也。是自埋於民，自藏於畔。其聲銷，其志無窮，其口雖言，其心未嘗言，方且與世違而心不屑與之俱。是陸沈者也，是其市南宜僚邪？」子路請往召之。孔子曰：「已矣！彼知丘之著於己也，知丘之適楚也，以丘爲必使楚王之召己也，彼且以丘爲佞人也。夫若然者，其於佞人也羞聞其言，而況親見其身乎！而何以爲存？」子路往視之，其室虛矣。

【剖析】

本節為重言式寓言。借孔子與子路對話，以市南宜僚為喻，言隱士不慕榮利之境。文分二段：首段孔子之楚，言聖人之僕登極觀望。末段子路請往召之，言聖人羞見佞人，室已虛矣。夫道家主清靜無為，而儒家主仁義之道，兩者思想不同，表現各異。孔子應聘，門徒甚多，車馬威儀，驚異駭俗。而市南宜僚匿影銷聲，羞與之俱，星夜逃去，何足怪哉！成玄英云：陸沈之人，率性識直，其於邪佞，恥聞其言，況自視其形，良非所願。仲由無鑑，不用師言，遂往其家，庶觀盛德。而辭聘情切，宜僚已逃，其屋虛矣。

(四六)、爲政治民如種禾

長梧封人問子牢曰：「君爲政焉勿鹵莽，治民焉勿滅裂。昔予爲禾，耕而鹵莽之，則其實亦鹵莽而報予；芸而滅裂之，其實亦滅裂而報予。予來年變齊，深其耕而熟耰之，其禾蘩以滋，予終年厭飧。」莊子聞之曰：「今人之治其形，理其心，多有似封人之所謂，遁其天，離其性，滅其情，亡其神，以衆爲。故鹵莽其性者，欲惡之孽，爲性萑葦蒹葭，始萌以扶吾形，尋擢吾性；並潰漏發，不擇所出，漂疽疥癰，內熱溲膏是也。」

【剖析】

本節為重言式寓言。借長梧封人之言，以種禾為喻，言為政鹵莽，治民滅裂之弊害。文分二段：首段為長梧封人之言，說明為禾鹵莽滅裂，其實亦然；深耕熟耨，禾繁以滋。末段為莊子之言，說明今人治形理心，似封人所云治禾然。夫一分耕耘，一分收穫，牧民如種禾，耕地耘草，鹵莽潦草，則糧食禾稼，瘦小不豐；若深耕鋤草，則禾實繁茂豐盛，而牧民之道亦然。殘民自肥，則衆叛親離；愛民順性，則萬衆歸心。噫！夫民為邦本，本固則邦寧，為政之道，淺而易行，君子焉可不察哉！成玄英云：夫欲惡之心，多為妖孽。萑葦害黍稷，欲惡傷真性，皆由鹵莽浮偽，故致其然也。夫穢草初萌，尚易除翦，及扶疏盛茂，必害黍稷。亦猶欲心初萌，尚易止息，及其昏溺，戒之在微。故老子云，其未兆易謀也。

(四十)人君日行虛偽

柏矩學於老聃，曰：「請之天下遊。」老聃曰：「已矣！天下猶是也。」又請之，老聃曰：「汝將何始？」曰：「始於齊。」至齊，見辜人焉，推而強之，解朝服而幕之，號天而哭之曰：「子乎子乎！天下有大菑，子獨先離之，曰莫爲盜！莫爲殺人！榮辱立，然後覩所病；貨財聚，然後覩所爭。今立人之所病，聚人之所爭，窮困人之身使無休時，欲無至此，得乎！」古之君人者，以得爲在民，以失爲在己；以正爲在民，以枉爲在己；故一形有失其形者，退而自責。今則不然。匿爲物而愚不識，大爲難而罪不敢，重爲任而罰不勝，遠其塗而誅不至。民知力竭，則以僞繼之，日出多僞，士民安取不僞！夫力不足則僞，知不足則欺，財不足則盜。盜竊之行，於誰責而可乎？」

【剖析】

本節爲重言式寓言。借柏矩與老子之對話，以至齊見辜人爲喻，言古今人君之不同，說明古以得正爲民，失枉爲己，今則不然。指摘人君率先作僞，盜竊之行，實人君之過也。文分三段：首段柏矩學於老聃，言天下皆同。次段又請之，言始於齊。末段至齊見辜人焉，而有所感發，說明古今人君之異，言日出多僞，士民安取不僞！夫上梁不正下梁歪，上行下效，今君主率先作僞，而士民焉得不僞？不知反躬自責，僅知刑戮殺伐，何其愚也！郭象云：主日興僞，士民何以得其真乎！成玄英云：譎僞之風，日日而出，僞衆如草，於何得真！夫知力窮竭，譎僞必生；賦斂益急，貪盜斯起；皆由主上無德，法令滋彰。夫能忘愛釋私，不貴珍寶，當責在上，豈罪下民乎！

四、蘧伯玉與時俱化

蘧伯玉行年六十而六十化，未嘗不始於是之而卒詘之以非也，未知今之所謂是之非五十九非也。萬物有乎生而莫見其根，有乎出而莫見其門。人皆尊其知之所知而莫知恃其知之所不知而後知，可不謂大疑乎！已乎已乎！且無所逃。此則所謂然與，然乎？

【剖析】

本節為重言式寓言。借蘧伯玉年高德劭，與時俱化，說明宇宙事物，日新又新，不可刻舟求劍，食古不化，若固執不通，則與道大蹇矣。夫世間庸俗之徒，或貴古而賤今，或貴今而賤古，各執一端，皆有所偏也。夫守舊之徒，一味摹仿古人古事；從新之士，一味追求今人今事；殊不知古今時殊地異，因時空因素之不同，其所得之結果，自然相異也，豈可墨守成規，固執己見哉！夫處世之道，唯有洞察事理，隨機應變也。郭象云：物情之變，未始有極。成玄英云：故變為新，以新為是；故已謝矣，以故為非。然則去年之非，於今成是；今年之是，來歲為非。是知執是執非，滯新執故者，倒置之流也。故容成氏曰：除日無歲，蘧瑗達之，故隨物化也。

（四九）、衛靈公飲酒湛樂

仲尼問於大史大弢、伯常騫、狶韋曰：「夫衛靈公飲酒湛樂，不聽國家之政；田獵畢弋，不應諸侯之際；其所以爲靈公者何邪？」大弢曰：「是因是也。」伯騫曰：「夫靈公有妻三人，同濫而浴。史鰌奉御而進所，搏幣而扶翼。其慢若彼之甚也，見賢人若此其肅也，是其所以爲靈公也。」狶韋曰：「夫靈公也死，卜葬於故墓不吉，卜葬於沙丘而吉。掘之數仞，得石槨焉，洗而視之，有銘焉，曰：『不馮其子，靈公奪而里之。』夫靈公之爲靈也久矣，之二人何足以識之！」

【剖析】

本節為重言式寓言。借孔子與大弢、伯常騫、狶韋之對話，言靈公謚號之故。文分四段：首段仲尼問於大史，謂靈公無道，何以謚號靈公，疑而問之。二段大弢曰，言靈即是無道之惡而謚號也。三段伯騫曰，言靈公見賢肅敬，故謚靈也。四段狶韋曰，言靈公卜葬沙丘而吉，得石槨之事，以證靈公之靈也。夫靈公不聽國政，不應諸侯，孔子以有為之道衡之，言其荒弛政事，豈可謚為靈公？大弢以無為之道衡之，言其正因無為而治，故可謚為靈公。伯騫以靈公肅敬賢人，所以謚為靈公。狶韋以靈公二字見於槨銘也久矣，非所謚也。郭象云：夫物皆先有其命，故來事可知也。是以凡所為者，不得不為；凡所不為者，不可得為；而愚者以為之在己，不亦忘乎！徒識已然之出於自然也。成玄英云：欲明人之名謚皆定於未兆，非關物情而有升降，故沙丘石槨先有其銘。豈憑蒯聵，方能奪葬！弢與常騫，詎能識邪！

（三五）、丘里之言

少知問於太公調曰：「何謂丘里之言？」太公調曰：「丘里者，合十姓百名而以爲風俗也，合異以爲同，散同以爲異。今指馬之百體而不得馬，而馬係於前者，立其百體而謂之馬也。是故丘山積卑而爲高，江河合水而爲大，大人合并而爲公。是以自外入者，有主而不執；由中出者，有正而不距。四時殊氣，天不賜，故歲成；五官殊職，君不私，故國治；文武大人不賜，故德備；萬物殊理，道不私，故無名。無名故無爲，無爲而無不爲。時有終始，世有變化。禍福淳淳，至有所拂者而有所宜；

自殉殊面，有所正者有所差。比於大澤，百材皆度；觀乎大山，木石同壇。此之謂丘里之言。」少知曰：「然則謂之道，足乎？」太公調曰：「不然。今計物之數，不止於萬，而期曰萬物者，以數之多者號而讀之也。是故天地者，形之大者也；陰陽者，氣之大者也；道者爲之公。因其大以號而讀之則可也，已有之矣，乃將得比哉！則若以斯辯，譬猶狗馬，其不及遠矣。」

【剖析】

本節為純粹寓言，少知與太公調，皆杜撰之人物，借二人之對話，談同異問題。文分二段：首段少知問於太公調曰：何謂丘里之言？比於大澤，百材皆度；觀乎大山，木石同壇。此之謂丘里之言。末段少知曰：然則謂之道，足乎？言以山澤木石百材謂道，譬猶犬馬也。夫道無所不在，宇宙萬物均有其道，犬馬山澤木石百材雖有其道，然究非道之整體也。豈可以偏概全？如瞎子摸象，所見究非全象也。成玄英云：如采丘里之言以為風俗，斯合異以為同也；一人設教，隨方順物，斯散同以為異也。亦猶指馬百體，頭尾腰脊，無復是馬，此散同以為異也；而係於前見有馬，此合異以為同也。夫獨以狗馬二獸語而相比者，非直大小有殊，亦乃貴賤斯別也。今以有名之道比無名之理者，非直粗妙不同，亦深淺斯異，故不及遠也。

(五)、物種源始

少知曰：「四方之內，六合之裏，萬物之所生惡起？」太公調曰：「陰陽相照相蓋相治，四時相代相生相殺，欲惡去就於是橋起，雌雄片合於是庸有。安危相易，禍福相生，緩急相摩，聚散以成。

此名實之可紀，精微之可志也。隨序之相理，橋運之相使，窮則反，終則始。此物之所有，言之所盡，知之所至，極物而已。覩道之人，不隨其所廢，不原其所起，此議之所止。」少知曰：「季眞之莫爲，接子之或使，二家之議，孰正於其情，孰偏於其理？」太公調曰：「雞鳴狗吠，是人之所知；雖有大知，不能以言讀其所自化，又不能以意測其所將爲。斯而析之，精至於無倫，大至於不可圍，或之使，莫之爲，未免於物而終以爲過。或使則實，莫爲則虛。有名有實，是物之居；無名無實，在物之虛。可言可意，言而愈疏。未生不可忌，已死不可徂。死生非遠也，理不可覩。或之使，莫之爲，疑之所假。吾觀之本，其往無窮；吾求之末，其來無止。無窮無止，言之無也，與物同理；或使莫爲，言之本也，與物終始。道不可有，有不可無。道之爲名，所假而行。或使莫爲，在物一曲，夫胡爲於大方？言而足，則終日言而盡道；言而不足，則終日言而盡物。道物之極，言默不足以載；非言非默，議其有極。」

【剖析】

本節為純粹寓言。少知與太公調，皆屬子虛烏有，借二人之對話，論萬物起源問題。文分二段：首段少知曰四方之內，至此議之所止，言宇宙事理，禍福相生，循環不已。末段少知曰季真之莫為，至議其有極，言道之極境，言論與思維，皆不足以表達。夫物有形，而道無形；前者俗眼所可及，而後者則非矣。成玄英云：夫真理玄妙，絕於言知，若以言詮辯，運知思慮，適可極於有物而已，固未能造於玄玄之境。夫目見耳聞，雞鳴狗吠，出乎造化，愚智同知。故雖大聖至知，不能用意測其所為，不能用言道其所以，自然嗚吠，豈道使之然！

二六、外物

(五)、車轍鮒魚

莊周家貧，故往貸粟於監河侯，監河侯曰：「諾。我將得邑金，將貸子三百金可乎？」莊周忿然作色曰：「周昨來，有中道而呼者。周顧視車轍中，有鮒魚焉。周問之曰：『鮒魚來！子何為者邪？』對曰：『我東海之波臣也。君豈有斗升之水而活我哉？』周曰：『諾。我且南遊吳越之王，激西江之水，而迎子可乎？』鮒魚忿然作色曰：『吾失我常與，我無所處。吾得斗升之水然活耳，君乃言此，曾不如早索我於枯魚之肆。』」

【剖析】

本節為純粹寓言。莊生借車轍之魚，以喻其貧苦之境。夫遠水救不得近火，莊生飢餓難忍，欲借升斗之粟，以濟眉急；猶車轍鮒魚，亟需升斗之水以活命然。是故，監河侯之三百金，與西江之水何異？噫！夫莊生道德學問，無與倫比，而竟不及一監河侯，不得溫飽。悲夫！此不僅莊生之悲，亦古今文人之所同悲也。然莊生不以此而易其志，誠所謂君子固窮，小人窮斯濫矣！孔子陳蔡絕糧，絃歌不輟；顏回居陋巷，簞食瓢飲，不改其樂！淵明缾無儲粟，不為五斗米折腰，俯仰無愧，此皆非常人所能及也。然如監河侯之徒者，比比皆是也。成玄英云：常行海水鮒魚，波浪失於常處，升斗之水，可以全生，乃激西江，非所宜也。既其不救斯須，不如求我於乾魚之肆。此言事無大小，時有機宜，苟不逗機，雖大無益也。

(三五)、任公子釣大魚

任公子爲大鉤巨緇，五十犗以爲餌，蹲乎會稽，投竿東海，旦旦而釣，期年不得魚。已而大魚食之，牽巨鉤。錎沒而下，騖揚而奮鬐，白波若山，海水震蕩，聲侔鬼神，憚赫千里。任公子得若魚，離而腊之，自制河以東，蒼梧以北，莫不厭若魚者。已而後世輇才諷說之徒，皆驚而相告也。夫揭竿累，趣灌瀆，守鯢鮒，其於得大魚難矣！飾小說以干縣令，其於大達亦遠矣。是以未嘗聞任氏之風俗，其不可與經於世亦遠矣。

【剖析】

本節為純粹寓言。以任公子釣大魚為喻，言治世者，當志於大成，勿求近利也。夫欲釣大魚，必須具有大鉤巨緇，豐碩犗餌，高山大海，以及長期之等待。若揭竿累，趣灌瀆，守鯢鮒，欲得大魚，則難矣。今俗諺所謂「欲要馬兒好，欲要馬兒不吃草」，其所得者，必為駑馬，於得千里馬也難矣！成玄英云：末代季葉，才智輕浮，諷誦詞說，不敦玄道，聞得大魚，驚而相語。擔揭細小之竿繩，趨走溉灌之溝瀆，適得鯢鮒，難獲大魚也。人間世道，夷險不常，自非懷豁虛通，未可以治亂，若矜名飾行，去之遠矣。

(五四)、儒以詩禮發冢

儒以詩禮發冢。大儒臚傳曰：「東方作矣，事之何若？」小儒曰：「未解裙襦，口中有珠。詩固有之曰：『青青之麥，生於陵陂，生不布施，死何含珠爲！』接其鬢，壓其顪，儒以金椎控其頤，徐別其頰，無傷口中珠。」

【剖析】

本節為純粹寓言。借儒生以研究詩禮為名，掘墓盜珠，以諷儒者滿口仁義道德，口吟詩經，行為卑鄙，喻儒教之不足為法也。夫守財奴者，生不布施，死殮含珠，遭人盜墓，死骨頭顪，接摩控徐，何其悲哉！郭象云：詩禮者，先王之陳迹也，苟非其人，道不虛行，故夫儒者乃有用之為姦，則迹不足恃也。成玄英云：是以田恆資仁義以竊齊，儒生誦詩禮以發冢，由是觀之，聖迹不足賴。

(五五)、去躬矜容知

老萊子之弟子出薪，遇仲尼，反以告曰：「有人於彼，修上而趨下，末僂而後耳，視若營四海，不知其誰氏之子？」老萊子曰：「是丘也。召而來。」仲尼至。曰：「丘！去汝躬矜與汝容知，斯爲君子矣。」仲尼揖而退，蹙然改容而問曰：「業可得進乎？」老萊子曰：「夫不忍一世之傷，而驁萬世之患，抑固窶邪？亡其略弗及邪？惠以歡爲驁，終身之醜，中民之行進焉耳，相引以名，相結以隱。與其譽堯而非桀，不如兩忘而閉其所譽。反無非傷也，動無非邪也，聖人躊躇以興事，以每成功，奈何哉？其載焉終矜爾！

【剖析】

本節為重言式寓言。借老萊子與孔子之對話，言去躬矜容知。文分二段：首段老萊子之弟子出薪，至斯為君子矣，言孔子形狀，戒以去躬矜容知。末段仲尼揖而退，至奈何哉其載焉終矜爾，言與其稱頌堯而責難桀，不如兩者皆忘。夫是非美惡毀譽，皆以一己主觀之成見所產生，故堯桀之自然而相非，猶聖人與盜跖然，各是其所是，而非其所非也。孰是孰非，非上智者，莫能辨也。是故與其譽堯而非桀，不如兩忘而閉其所譽。成玄英云：贊譽堯之善道，非毀桀之惡迹，以此奔馳，失性多矣，故不如善惡兩忘，閉塞毀譽，則物性全矣。

　　宋元君夢神龜

宋元君夜半而夢人被髮闚阿門曰：「予自宰路之淵，予爲清江使河伯之所，漁者余且得予。」元君覺，使人占之曰：「此神龜也。」君曰：「漁者有余且乎？」左右曰：「有。」君曰：「令余且會朝。」明日余且朝。君曰：「漁何得？」對曰：「且之網得白龜焉，其圓五尺。」君曰：「獻若之龜。」龜至，君再欲殺之，再欲活之，心疑，卜之曰：「殺龜以卜，吉。」乃刳龜，七十二鑽而無遺筴。仲尼曰：「神龜能見夢於元君，而不能避余且之網；知能七十二鑽而無遺筴，不能避刳腸之患。如是則知有所困，神有所不及也；雖有至知，萬人謀之。魚不畏網，而畏鵜鶘，去小知而大知明，去善而自善矣。嬰兒生，無石師而能言，與能言者處也。」

【剖析】

本節為重言式寓言。以宋元君殺神龜之事為喻，借重孔子之言，說明去小知而大知明，去善而自善之理。文分四段：首段宋元君夜半而夢人被髮闚阿門，言其受制漁者。二段元君覺，占為神龜，令召漁者。三段明日余且朝，言卜而殺龜。四段仲尼曰，言毋以小知而喪生。夫尺有所短，寸有所長；宇宙萬物，各有其長短美醜是非利弊得失；以其然者而為然，則萬物莫不然；以其非者而為非，則萬物莫不非；其他善惡美醜之理，莫不皆然；亦可以此類推，舉一反三也。夫神龜能見夢於元君，而不能避余且之網；知能七十二鑽而無遺筴，不能避刳腸之患，亦何足怪哉！蓋知有所困，神有所不及也。郭象云：神知之不足恃也如是，夫唯靜然居其所能而不營於外者為全。成玄英云：夫神智，不足恃也。是故至人之處世，忘形神智慮，與枯木同其不華，將死灰均其寂泊，任物冥於造化，是以孔丘大聖，因而議之。

(三)、无用之用

惠子謂莊子曰：「子言無用。」莊子曰：「知無用而始可與言用矣。天地非不廣且大也，人之所用容足耳。然則廁足而墊之致黃泉，人尚有用乎？」惠子曰：「無用。」莊子曰：「然則無用之為用也，亦明矣。」

【剖析】

本節為重言式寓言。借惠子與莊子對話，說明無用之為用之理。夫惠子僅見形而下之器，不見形而上之道；僅知其有用，而不知其無用；然天地之廣，人之所用僅容足耳，其餘豈無用哉！老子云：三十輻，共一轂，當其無，有車之用。埏埴以為器，當其無，有器之用。鑿戶牖以為室，當其無，有室之用。故有之以為利，無之以為用。成玄英云：夫有用則同於夭折，無用則全其生崖，故知無用始可語其用。夫六合之內，廣大無最於地，人之所用，不過容足，若使側足之外，掘至黃泉，人則戰慄不得行動。是知有用之物，假無用成功。

二七、寓言

(兲)、孔子未嘗多言

莊子謂惠子曰：「孔子行年六十而六十化，始時所是，卒而非之，未知今之所謂是之，非五十九非也。」惠子曰：「孔子勤志服知也。」莊子曰：「孔子謝之矣，而其未之嘗言。孔子云：『夫受才乎大本，復靈以生。鳴而當律，言而當法，利義陳乎前，而好惡是非，直服人之口而已矣。使人乃以心服，而不敢蘁立，定天下之定。』已乎已乎！吾且不得及彼乎！」

【剖析】

本節為重言式寓言。借莊子與惠子對話，說明無言勝有言之理。夫惠施之徒，名家之言，恃智巧辯，服人之口，而不能服人之心。莊生借孔子之言，以暗譏之也。郭象云：我無言也，我之所言，直用人之口耳，好惡是非利義之陳，未始出吾口也。口所以宣心，既用衆人之口，則衆人之心用矣，我順衆心，則衆心信矣，誰敢逆立哉！吾因天下之自定而定之，又何為乎！成玄英云：仁義利害，好惡是非，逗彼前機，應時陳說，雖復言出於口而隨前人，卽是用衆人之口矣。隨衆所宜，用其心智，敎既隨物，物心順之，如草從風，不敢逆立，因其本靜，隨性定之，故定天下之定也。

五九、釜鍾如雀蚊

曾子再仕而心再化，曰：「吾及親仕，三釜而心樂；後仕，三千鍾而不洎親，吾心悲。」弟子問於仲尼曰：「若參者，可謂無所縣其罪乎？」曰：「既已縣矣。夫無所縣者，可以有哀乎？彼視三釜三千鍾，如觀雀蚊虻相過乎前也。」

【剖析】

本節為重言式寓言。借孔子與弟子言，以曾參親在祿薄而心樂，親不在祿厚而心悲，說明曾子心有所縣，未達大化之境也。文分兩段：首段曾子再仕而心再化，言曾子心情悲樂，因親在與不在而異也。後段弟子問於仲尼，言曾參心有所繫也。郭象云：夫養親以適，不問其具。若能無係，則不以貴賤經懷，而平和怡暢，盡色養之宜矣。成玄英云：夫孝子事親，務在於適，無論祿之厚薄，盡於色養而已，故有庸賃而稱孝子，三仕猶為不孝。參既心存哀樂，得無係祿之罪乎！夫唯無係者，故當無哀樂也。

六〇、九年而大妙

顏成子游謂東郭子綦曰：「自吾聞子之言，一年而野，二年而從，三年而通，四年而物，五年而來，六年而鬼入，七年而天成，八年而不知死，不知生，九年而大妙。」

【剖析】

本節為重言式寓言。借顏成子游與東郭子綦之言，說明成道之歷程。郭象云：此言久聞道，知天籟之自然，將忽然自忘，則穢累日去以至於盡耳。成玄英云：聞道日久，學心漸著，故能超四句，絕百非，義極重玄，理窮衆妙，知照弘博，故稱大也。

六、蜩甲蛇蛻

衆罔兩問於景曰：「若向也俯而今也仰，向也括撮而今也被髮，向也坐而今也起，向也行而今也止，何也？」景曰：「搜搜也，奚稍問也！予有而不知其所以。予，蜩甲也，蛇蛻也，似之而非也。火與日，吾屯也；陰與夜，吾代也。彼吾所以有待邪？而況乎以無有待者乎？彼來則我與之來，彼往則我與之往，彼強陽則我與之強陽。強陽者，又何以有問乎！」

【剖析】

本節為純粹寓言。借罔兩問景，言忘去形骸，隨天機自然變化。夫景之與蜩甲蛇蛻，似是而非也。景遇光而明，隨陰而失。景隨形而俯仰，猶神隨形而變幻，形滅景失，神離形變，宇宙萬物，莫不皆然也。成玄英云：夫蛴螬變化而為蟬，蛇從皮內而蛻出者，皆不自覺知也。而蛴螬滅於前，蟬自生於後，非因蛴螬而有蟬，蟬亦不待蛴螬而生也。蛇皮之義，亦復如之。是知一切萬有，無相因待，悉皆獨化，僉曰自然。故影云：我之因待，同蛇蛻蜩甲，似形有而實非待形者也。

(六)、老聃戒陽子去驕泰

陽子居南之沛，老聃西遊於秦，邀於郊，至於梁而遇老子。老子中道仰天而歎曰：「始以汝爲可教，今不可也。」陽子居不答。至舍，進盥漱巾櫛，脫屨戶外，膝行而前曰：「向者弟子欲請夫子，夫子行不閒，是以不敢。今閒矣，請問其過？」老子曰：「而睢睢盱盱而誰與居？大白若辱，盛德若不足。」陽子居蹴然變容曰：「敬聞命矣！」其往也，舍者迎將，其家公執席，妻執巾櫛，舍者避席，煬者避竈。其反也，舍者與之爭席矣。

【剖析】

本節為重言式寓言。借老子與陽子居對話，言人應去驕泰，方能虛心受教。夫狂妄自大之徒，目空一切，焉能虛心學習，承受教益？成玄英云：跋扈威勢，矜莊燿物，物皆哀悼，誰將汝居處乎？夫人廉潔貞清者，猶如污辱也；盛德圓滿者，猶如不足也。

二八、讓王

(一)、堯舜讓天下

堯以天下讓許由，許由不受。又讓於子州支父，子州支父曰：「以我爲天子，猶之可也。雖然，我適有幽憂之病，方且治之，未暇治天下也。」夫天下至重也，而不以害其生，又況他物乎！唯無以天下爲者，可以託天下也。

舜讓天下於子州支伯。子州支伯曰：「予適有幽憂之病，方且治之，未暇治天下也。」故天下大器也，而不以易生，此有道者之所以異乎俗者也。

舜以天下讓善卷，善卷曰：「予立於宇宙之中，冬日衣皮毛，夏日衣葛絺；春耕種，形足以勞動；秋收斂，身足以休食；日出而作，日入而息，逍遙於天地之閒而心意自得。吾何以天下爲哉！悲夫，子之不知予也！」遂不受。於是去而入深山，莫知其處。

舜以天下讓其友石戶之農，石戶之農曰：「捲捲乎后之爲人，葆力之士也！」以舜之德爲未至也，於是夫負妻戴，携子以入於海，終身不反也。

【剖析】

本節為重言式寓言。旨在闡述重生思想，借堯舜辭讓王位，而寫生命之可貴，輕視利祿名位。文分四段：首段堯以天下讓許由及子州支父皆不受。二段舜讓天下於子州支伯，亦不受。三段舜讓天下於善卷，善卷去深山而不受。四段舜以天下讓石戶之農，石戶之農偕妻携子入海而不反。夫帝王卿相，人人之所欣羡也，而堯舜之讓天下，何以人避之唯恐不及？明黃宗羲原君篇謂：「好逸惡勞亦猶夫人之情也」。蓋古之君，造福萬民，其辛勤勞苦，千萬倍於常人，而己又不享其利，如禹之治洪水，三過家門而不入是也。非有偉大抱負之犧牲精神者，孰願為之？故養生重己之徒，避之如洪水猛獸也。成玄英云：夫位登九五，威跨萬乘，人倫尊重，莫甚於此，尚不以此榮貴損害生涯，況乎他外事物，何能介意也。

㗊、大王亶父遷岐山

大王亶父居邠，狄人攻之；事之以皮帛而不受，事之以犬馬而不受，事之以珠玉而不受，狄人之所求者土地也。大王亶父曰：「與人之兄居而殺其弟，與人之父居而殺其子，吾不忍也。子皆勉居矣！爲吾臣與爲狄人臣奚以異！且吾聞之，不以所用養害所養。」因杖筴而去之。民相連而從之，遂成國於岐山之下。夫大王亶父，可謂能尊生矣。能尊生者，雖貴富不以養傷身，雖貧賤不以利累形。今世之人居高官尊爵者，皆重失之，見利輕亡其身，豈不惑哉！

【剖析】

本節為重言式寓言。借大王亶父遷岐山之故事，闡述重生之義，雖富貴不以養傷身，雖貧賤不以利累形。夫地以養民，猶物以養身；若以保地而傷民，猶愛物以傷身，此莊生之所不取也。其重人輕物之思想，頗合今日歐美貴民賤物之潮流；一切之設想，均以人為主，與落後地區貴物賤民之觀念，豈僅天壤之別矣！成玄英云：本用地以養人，今殺人以存地，故不可也。夫亂世澆僞，人心浮淺，徇於軒冕以喪其身，逐於財利以殞其命，不知輕重，深成迷惑也。

㗋、王子搜惡爲君之患

越人三世弒其君，王子搜患之，逃乎丹穴。而越國無君，求王子搜不得，從之丹穴。王子搜不肯出，越人薰之以艾。乘以王輿。王子搜援綏登車，仰天而呼曰：「君乎！君乎！獨不可以舍我乎！」王子搜非惡爲君也，惡爲君之患也。若王子搜者，可謂不以國傷生矣，此固越人之所欲得爲君也。

【剖析】

本節為重言式寓言，借王子搜逃乎丹穴之故事，闡揚重生思想，以君位為輕。夫王子搜恐以君位傷其身，故逃乎丹穴，不欲為君也。成玄英云：越國之人，頻殺君主，王子怖懼，逃之洞穴，呼召不出，以艾薰之。辭不獲免，長嘆登車，非惡為君，恐為禍患。以其重生輕位，故可屈而為君也。

(六)、子華子論輕重

韓魏相與爭侵地。子華子見昭僖侯，昭僖侯有憂色。子華子曰：「今使天下書銘於君之前，書之言曰：『左手攫之則右手廢，右手攫之則左手廢，然而攫之者必有天下。』君能攫之乎？」昭僖侯曰：「寡人不攫也。」子華子曰：「甚善！自是觀之，兩臂重於天下也，身亦重於兩臂。韓之輕於天下亦遠矣，今之所爭者，其輕於韓又遠。君固愁身傷生以憂戚不得也！」僖侯曰：「善哉！教寡人者衆矣，未嘗得聞此言也。」子華子可謂知輕重矣。

【剖析】

本節為重言式寓言。借子華子與昭僖侯對話，以韓魏爭相侵地，殘殺生命，舉兩臂重於天下為喻，說明重生之義。人若賺得全世界，而賠上生命，又有何義矣？夫身重於兩臂，兩臂重於天下，為取天下而傷身，何其愚也！成玄英云：韓魏相鄰，爭侵境土，干戈既動，勝負未知，怵惕居懷，故有憂色。假且書一銘記投之於前，左手取銘則斬去右手，右手取銘則斬去左手，然取銘者必得天下，君取之不？取以譬喻，借問韓侯也。於此言而觀察之，則一身重於兩臂，兩臂重於天下，天下又重於韓，韓之與天下，輕重亦遠矣。所爭者疆畔之間，故於韓輕重遠矣，而必固憂愁，傷形損性，恐其不得，豈不惑哉！

（六）、隨侯之珠彈雀

魯君聞顏闔得道之人也，使人以幣先焉。顏闔守陋閭，苴布之衣而自飯牛。魯君之使者至，顏闔自對之。使者曰：「此顏闔之家與？」顏闔對曰：「此闔之家也。」使者致幣，顏闔對曰：「恐聽者謬而遺使者罪，不若審之。」使者還，反審之，復來求之，則不得已。故若顏闔者，眞惡富貴也。故曰，道之眞以治身，其緒餘以爲國家，其土苴以治天下。由此觀之，帝王之功，聖人之餘事也，非所以完身養生也。今世俗之君子，多危身棄生以殉物，豈不悲哉！凡聖人之動作也，必察其所以之與其所以爲。今且有人於此，以隨侯之珠彈千仞之雀，世必笑之。是何也？則其所用者重而所要者輕也。夫生者，豈特隨侯之重哉！

【剖析】

本節為重言式寓言。借顏闔與使者對話，說明顏闔惡富貴，而避魯君之聘。文分兩段：首段魯君聞顏闔得道之人也，至眞惡富貴也，言魯君遣使厚幣禮聘顏闔，闔以恐聽者謬而遺使者罪，令使者還審而避之。末段故曰至豈特隨侯之重哉！言世俗之人，多危身棄生以殉物。夫以捨生而取富貴，猶以隨侯之珠而彈千仞之雀，舍重取輕，何其愚也。成玄英云：隨國近濮水，濮水出寶珠，卽是靈蛇所銜以報恩，隨侯所得者，故謂之隨侯之珠也。夫雀高千仞，以珠彈之，所求者輕，所用者重，傷生殉物，其義亦然也。

六八、列子辭鄭子陽遺粟

子列子窮，容貌有飢色。客有言之於鄭子陽者曰：「列禦寇，蓋有道之士也，居君之國而窮，君無乃爲不好士乎？」鄭子陽卽令官遺之粟。子列子見使者，再拜而辭。使者去，子列子入，其妻望之而拊心曰：「妾聞爲有道者之妻子，皆得佚樂，今有飢色。君過而遺先生食，先生不受，豈不命邪！」子列子笑謂之曰：「君非自知我也。以人之言而遺我粟，至其罪我也又且以人之言，此吾所以不受也。」其卒，民果作難而殺子陽。

【剖析】

本節為重言式寓言。借列子困窮而拒受鄭相子陽餽粟，說明重生之義。蓋子陽因人言而遺粟，亦可以人言而加罪，飢凍雖切，生命尤可貴也。文分三段：首段子列子窮，至再拜而辭，言鄭子陽因人言知列子窮困有道，遣使而遺之粟。次段使者去至豈不命邪！言禦寇之妻，埋怨列子不受餽粟。末段子列子笑謂之曰至殺子陽，言子陽因人言而餽粟，亦可因人言而加誅。夫婦人短見，自古已然，於今為烈。禦寇之妻，嗟怳拊心，面有慍色，埋怨而已。若今之婦人，豈僅如此，早已琵琶別抱矣！

六九、屠羊說辭萬鍾之祿

楚昭王失國，屠羊說而從於昭王。昭王反國，將賞從者，及屠羊說。屠羊說曰：「大王失國，說失屠羊；大王反國，說亦反屠羊。臣之爵祿已復矣，又何賞之有！」王曰：「强之！」屠羊說曰：「

大王失國，非臣之罪，故不敢伏其誅；大王反國，非臣之功，故不敢當其賞。」王曰：「見之！」屠羊說曰：「楚國之法，必有重賞大功而後得見，今臣之知不足以存國而勇不足以死寇。吳軍入郢，說畏難而避寇，非故隨大王也。今大王欲廢法毀約而見說，此非臣之所以聞於天下也。」王謂司馬子綦曰：「屠羊說居處卑賤而陳義甚高，子綦爲我延之以三旌之位。」屠羊說曰：「夫三旌之位，吾知其貴於屠羊之肆也；萬鍾之祿，吾知其富於屠羊之利也；然豈可以貪爵祿而使吾君有妄施之名乎！說不敢當，願復反吾屠羊之肆。」遂不受也。

【剖析】

本節為重言式寓言。借楚昭王與屠羊說對話，言屠羊說有功於國而不受爵祿，身處卑微而陳義甚高。文分四段：首段楚昭王失國，言昭王反國，將賞從者，屠羊說不受。二段王曰強之，屠羊說言無功不受祿。三段王曰見之，屠羊說楚法賞功得見，不願見大王而毀國法。四段王謂司馬子綦曰，屠羊說不願貪爵祿而陷吾君於不義。夫屠羊說者，莊生借之以說明其思想而已。今世之人，爭功諉過，唯恐不及，若屠羊說者，可得聞乎？

(七)、原憲貧而樂

原憲居魯，環堵之室，茨以生草；蓬戶不完，桑以爲樞；而甕牖二室，褐以爲塞；上漏下溼，匡坐而弦。子貢乘大馬，中紺而表素，軒車不容巷，往見原憲。原憲華冠縰履，杖藜而應門。子貢曰：「嘻！先生何病？」原憲應之曰：「憲聞之，無財謂之貧，學道而不能行謂之病。今憲，貧也，非病也。」子貢逡巡而有愧色。原憲笑曰：「夫希世而行，比周而友，學以爲人，敎以爲己，仁義之慝，輿馬之飾，憲不忍爲也。」

【剖析】

本節為重言式寓言。借原憲與子貢之對話，以原憲安貧樂道，無愧於心；子貢乘堅策肥，炫世耀己，成一強烈之對比。文分四段：首段原憲居魯，述其安居陋室；二段子貢乘大馬，往訪原憲；三段子貢曰，言憲貧而非病；四段原憲笑曰，憲不忍依託仁義而盜名欺世。夫富而無驕易，貧而無諂難；子貢恃富驕世，原憲貧而樂道。今世如子貢者，比比皆是；而如原憲者，則鳳毛麟角，誠難能而可貴也。成玄英云：原憲家貧，室唯環堵，仍以草覆舍，桑條為樞，蓬作門扉，破甕為牖，夫妻二人，各居一室，逢雨濕而弦歌自娛，知命安貧，所以然也。夫趨世候時，希望富貴，周旋親比，以結朋黨，自求名譽，學以為人，多覓束脩，教以為己，託仁義以為姦慝，飾車馬以衒矜夸，君子恥之，不忍為之也。

(七)、曾子貧而樂道

曾子居衞，縕袍無表，顏色腫噲，手足胼胝。三日不舉火，十年不製衣，正冠而纓絕，捉衿而肘見，納屨而踵決。曳縱而歌商頌，聲滿天地，若出金石。天子不得臣，諸侯不得友。故養志者忘形，養形者忘利，致道者忘心矣。

【剖析】

本節為重言式寓言。借重曾子安貧樂道之事，以天子諸侯不得臣友，寓有道者忘心之理。夫曾子衣衫襤褸，而面有菜色，仍誦詩不輟，不以物質生活，而影響精神情緒，猶安貧樂道，誦詩不已，誠匪易事，非常人之所能及也。成玄英云：守分清虛，家業窮窶，三日不營熟食，十年不製新衣，繩爛正冠而纓斷，袖破捉衿而肘見，履敗納之而跟後決也。歌商頌，韻叶宮商，察其詞理，雅符天地，聲氣清虛，又諧金石，風調高素，超絕人倫，故不與天子為臣，不與諸侯為友也。夫君子賢人，不以形挫志；攝衛之士，不以利傷生；得道之人，忘心知之術也。

(一三)、顏回无位而不怍

孔子謂顏回曰：「回，來！家貧居卑，胡不仕乎？」顏回對曰：「不願仕。回有郭外之田五十畝，足以給飦粥；郭內之田十畝，足以爲絲麻；鼓琴足以自娛，所學夫子之道者足以自樂也。回不願仕。」孔子愀然變容曰：「善哉回之意！丘聞之，『知足者不以利自累也，審自得者失之而不懼，行修於內者無位而不怍。』丘誦之久矣，今於回而後見之，是丘之得也。」

【剖析】

本節為重言式寓言。借孔子與顏回對話，以孔子讚顏回安貧樂道，寓知足常樂之理。夫顏回居陋室，簞食瓢飲，不改其樂，賢哉回也。夫子聞知足不以利累，自得失而不懼，行修無位不怍，於回得以證之。成玄英云：夫自得之士，不以得喪駭心；內修之人，豈復羞慚無位！孔子誦之，其來已久，今勸回仕，豈非失言！因回反照，故言丘得之矣。

㈢、重生輕利

中山公子牟謂瞻子曰：「身在江海之上，心居乎魏闕之下，奈何？」瞻子曰：「重生。重生則輕利。」中山公子牟曰：「雖知之，未能自勝也。」瞻子曰：「不能自勝則從，神无惡乎？不能自勝而強不從者，此之謂重傷。重傷之人，無壽類矣。」魏牟，萬乘之公子也，其隱巖穴也，難為於布衣之士；雖未至乎道，可謂有其意矣。

【剖析】

本節為重言式寓言。借中山公子牟與瞻子對話，以身居江湖，而心懷魏闕，未能克制情慾，不如適性自然；強而不從，則重傷無壽。夫今世之士，身居江湖，心懷魏闕者，比比皆是，然如中山公子牟之坦識不諱者，世之罕見矣！成玄英云：公子有嘉遁之情，而無高蹈之德，故身在江海上而隱遁，心思魏闕下之榮華，既見賢人，借問其術也。重生於道，則輕於榮利，榮利既輕，則不思魏闕。雖知重於生道，未能勝於情欲。若不勝於情欲，則宜從順心神，亦不勞忘生嫌惡也。情既不勝，強生抑挫，情欲已損，抑又乖心，故名重傷也。如此之人，自然夭折，故不得與壽考者為儔類也。夫大國王孫，生而榮貴，遂能巖棲谷隱，身履艱辛，雖未階乎玄道，而有清高之志，足以激貪勵俗也。

㈣、孔子窮於陳蔡而弦歌

孔子窮於陳蔡之閒，七日不火食，藜羹不糝，顏色甚憊，而弦歌於室。顏回擇菜，子路子貢相與言曰：「夫子再逐於魯，削迹於衞，伐樹於宋，窮於商周，圍於陳蔡，殺夫子者無罪，藉夫子者無禁。弦歌鼓琴，未嘗絕音，君子之無恥也若此乎？」顏回無以應，入告孔子。孔子推琴喟然而嘆曰：「由與賜，細人也。召而來，吾語之。」子路子貢入。子路曰：「如此者可謂窮矣！」孔子曰：「是何言也！君子通於道之謂通，窮於道之謂窮。今丘抱仁義之道以遭亂世之患，其何窮之爲！故內省而不窮於道，臨難而不失其德，天寒既至，霜雪既降，吾是以知松柏之茂也。陳蔡之隘，於丘其幸乎！」孔子削然反琴而弦歌，子路扢然執干而舞。子貢曰：「吾不知天之高也，地之下也。」古之得道者，窮亦樂，通亦樂。所樂非窮通也，道德於此，則窮通爲寒暑風雨之序矣。故許由虞於潁陽而共伯得乎丘首。

【剖析】

本節為重言式寓言。借重孔子與子路子貢之言，以窮通如寒暑風雨，循環變化，乃自然之象也。文分四段：首段孔子窮於陳蔡之間，言夫子屢遭困阨，猶弦歌鼓琴不輟，子路子貢頗為不悅。二段顏回无以應，孔子言通道謂通，窮道謂窮。三段孔子削然反琴而弦歌，言子路執干而舞，子貢不知天高地卑。四段古之得道者，言窮道為自然也。夫松柏後凋於歲寒，雞鳴不已於風雨，時窮節見，困阨志明，何其幸矣！成玄英云：夫歲寒別木，處窮知士，因難顯德，可謂幸矣。夫陰陽天地有四序寒溫，入處其中，何能無窮通否泰耶！故得道之人，處窮通而常樂，譬之風雨，何足介懷乎！

㈤、无擇恥受君位而投淵

舜以天下讓其友北人無擇，北人無擇曰：「異哉后之爲人也，居於畎畝之中而遊堯之門！不若是而已，又欲以其辱行漫我，吾羞見之。」因自投淸冷之淵。

【剖析】

本節為重言式寓言。借北人無擇之言，說明恥受君位之理。夫今世之士，心羨富貴，尤慕君位，若无澤者，其可得乎！郭象云：孔子曰：士志於仁者，有殺身以成仁，無求生以害仁。夫志尚清遐，高風邈世，與夫貪利沒命者，故有天地之降也。成玄英云：舜耕於歷山，長於壟畝，遊堯門闕，受堯禪讓，其事迹豈不如是乎？

㈥、卞隨瞀光負石沈水

湯將伐桀，因卞隨而謀，卞隨曰：「非吾事也。」湯曰：「孰可？」曰：「吾不知也。」湯又因瞀光而謀，瞀光曰：「非吾事也。」湯曰：「孰可？」曰：「吾不知也。」湯曰：「伊尹何如？」曰：「强力忍垢，吾不知其他也。」湯遂與伊尹謀伐桀，剋之，以讓卞隨。卞隨辭曰：「后之伐桀也謀乎我，必以我爲賊也；勝桀而讓我，必以我爲貪也。吾生乎亂世，而無道之人再來漫我以其辱行，吾不忍數聞也。」乃自投椆水而死。湯又讓瞀光曰：「知者謀之，武者遂之，仁者居之，古之道也。吾子胡不立乎？」瞀光辭曰：「廢上，非義也；殺民，非仁也；人犯其難，我享其利，非廉也。吾聞之曰，非其義者，不受其祿，無道之世，不踐其土。況尊我乎！吾不忍久見也。」乃負石而自沈於廬水。

【剖析】

本節為重言式寓言。借商湯卞隨瞀光之對話，以卞隨投水，瞀光負石，言高士重仁義而輕爵祿也。文分四段：首段湯將伐桀，卞隨言非吾事。二段湯又因瞀光而謀，瞀光亦以非吾事而對。三段湯遂與伊尹謀伐桀，言湯以君位讓卞隨不受，乃投水而死。四段湯又以天下讓瞀光，瞀光以廢上不義，殺民不仁，拒受君位，乃負石自沈。噫！夫二子者，隱於山野，遊於麋鹿可矣！何以負石沈水，有違莊子重生之義，其非莊生之言乎？郭象云：舊說曰：如卞隨務光者，其視天下也若六合之外，人所不能察也。斯則謬矣。夫輕天下者，不得有所重也，苟無所重，則無死地矣。以天下為六合之外，故當付之堯舜湯武耳。淡然無係，故汎然從衆，得失無概於懷，何自投之為哉！若二子者，可以為殉名慕高矣，未可謂外天下也。

(七)、伯夷叔齊恥食周粟

昔周之興，有士二人處於孤竹，曰伯夷叔齊。二人相謂曰：「吾聞西方有人，似有道者，試往觀焉。」至於岐陽，武王聞之，使叔旦往見之，與之盟曰：「加富二等，就官一列。」血牲而埋之。二人相視而笑曰：「嘻，異哉！此非吾所謂道也。昔者神農之有天下也，時祀盡敬而不祈喜；其於人也，忠信盡治而無求焉。樂與政爲政，樂與治爲治，不以人之壞自成也，不以人之卑自高也，不以遭時自利也。今周見殷之亂而遽爲政，上謀而下行貨，阻兵而保威，割牲而盟以爲信，揚行以說衆，殺伐以要利，是推亂以易暴也。吾聞古之士，遭治世不避其任，遇亂世不爲苟存。今天下闇，周德衰，其竝乎周以塗吾身也，不如避之以潔吾行。」二子北至於首陽之山，遂餓而死焉。若伯夷叔齊者，其於富貴也，苟可得已，則必不賴。高節戾行，雖樂其志，不事於世，此二士之節也。

【剖析】

本節為重言式寓言。借伯夷叔齊恥食周粟，餓死首陽山之故事，言以殺伐取利，猶推亂以易暴，其不足以為法也明矣。文分二段：首段昔周之興，至血牲而埋之，言伯夷叔齊至於岐陽，武王使叔旦往見之。末段二人相視而笑，至此二士之節也，言揚行以說衆，殺伐以要利，是推亂以易暴也。夫伯夷叔齊，不事二姓，恥食周粟，餓死首陽。其忠貞不二之情，永垂不朽。然其輕生之舉，與夫莊子重生之義，似相乖違矣！郭象云：論語曰：伯夷叔齊餓於首陽之下，不言其死也。而此云死焉，亦欲明其守餓以終，未必餓死也。此篇大意，以起高讓遠退之風。故被其風者，雖貪冒之人，乘天衢，入紫庭，猶時慨然中路而嘆，況其凡乎！故夷許之德，足以當稷契，對伊呂矣。夫居山谷而弘天下者，雖不俱為聖佐，不猶高於蒙埃塵者乎！其事雖難為，然其風少弊，故可遺也。曰：夷許之弊安在？曰：許由之弊，使人飾讓以求進，遂至乎之噲也；伯夷之風，使暴虐之君得肆其毒而莫之敢亢也；伊呂之弊，使天下貪冒之雄敢行篡逆；唯聖人無迹，故無弊也。若以伊呂為聖人之迹，則伯夷叔齊亦聖人之迹也；若以伯夷叔齊非聖人之迹邪？則伊呂之事亦非聖人矣。夫聖人因物之自行，故無迹。然則所謂聖者，我本無迹，故物得其迹，迹得而強名聖，則聖者乃無迹之名也。

二九、盜跖

(六)、孔子往見盜跖

孔子與柳下季為友，柳下季之弟，名曰盜跖。盜跖從卒九千人，橫行天下，侵暴諸侯，穴室樞戶，驅人牛馬，取人婦女，貪得忘親，不顧父母兄弟，不祭先祖。所過之邑，大國守城，小國入保，萬民苦之。孔子謂柳下季曰：「夫為人父者，必能詔其子；為人兄者，必能教其弟。若父不能詔其子，兄不能教其弟，則無貴父子兄弟之親矣。今先生，世之才士也，弟為盜跖，為天下害，而弗能教也，丘竊為先生羞之。丘請為先生往說之。」柳下季曰：「先生言為人父者必能詔其子，為人兄者必能教其弟，若子不聽父之詔，弟不受兄之教，雖今先生之辯，將奈之何哉！且跖之為人也，心如涌泉，意如飄風，強足以拒敵，辯足以飾非，順其心則喜，逆其心則怒，易辱人以言。先生必無往。」孔子不聽，顏回為馭，子貢為右，往見盜跖。盜跖乃方休卒徒大山之陽，膾人肝而餔之。孔子下車而前，見謁者曰：「魯人孔丘，聞將軍高義，敬再拜謁者。」謁者入通，盜跖聞之大怒，目如明星，髮上指冠，曰：「此夫魯國之巧偽人孔丘非邪？為我告之：『爾作言造語，妄稱文武，冠枝木之冠，帶死牛之脅，多辭繆說，不耕而食，不織而衣，搖脣鼓舌，擅生是非，以迷天下之主，使天下學士不反其本，妄作孝弟而徼倖於封侯富貴者也。子之罪大極重，疾走歸！不然，我將以子肝益晝餔之膳！』」孔子復通曰：「丘得幸於季，願望履幕下。」謁者復通，盜跖曰：「使來前！」孔子趨而進，避席反走，再拜盜跖。盜跖大怒，兩展其足，案劍瞋目，聲如乳虎，曰：「丘來前！若所言，順吾意則生，逆吾心則死。」孔子曰：「丘聞之，凡天下有三德：生而長大，美好無雙，少長貴賤見而皆說之，此上德也；知維天地，能辯諸物，此中德也；勇悍果敢，聚衆率兵，此下德也。凡人有此一德者，足以南面稱孤矣。今將軍兼此三者，身長八尺二寸，面目有光，脣如激丹，齒如齊貝，音中黃鐘，而名曰盜跖，丘竊爲將軍恥不取焉。將軍有意聽臣，臣請南使吳越，北使齊魯，東使宋衞，西使晉楚，使爲將軍造大城數百里，立數十萬戶之邑，尊將軍爲諸侯，與天下更始，罷兵休卒，收養昆弟，共祭先祖。此聖人才士之行，而天下之願也。」盜跖大怒曰：「丘來前！夫可規以利而可諫以言者，皆愚陋恆民之謂耳。今長大美好，人見而說之者，此吾父母之遺德也。丘雖不吾譽，吾獨不自知邪？且吾聞之，好面譽人者，亦好背而毀之。今丘告我以大城衆民，是欲規我以利而恆民畜我也，安可長久也！城之大者，莫大乎天下矣。堯舜有天下，子孫無置錐之地；湯武立爲天子，而後世絕滅；非以其利大故邪？且吾聞之，古者禽獸多而人少，於是民皆巢居以避之，晝拾橡栗，暮栖木上，故命之曰有巢氏之民。古者民不知衣服，夏多積薪，冬則煬之，故命之曰知生之民。神農之世，臥則居居，起則于于，民知其母，不知其父，與麋鹿共處，耕而食，織而衣，無有相害之心，此至德之隆也。然而黃帝不能致德，與蚩尤戰於涿鹿之野，流血百里。堯舜作，立羣臣；湯放其主，武王殺紂。自是之後，以強陵弱，以衆暴寡。湯武以來，皆亂人之徒也。今子修文武之道，掌天下之辯，以敎後世，縫衣淺帶，矯言僞行，以迷惑天下之主，而欲求富貴焉，盜莫大於子。天下何故不謂子爲盜丘，而乃謂我爲盜跖？子以甘辭說子路而使從之，使子路去其危冠，解其長劍，而受教於子，天下皆曰孔丘能止暴禁非。其卒之也，子路欲殺衞君而事不成，身菹於衞東門之上，子教子路菹此患，上無以爲身，下無以爲人，是子教之不至也。子自謂才士聖人邪？則再逐於魯，削迹於衞，窮於齊，圍於陳蔡，不容身於天下。子之道豈足貴邪？世之所高，莫若黃帝，黃帝尚不能全德，而戰涿鹿之野，流血百里。堯不慈，舜不孝，禹偏枯，湯放其主，武王伐紂，文王拘羑里。此六子者，世之所高也，孰論之，皆以利惑其眞而強反其情性，其行乃甚可羞也，世之所謂賢士，伯夷叔齊。伯夷叔齊辭孤竹之君至餓死於首陽之山，骨肉不葬。鮑焦飾行非世，抱木而死。申徒狄諫而不聽，負石自投於河，爲魚鼈所食。介子推至忠也，自割其股以食文公，文公後背之，子推怒而去，抱木而燔死。尾生與女子期於梁下，女子不來，水至不去，抱梁柱而死。此六者，無異於磔犬流豕操瓢而乞者，皆離名輕死，不念本養壽命者也。世之所謂忠臣者，莫若王子比干伍子胥。子胥沈江，比干剖心，此二子者，世謂忠臣也，然卒爲天下笑。自上觀之，至於子胥比干，皆不足貴也。丘之所以說我者，若告我以鬼事，則我不能知也；若告我以人事者，不過此矣，皆吾所聞知也。今吾告子以人之情，目欲視色，耳欲聽聲，口欲察味，志氣欲盈。人上壽百歲，中壽八十，下壽六十，除病瘦死喪憂患，其中開口而笑者，一月之中不過四五日而已矣。天與地無窮，人死者有時，操有時之具而託於無窮之閒，忽然無異騏驥之馳過隙也。不能說其志意，養其壽命者，皆非通道者也。丘之所言，皆吾之所棄也，亟去走歸，無復言之！子之道，狂狂汲汲，詐巧虛僞事也，非可以全眞也，奚足論哉！」孔子再拜趨走，出門上車，執轡三失，目芒然無見，色若死灰，據軾低頭，不能出氣。歸到魯東門外，適遇柳下季。柳下季曰：「今者闕然數日不見，車馬有行色，得微往見跖邪？」孔子仰天而嘆曰：「然。」柳下季曰：「跖得無逆女意若前乎？」孔子曰：「然。丘所謂無病而自灸也。疾走料虎頭，編虎須，幾不免虎口哉！」

【剖析】

本節為純粹寓言。偽託孔子往見盜跖之故事，言儒者聖王、忠臣義士，皆逐名利而輕生，然人生短促，不如輕利全真。文分七段：首段孔子與柳下季為友，言萬民以盜跖為患所苦。二段孔子謂柳下季曰，言孔子欲為柳下季往說盜跖，柳勸其无往。三段孔子不聽，言往見盜跖，跖怒目以斥儒者不耕而食，不織而衣。四段孔子復通曰，再拜盜跖，跖以順生逆死。五段孔子曰丘聞之，言跖具天下三德。六段盜跖大怒曰，至奚足論哉，言聖王忠臣，皆逐利輕生。本段可分十二項：首項丘來前，言長大美好，父母之遺德也。二項且吾聞之，好面譽人者，言大城衆民，安可久也。三項且吾聞之，古者禽獸多而人少，言湯武以來，皆亂人之徒也。四項今之脩文武之道，言丘惑主求貴。五項子以甘辭說子路而使從之，言子路身菹，是丘教之不至也。六項子自謂才士聖人邪？言上无以為身，下无以為人。七項世之所高，言堯舜禹湯文武，皆以利惑其真而強反其情性。八項世之所謂賢士，伯夷叔齊，鮑焦申徒，介推尾生，皆離名輕死，不念本養壽命者也。九項世之所謂忠臣者，言子胥比干，沈江剖心，不足貴也。十項丘之所以說我者，言不知鬼事，而明人事，十一項今吾告子以人之情，言人生短暫，應養其壽命。十二項丘之所言，言丘詐巧虛偽，非可全真。七段孔子再拜趨走，言孔子歸遇柳下惠，言丘无病自炙，險傷虎口。夫大盜竊國，孔子周遊列國，說以仁義，當時君主，未有聽之者，非盜而何？蓋道家崇尚自然，仁義人為，其所不取也。莊子借盜跖之口，而譏評儒家耳。成玄英云：夫料觸虎頭而編虎須者，近遭於虎食之也，今仲尼往說盜跖，履其危險，不異於斯也。而言此章大意，排擯聖迹，嗤鄙名利，是以排聖迹則訶責堯舜，鄙名利則輕忽夷齊，故寄孔跖以摸之意也。

(一九)、子張與滿苟得論名利

子張問於滿苟得曰：「盍不爲行？無行則不信，不信則不任，不任則不利。故觀之名，計之利，而義眞是也。若棄名利，反之於心，則夫士之爲行，不可一日不爲乎！」滿苟得曰：「無恥者富，多信者顯。夫名利之大者，幾在無恥而信。故觀之名，計之利，而信眞是也。若棄名利，反之於心，則夫士之爲行，抱其天乎！」子張曰：「昔者桀紂貴爲天子，富有天下，今謂臧聚曰，女行如桀紂，則怍色，有不服之心者，小人所賤也。仲尼墨翟，窮爲匹夫，今爲宰相曰，子行如仲尼墨翟，則變容易色稱不足者，士誠貴也。故勢爲天子，未必貴也；窮爲匹夫，未必賤也；貴賤之分，在行之美惡。」滿苟得曰：「小盜者拘，大盜者爲諸侯，諸侯之門，仁義存焉。昔者桓公小白殺兄入嫂而管仲爲臣，田成子常殺君竊國而孔子受幣。論則賤之，行則下之，則是言行之情悖戰於胸中也，不亦拂乎！故書曰：『孰惡孰美？成者爲首，不成者爲尾。』」子張曰：「子不爲行，卽將疏戚無倫，貴賤無義，長幼無序；五紀六位，將何以爲別乎？」滿苟得曰：「堯殺長子，舜流母弟，疏戚有倫乎？湯放桀，武王殺紂，貴賤有義乎？王季爲適，周公殺兄，長幼有序乎？儒者僞辭，墨者兼愛，五紀六位將有別乎？且子正爲名，我正爲利。名利之實，不順於理，不監於道。吾日與子訟於无約曰：『小人殉財，君子殉名。其所以變其情，易其性，則異矣；乃至於棄其所爲而殉其所不爲，則一也。』故曰，無爲小人，反殉而天；無爲君子，從天之理。若枉若直，相而天極；面觀四方，與時消息。若是若非，執而圓機；獨成而意，與道徘徊。無轉而行，無成而義，將失而所爲。無赴而富，無徇而成，將棄而天。比干剖心，子胥抉眼，忠之禍也；直躬證父，尾生溺死，信之患也；鮑子立乾，申子不自理，廉之害也；孔子不見母，匡子不見父，義之失也。此上世之所傳，下世之所語，以爲士者正其言，必其行，故服殃，離其患也。」

【剖析】

本節為重言式寓言。借子張與滿苟得對話，以譏儒家言行不一，謂士人之行，應順乎自然本性。文分三段：首段子張問於滿苟得曰，子張言行仁義，滿苟得言拘守天真。次段子張曰昔者桀紂貴為天子，子張言貴賤之分，在行美惡；滿苟得以成者為美，敗者為惡。末段子張曰子不為行，子張言無行則難別五紀六位，滿苟得言儒者偽辭，墨者兼愛，五紀六位，何以別乎？夫莊生偽託滿苟得，以說明其思想，言毋固執不通，推行仁義，失其真性；毋追逐富貴，急求成功，喪失天性。成玄英云：夫殉利謂之小人，殉名謂之君子，名利不同，所殉一也。子張苟得，皆共談玄言於無為之理，敦於莫逆之契也。旣不逐利，又不殉名，故能率性歸根，合於自然之道也。無問枉直，順自然之道，觀照四方，隨四時而消息。執於環中之道以應是非，用於獨化之心以成其意，故能冥其虛通之理，轉變無窮者也。無轉汝志，為聖迹之行；無成爾心，學仁義之道；捨己效他，將喪爾真性也。莫奔赴於富貴，無殉逐於成功。必赴必殉，則背於天然之性也。

(八)、无足與知和論貪廉

无足問於知和曰：「人卒未有不興名就利者。彼富則人歸之。歸則下之，下則貴之。夫見下貴者，所以長生安體樂意之道也。今子獨無意焉，知不足邪，意知而力不能行邪，故推正不忘邪？」知和曰：「今夫此人以爲與己同時而生，同鄉而處者，以爲夫絕俗過世之士焉；是專無主正，所以覽古今之時，是非之分也，與俗化。世去至重，棄至尊，以爲其所爲也；此其所以論長生安體樂意之道，不亦遠乎！慘怛之疾，恬愉之安，不監於體；怵惕之恐，欣懽之喜，不監於心；知爲爲而不知所以爲，是以貴爲天子，富有天下，而不免於患也。」無足曰：「夫富之於人，無所不利，窮美究勢，至人之所不得逮，聖人之所不能及，俠人之勇力而以爲威强，秉人之智謀以爲明察，因人之德以爲賢良，非享國而嚴若君父。且夫聲色滋味權勢之於人，心不待學而樂之，體不待象而安之。夫欲惡避就，固不待師，此人之性也。天下雖非我，孰能辭之！」知和曰：「知者之爲，故動以百姓，不違其度，是以足而不爭，無以爲故不求。不足故求之，爭四處而不自以爲貪；有餘故辭之，棄天下而不自以爲廉。廉貪之實，非以迫外也，反監之度。勢爲天子而不以貴驕人，富有天下而不以財戲人。計其患，慮其反，以爲害於性，故辭而不受也，非以要名譽也。堯舜爲帝而雍，非仁天下也，不以美害生也；善卷許由得帝而不受，非虛辭讓也，不以事害己。此皆就其利，辭其害，而天下稱賢焉，則可以有之，彼非以興名譽也。」無足曰：「必持其名，苦體絕甘，約養以持生，則亦久病長阨而不死者也，」知和曰：「平爲福，有餘爲害者，物莫不然，而財其甚者也。今富人，耳營鐘鼓管籥之聲，口嗛於芻豢醪醴之味，以感其意，遺忘其業，可謂亂矣；侅溺於馮氣，若負重行而上阪，可謂苦矣；貪財而取慰，貪權而取竭，靜居則溺，體澤則馮，可謂疾矣；爲欲富就利，故滿若堵耳而不知避，且馮而不舍，可謂辱矣；財積而無用，服膺而不舍，滿心戚醮，求益而不止，可謂憂矣；內則疑刼請之賊，外則畏寇盜之害，內周樓疏，外不敢獨行，可謂畏矣。此六者，天下之至害也，皆遺忘而不知察，及其患至，求盡性竭財，單以反一日之無故而不可得也。故觀之名則不見，求之利則不得，繚意絕體而爭此，不亦惑乎！」

【剖析】

本節為純粹寓言。無足與知和，皆杜撰之人物，假設二人，以明貪廉之禍福也。文分三段：首段无足問於知和曰，无足言富貴則體質安而長壽。知和言知有為而不知無為，貴為天子，富甲天下，仍不免於禍患。次段无足曰夫富之於人，无足言聲色滋味權勢，人之所欣羡也。知和言就利辭害，天下稱賢，有避害之心，無興名之意。末段无足曰必持其名，无足言絕甘儉約，如久病長阨而不死者也，知和言亂苦疾辱憂畏六者，天下之至害也。成玄英云：夫富室之人，恣情淫勃，口爽醪醴，耳聒宮商，取捨滑心，觸類感動。性之昏爽，事業忘焉，無所覺知，豈非亂也！夫貪欲既多，勞役困弊，心中侅塞，沈溺憤懣，猶如負重上阪而行。此之委頓，豈非困苦也哉！貪取財寶以慰其心，誘諂威權以竭情慮，安靜閑居則其體沈溺，體氣悅澤則憤懣斯生，動靜困苦，豈非疾也！夫欲富就利，情同壑壁，譬彼堵牆，版築滿盈，心中憤懣，貪婪不舍，不知避害，豈非恥辱耶！夫積而不散，馮而不舍，貪求無足，煩惱盈懷，榷而論之，豈非憂患！匹夫無罪，懷璧其罪，故在家則恐求財盜賊之災，外行則畏寇盜濫竊之害。是以舍院周回，起疏窗樓，敞出內外，來往怖懼，不敢獨行。如此艱辛，豈非畏哉！天下至害，遺忘不察，及其巨盜忽至，性命惙然，平生貪求，一朝頓盡，所有財寶，當時並罄，欲反一日貧素，豈可得之乎！

三〇、說劍

(八)、莊子以三劍說趙文王

昔趙文王喜劍，劍士夾門，而客三千餘人，日夜相擊於前，死傷者歲百餘人，好之不厭。如是三年，國衰，諸侯謀之。太子悝患之，募左右曰：「孰能說王之意止劍士者，賜之千金。」左右曰：「莊子當能。」太子乃使人以千金奉莊子，莊子弗受，與使者俱往見太子曰：「太子何以教周，賜周千金？」太子曰：「聞夫子明聖，謹奉千金以幣從者。夫子弗受，悝尚何敢言？」莊子曰：「聞太子所欲用周者，欲絕王之喜好也。使臣上說大王而逆王意，下不當太子，則身刑而死，周尚安所事金乎？使臣上說大王，下當太子，趙國何求而不得也！」太子曰：「然。吾王所見，唯劍士也。」莊子曰：「諾。周善為劍。」太子曰：「然吾王所見劍士，皆蓬頭突鬢垂冠，曼胡之纓，短後之衣，瞋目而語難，王乃說之。今夫子必儒服而見王，事必大逆。」莊子曰：「請治劍服。」治劍服三日，乃見太子。太子乃與見王，王脫白刃待之。莊子入殿門不趨，見王不拜。王曰：「子欲何以教寡人，使太子先？」曰：「臣聞大王喜劍，故以劍見王。」王曰：「子之劍，何能禁制？」曰：「臣之劍，十步一人，千里不留行。」王大悅之曰：「天下無敵矣！」莊子曰：「夫爲劍者，示之以虛，開之以利，後之以發，先之以至。願得試之。」王曰：「夫子休就舍，待命設戲請夫子。」王乃校劍士七日，死傷者六十餘人，得五六人，使奉劍於殿下，乃召莊子。王曰：「今日試使士敦劍。」莊子曰：「望之久矣。」王曰：「夫子所御杖，長短何如？」曰：「臣之所奉皆可。然臣有三劍，唯王所用，請先言而後試。」王曰：「願聞三劍。」曰：「有天子劍，有諸侯劍，有庶人劍。」

王曰：「天子之劍何如？」曰：「天子之劍，以燕谿石城爲鋒，齊岱爲鍔，晉魏爲脊，周宋爲鐔，韓魏爲夾；包以四夷，裹以四時；繞以渤海，帶以常山；制以五行，論以刑德；開以陰陽，持以春夏，行以秋冬。此劍，直之亦無前，舉之無上，案之無下，運之無旁，上決浮雲，下絕地紀。此劍一用，匡諸侯，天下服矣。此天子之劍也。」文王芒然自失曰：「諸侯之劍何如？」曰：「諸侯之劍，以知勇士爲鋒，以清廉士爲鍔，以賢良士爲脊，以忠聖士爲鐔，以豪桀士爲夾。此劍，直之亦無前，舉之亦無上，案之亦無下，運之亦無旁。上法圓天，以順三光，下法方地，以順四時，中和民意，以安四鄉。此劍一用，如雷霆之震也，四封之內，無不賓服，而聽從君命者矣。此諸侯之劍也。」王曰：「庶人之劍何如？」曰：「庶人之劍，蓬頭突鬢垂冠，曼胡之纓，短後之衣，瞋目而語難。相擊於前，上斬頸領，下決肝肺。此庶人之劍，無異於鬪鷄，一旦命已絕矣，無所用於國事。今大王有天子之位，而好庶人之劍，臣竊爲大王薄之。」王乃牽而上殿。宰人上食，王三環之。莊子曰：「大王安坐定氣，劍事已畢奏矣。」於是文王不出宮三月，劍士皆服斃其處也。

【剖析】

本節為重言式寓言。借趙文王喜劍，莊子說之以三劍，勸文王當好天子之劍。文分七段：首段昔趙文王喜劍，至王脫白刃待之，言王好劍不厭，國勢日衰，太子悝患之，求說王止劍者，聞莊子善為劍，乃引之見王。二段莊子入殿門不拜，至命令設戲請夫子，言其劍十步一人，千里不留行。三段王乃拔劍士七日，至請先言而後試，言其三劍。四段王曰願聞三劍，至此天子劍也，言此劍匡諸侯，服天下。五段文王芒然自失，至此諸侯之劍也，言此劍四封之內，無不賓服。六段王曰庶人之劍何如？至臣窃為大王薄之，言此劍无異鬪鷄，一旦命絕，无用國事。七段王乃牽而上殿，至劍士服斃其處也，言王止劍，劍家皆自殺而死。夫天子之劍，絕雲斷地，順服天下；諸侯之劍，如震雷霆，賓服四封；庶人之劍，斬頸決肺，无異鬪鷄，一旦命絕，无用國事。莊生如辯士，舌劍唇鎗，以三劍說於王，此縱橫家之流，乃戰國策士遊談，非莊子之思想也。夫君子當避三端：文士之筆端，武士之劍端，辯士之舌端，吾人當深戒之。成玄英云：夫以道為劍，則無所不包，故上下旁通，莫能礙者；浮雲地紀，豈足言哉！既以造化為功，故無不服也。

三一、漁父

㈡、孔子問道於漁父

孔子遊乎緇帷之林，休坐乎杏壇之上，弟子讀書，孔子絃歌鼓琴，奏曲未半。有漁父者，下船而來，須眉交白，被髮揄袂，行原以上，距陸而止，左手據膝，右手持頤以聽。曲終，而招子貢子路二人俱對。客指孔子曰：「彼何爲者也？」子路對曰：「魯之君子也。」客問其族。子路對曰：「族孔氏。」客曰：「孔氏者何治也？」子路未應，子貢對曰：「孔氏者，性服忠信，身行仁義，飾禮樂，選人倫，上以忠於世主，下以化於齊民，將以利天下。此孔氏之所治也。」又問曰：「有土之君與？」子貢曰：「非也。」「侯王之佐與？」子貢曰：「非也。」客乃笑而還，行言曰：「仁則仁矣，恐不免其身；苦心勞形，以危其眞。嗚乎！遠哉其分於道也。」子貢還報孔子，孔子推琴而起曰：「其聖人與！」乃下求之，至於澤畔，方將杖拏而引其船，顧見孔子，還鄉而立。孔子反走，再拜而進。客曰：「子將何求？」孔子曰：「曩者先生有緒言而去，丘不肖，未知所謂，竊待於下風，幸聞咳唾之音，以卒相丘也！」客曰：「嘻！甚矣子之好學也！」孔子再拜而起曰：「丘少而修學，以至於今六十九歲矣，無所得聞至教，敢不虛心？」

客曰：「同類相從，同聲相應，固天之理也。吾請釋吾之所有，而經子之所以。子之所以者，人事也。天子諸侯大夫庶人，此四者自正，治之美也，四者離位，而亂莫大焉。官治其職，人憂其事，乃無所陵。故田荒室露，衣食不足，徵賦不屬，妻妾不和，長少無序，庶人之憂也；能不勝任，官事不治，行不清白，羣下荒怠，功美不有，爵祿不持，大夫之憂也。廷無忠臣，國家昏亂，工技不巧，貢職不美，春秋後倫，不順天子，諸侯之憂也；陰陽不和，寒暑不時，以傷庶物，諸侯暴亂，擅相攘伐，以殘民人，禮樂不節，財用窮匱，人倫不飭，百姓淫亂，天子有司之憂也。今子既上無君侯有司之勢，而下無大臣職事之官，而擅飾禮樂，選人倫以化齊民，不泰多事乎！

且人有八疵，事有四患，不可不察也。非其事而事之，謂之摠；莫之顧而進之，謂之佞；希意道言，謂之諂；不擇是非而言，謂之諛；好言人之惡，謂之讒；析交離親，謂之賊；稱譽詐僞，以敗惡人，謂之慝；不擇善否，兩容頰適，偸拔其所欲，謂之險。此八疵者，外以亂人，內以傷身，君子不友，明君不臣。所謂四患者：好經大事，變更易常，以挂功名，謂之叨；專知擅事，侵人自用，謂之貪；見過不更，聞諫愈甚，謂之很；人同於己則可，不同於己，雖善不善，謂之矜。此四患也。能去八疵，無行四患，而始可敎已。」

孔子愀然而歎，再拜而起曰：「丘再逐於魯，削迹於衞，伐樹於宋，圍於陳蔡，丘不知所失，而離此四謗者何也？」客悽然變容曰：「甚矣子之難悟也！人有畏影惡迹而去之走者，舉足愈數而迹愈多，走愈疾而影不離身，自以爲尙遲，疾走不休，絕力而死。不知處陰以休影，處靜以息迹，愚亦甚矣！子審仁義之間，察同異之際，觀動靜之變，適受與之度，理好惡之情，和喜怒之節，而幾於不免矣。謹修而身，愼守其眞，還以物與人，則無所累矣。今不修之身而求之人，不亦外乎！」孔子愀然曰

：「請問何謂眞？」客曰：「眞者，精誠之至也。不精不誠，不能動人。故强哭者雖悲不哀，强怒者雖嚴不威，强親者雖笑不和。眞悲無聲而哀，眞怒未發而威，眞親未笑而和。眞在內者，神動於外，是所以貴眞也。其用於人理也，事親則慈孝，事君則忠貞，飲酒則歡樂，處喪則悲哀。忠貞以功爲主，飲酒以樂爲主，處喪以哀爲主，事親以適爲主，功成之美，無一其迹矣。事親以適，不論所以矣；飲酒以樂，不選其具矣；處喪以哀，無問其禮矣。禮者世俗之所爲也，眞者所以受於天也，自然不可易也。故聖人法天貴眞，不拘於俗。愚者反此，不能法天而恤於人，不知貴眞，祿祿而受變於俗，故不足。惜哉，子之蚤湛於人僞，而晚聞大道也！」

孔子又再拜而起曰：「今者丘得遇也，若天幸然。先生不羞而比之服役，而身教之，敢問舍所在，請因受業而卒學大道。」客曰：「吾聞之，可與往者與之，至於妙道；不可與往者，不知其道，愼勿與之，身乃無咎。子勉之！吾去子矣，吾去子矣！」乃刺船而去，延緣葦間。顏淵還車，子路授綏，孔子不顧，待水波定，不聞拏音，而後敢乘。子路旁車而問曰：「由得爲役久矣，未嘗見夫子遇人如此其威也。萬乘之主，千乘之君，見夫子未嘗不分庭伉禮，夫子猶有倨傲之容。今漁父杖拏逆立，而夫子曲要磬折，言拜而應，得無太甚乎？門人皆怪夫子矣，漁人何以得此乎？」孔子伏軾而歎曰：「甚矣由之難化也！湛於禮義有間矣，而樸鄙之心，至今未去。進，吾語汝！夫遇長不敬，失禮也；見賢不尊，不仁也。彼非至人，不能下人，下人不精，不得其眞，故長傷身。惜哉！不仁之於人也，禍莫大焉，而由獨擅之。且道者，萬物之所由也，庶物失之者死，得之者生，爲事逆之則敗，順之則成。故道之所在，聖人尊之。今漁父之於道，可謂有矣，吾敢不敬乎？」

【剖析】

本節為重言式寓言。借孔子與漁父之對話，以舉足愈數而迹愈多，走愈疾而影不離身為喻，寓苦心勞形以危其真，唯有處陰以休影，處靜以息迹，慎守其真，人物各返自然。文分七段：首段孔子遊乎緇帷之林，至其分於道也，漁父行仁義禮樂人倫，苦心勞形以危其真。二段子貢還報孔子，至敢不虛心？言孔子聞道於漁父。三段客曰至而始可教已，言人有四憂八疵，事有四患。四段孔子愀然而嘆，至不亦外乎，言處陰休影，處靜息迹，慎守其真，人物自然。五段孔子愀然曰，至而晚聞大道也，言真者精神之至也。六段孔子又再拜而起曰，至延緣葦間，言孔子欲從漁父遊。七段顏淵還車，至吾敢不敬乎！言門人怪夫子執禮甚恭，孔子言漁父為道之所存，敢不敬乎？孔子嘗言：「朝聞道，夕死可矣！」其慕道之情，溢於言表。夫道之所存，師之所存也；其敬乎道，非敬漁父耳。夫燕雀馬知鴻鵠之志，門人不察，故有斯怪也。夫庸俗之徒，處於五色繽紛，繁華紛亂之世界，汲汲於名利，故世多爭名逐臭之夫，勞形苦心，迷失自然純真之本性，終與草木同腐，不知宇宙之道，豈不悲哉！莊生所謂處陰休影，處靜息迹，誠妙喻也，其不失為釜底抽薪之良法耳。成玄英云：此篇言無江海而閒者，能下江海之士也。夫孔子之所放任，豈直漁父而已哉！將周流六虛，旁通無外，蠉動之類，咸得盡其所懷，而窮理致命，固所以為至人之道也。夫道生萬物，則謂之道，故知衆庶從道而生。是以順而得者則生死而成，逆而失者則死而敗，物無貴賤，道在則尊。漁父既其懷道，孔子何能不敬耶！

三二、列禦寇

(三)、列禦寇問道於伯昏瞀人

列禦寇之齊，中道而反，遇伯昏瞀人。伯昏瞀人曰：「奚方而反？」曰：「吾驚焉。」曰：「惡乎驚？」曰：「吾嘗食於十漿，而五漿先饋。」伯昏瞀人曰：「若是，則汝何為驚已？」曰：「夫內誠不解，形諜成光，以外鎮人心，使人輕乎貴老，而整其所患。夫漿人特為食羹之貨，無多餘之贏，其為利也薄，其為權也輕，而猶若是，而況於萬乘之主乎！身勞於國，而知盡於業，彼將任我以事，而效我以功，吾是以驚。」伯昏瞀人曰：「善哉觀乎！汝處已，人將保汝矣！」無幾何而往，則戶外之屨滿矣。伯昏瞀人北面而立，敦杖蹙之乎頤，立有閒，不言而出。賓者以告列子，列子提屨，跣而走，暨乎門，曰：「先生既來，曾不發藥乎？」曰：「已矣，吾固告汝曰人將保汝，果保汝矣。非汝能使人保汝，而汝不能使人無保汝也，而焉用之感豫出異也！必且有感，搖而本才，又無謂也。與汝游者又莫汝告也，彼所小言，盡人毒也。莫覺莫悟，何相孰也！巧者勞而智者憂，無能者無所求，飽食而遨遊，汎若不繫之舟，虛而遨遊者也。」

【剖析】

本節為重言式寓言。借伯昏瞀人與列禦寇對話，以汎若不繫之舟為喻，言虛心而任意遨遊。文分二段：首段列禦寇之齊，至人將保女矣！言列禦寇以外貌鎮服人心，驚駭君主任事效功。末段无幾何而往，至虛而遨遊者也，言巧勞知憂，无能无求，若不繫舟，虛心遨遊也。夫列子受饋於賣漿之人，驚懼憂愁，蓋恐君主任事效功，識異乎常人。夫庸俗之徒，受人阿諛奉佞，必沾沾而自喜；若受君主寵召，委以重任，則益狂妄自大，傲視世人矣。若列子之賢者，其可得乎？成玄英云：夫賣漿之人，獨有美食為貨，所盈之物，蓋亦不多。為利既薄，權亦非重，尚能敬己，競走獻漿，況在君王，權高利厚，奔馳尊貴，不亦宜乎！夫君人者，位總萬機，威跨四海，故躬疲倦於邦國，心盡慮於世事，則思賢若渴以代己勞，必將任我以物務而驗我以功績，徇外喪內，逐僞忘真。驚之所由，具陳如是也。

(四)、鄭人緩爲儒而自殺

鄭人緩也呻吟裘氏之地。祇三年而緩爲儒，河潤九里，澤及三族，使其弟墨。儒墨相與辯，其父助翟。十年而緩自殺。其父夢之曰：「使而子爲墨者予也。闔胡嘗視其良，既爲秋柏之實矣？」夫造物者之報人也，不報其人而報其人之天。彼故使彼。夫人以己爲有以異於人以賤其親，齊人之井飲者相捽也。故曰今之世皆緩也。自是有德者以不知也，而況有道者乎！古者謂之遁天之刑。聖人安其所安，不安其所不安；衆人安其所不安，不安其所安。

【剖析】

本節為純粹寓言。借鄭人緩為儒而自殺之故事，評儒者自是有德之不智，讚有道之士純任自然。文分二段：首段鄭人緩也至為秋柏之實矣？言緩自殺助弟成為墨者。末段夫造物者之報也，至不安其所安，此莊子語也。言緩自美其儒，謂己能有積學之功，不知其性之自然也。夫世俗之人如緩者，比比皆是，自誇其功，執迷不悟，死而復見夢於其父，已為秋柏之實矣，其愚也何其深也！郭象云：夫穿井所以通泉，吟詠所以通性。無泉則無所穿，無性則無所詠，而世皆忘其泉性之自然，徒識穿詠之末功，因欲矜而有之，不亦妄乎！成玄英云：夫土下有泉，人各有性，天也；穿之成井，學以成術者，人也。嗟乎！世人迷妄之甚，徒知穿學之末事，不悟泉性之自然，而矜之以為己功者，故世皆緩之流也。齊人穿鑿得井，行李汲而飲之，井主護水，捽頭而休，莊生聞之，故引為喻。

(八五)、朱泙漫學屠龍

朱泙漫學屠龍於支離益，單千金之家，三年技成而無所用其巧。

【剖析】

本節為純粹寓言。以朱泙漫學屠龍為喻，言學非所用也。夫朱泙漫學屠龍之技，所費不貲，為時亦久，技雖成，而卒無所用，蓋徒勞而無功也。今世之士，若朱泙漫者，亦匪罕見也。成玄英云：磬千金之產，學殺龍之術，伏膺三歲，其道方成，技雖巧妙，卒為無用。屠龍之事，於世稍稀，欲明處涉人間，貴在適中，苟不當機，雖大無益也。

(八六)、曹商矜夸受辱

宋人有曹商者，為宋王使秦。其往也，得車數乘；王說之，益車百乘。反於宋，見莊子曰：「夫處窮閭阨巷，困窘織屨，槁項黃馘者，商之所短也；一悟萬乘之主而從車百乘者，商之所長也。」莊子曰：「秦王有病召醫，破癰潰痤者得車一乘，舐痔者得車五乘，所治愈下，得車愈多。子豈治其痔邪，何得車之多也？子行矣！」

【剖析】

本節為重言式寓言。借曹商見莊子矜夸受辱，以舐痔得車為喻，譏曹商卑躬屈膝以干祿。夫後世之士，搖尾乞憐，媚主求榮者，比比皆是也。官場現形記所載，雖未免尖酸刻薄，然其卑躬屈膝之態，阿諛奉佞之狀，則有過於曹商矣！成玄英云：言貧窮困急，織屨以自供，頸項枯槁而顑頷，頭面黃瘦而馘厲，當爾之際，是商之所短也。一使強秦，遂使秦王驚悟，遺車百乘者，是商之智數長也。以此自多，矜夸莊子也。莊生風神俊悟，志尚清遠，既而縱此奇辯以挫曹商。故郭象云：夫事下然後功高，功高然後祿重，故高遠恬淡者遺榮也。

（八七）、魯哀公問仲尼於顏闔

魯哀公問乎顏闔曰：「吾以仲尼為貞幹，國其有瘳乎？」曰：「殆哉圾乎仲尼！方且飾羽而畫，從事華辭，以支為旨，忍性以視民而不知不信，受乎心，宰乎神，夫何足以上民！彼宜女與？予頤與？誤而可矣。今使民離實學偽，非所以視民也，為後世慮，不若休之。難治也。」

【剖析】

本節為重言式寓言。借魯哀公問仲尼於顏闔，言孔子飾羽華辭，離實學偽，非治國之才也。夫道家主清靜無為，故主處陰以休影，處靜以息迹，若畏影惡迹而去之走者，舉足愈數而迹愈多，走愈疾而影不離身，疾走不休，絶力而死，豈不悲哉！夫子之周遊列國，推行仁義，以治亂世，莊子視之，亦猶畏影惡迹而疾走也。郭象云：夫至人以民靜為安。今一為貞幹，則遺高迹於萬世，令飾競於仁義而彫畫其毛彩，百姓旣危，至人亦無以為安也。成玄英云：後代人君，慕仲尼及遐軌，安忍情性，用之臨人，上下相習，矯偽黔黎，而不知已無信實也。以華偽之迹敎示蒼生，禀承心靈，宰割真性，用此居人之上，何足稱哉！

(六)、人心險於山川

孔子曰：「凡人心險於山川，難於知天；天猶有春秋冬夏旦暮之期，人者厚貌深情。故有貌愿而益，有長若不肖，有順懁而達，有堅而縵，有緩而釬。故其就義若渴者，其去義若熱。故君子遠使之而觀其忠，近使之而觀其敬，煩使之而觀其能，卒然問焉而觀其知，急與之期而觀其信，委之以財而觀其仁，告之以危而觀其節，醉之以酒而觀其側，雜之以處而觀其色。九徵至，不肖人得矣。」

【剖析】

本節為重言式寓言。借重孔子之言，以山川喻人心之險惡難測，比知天為困難。夫人有五類：外貌忠厚而內心險詐，貌似賢長而心實不肖，形貌圓順而內心剛直，外貌果決而內心猶疑，貌似溫和而內心凶悍。故觀察為人，可用九徵：遠使觀忠，近使觀敬，煩使觀能，卒問觀知，急期觀信，委財觀仁，告危觀節，醉酒觀側，雜處觀色。以此九徵，人焉瘦哉！則賢與不肖判矣。成玄英云：遠使忠佞斯彰，咫步敬慢立明者也。煩極任使，察其技能。卒問近對，觀其愿智。忽卒與期，觀信契也。仁者不貪。告危亡，驗節操。至人酒不能昏法則，男女參居，貞操不易。九事徵驗，小人君子，厚貌深情，必無所避也。

(一六九)、正考父三命而俯

正考父一命而傴，再命而僂，三命而俯，循牆而走，孰敢不軌！如而夫者，一命而呂鉅，再命而於車上儛，三命而名諸父，孰協唐許！

【剖析】

本節為重言式寓言。借重正考父之行，命位愈尊，謙卑愈甚，而庸俗之徒則反是矣。夫小人得勢，位高名顯，必狂妄自大，倨傲驕世矣。莊生以正考父與凡夫對比，如君子與小人，兩者之差距益顯矣。成玄英云：凡夫篤饒軒冕，一命則呂鉅夸華，再命則援綏作舞，三命善飾自高，下呼伯叔之名。然考父謙夸各異，格量勝劣，誰同唐堯許由無為禪讓之風哉！

(一七〇)、驪領得珠

人有見宋王者，錫車十乘，以其十乘驕穉莊子。莊子曰：「河上有家貧恃緯蕭而食者，其子沒於淵，得千金之珠。其父謂其子曰：『取石來鍛之！夫千金之珠，必在九重之淵而驪龍頷下，子能得珠者，必遭其睡也。使驪龍而寤，子尚奚微之有哉！』今宋國之深，非直九重之淵也；宋王之猛，非直驪龍也；子能得車者，必遭其睡也。使宋王而寤，子爲韲粉夫！」

【剖析】

本節為純粹寓言。莊子以龍頷得珠為喻，言如人得宋王之車，危在旦夕矣。夫伴君如伴虎，王喜而得車，王怒而喪身；不知其危，竟以驕人，何其愚也！老子云：禍兮福所倚，福兮禍所伏。豈不戒哉！郭象云：夫取富貴，必順乎民望也，若挾奇說，乘天衢，以嬰人主之心者，明主之所不受也。故如有所譽，必有所試，於斯民不違，僉曰舉之，以合萬夫之望者，此三代所以直道而行之也。成玄英云：懷忠貞以感人主者，必得非常之賞。而用左道，使其說佞媚君王，僥倖於富貴者，故有驕稺之容。亦何異遣驪龍睡得珠耶！

(九)、犧牛與孤犢

或聘於莊子。莊子應其使曰：「子見夫犧牛乎？衣以文繡，食以芻叔，及其牽而入於大廟，雖欲為孤犢，其可得乎！」

【剖析】

本節為純粹為寓言。莊生以犧牛喻仕官，犧牛衣繡食叔，如為官錦衣玉食，犧牛入太廟而欲為孤犢，悔之晚矣！如秦相李斯臨刑，抱子痛哭，上蔡牽犬，其可得乎？莊生深明斯理，養身重生，感宦途之險惡，故借犧牛為喻，以婉拒其聘也。郭象云：樂生者畏犧而辭聘，髑髏聞生而矉蹙，此死生之情異而各自當也。成玄英云：犧養豐贍，臨祭日求為孤犢不可得也。況祿食之人，例多夭折，嘉遁之士，方足全生。莊子清高，笑彼名利也。

(九二)、莊子以天地爲棺槨

莊子將死，弟子欲厚葬之。莊子曰：「吾以天地爲棺槨，以日月爲連璧，星辰爲珠璣，萬物爲齎送。吾葬具豈不備邪？何以如此！」弟子曰：「吾恐烏鳶之食夫子也。」莊子曰：「在上爲烏鳶食，在下爲螻蟻食，奪彼與此，何其偏也！」

【剖析】

本節為重言式寓言。借莊子臨終與弟子對話，言以萬物為葬具，烏鳶與螻蟻相等，何厚此而薄彼也。夫莊子置死生於度外，故生而不悅，死而不悲，蓋生死一耳，皆宇宙萬物生滅之自然現象也。生有何喜？死亦何悲？故莊子妻死，鼓盆而歌，惠子不測，曾責之也。莊生豁達大度，生死等觀，萬物齊一，以天地為棺槨，以日月為連璧，星辰為珠璣，萬物為齎送。屍為烏鳶啄，或為螻蟻食，一也，何其灑脫！夫生樂死悲，人世皆然，窺破生死，唯莊生耳！成玄英云：莊子妙達玄道，逆旅形骸，故棺槨天地，鑪冶兩儀，珠璣星辰，變化三景，資送備矣。門人厚葬，深乖造物也。門人荷師主深恩也，將欲厚葬，避其烏鳶，豈知厚葬還遭螻蟻！情好所奪，偏私之也。

主要參考書目

莊子注　郭象

莊子疏　成玄英

莊子解　呂惠卿

南華真經章句音義　陳景元

南華真經新傳　王元澤

南華真經口義　林希逸

南華真經義海纂微　褚伯秀

南華真經循本　羅勉道

南華真經副墨　陸長庚

莊子品節　陳深

藥地炮莊　方以智

莊子翼　焦竑

莊子內篇講義　釋德清

觀老莊影響論　釋德清

莊子集釋　郭慶藩

莊子因	林雲銘
莊子旁注	吳承漸
南華經解	宣　穎
莊子集解	王先謙
南華真經正義	陳壽昌
莊子通	王船山
莊子解	王船山
莊子雪	陸樹芝
南華經發隱	楊文會
南華簡鈔	徐廷槐
莊子鈔	浦起龍
莊子存校	王懋竑
莊子獨見	胡文英
莊子章義	姚　鼐
莊子雜志	王念孫
南華經解	方　潛

書名	作者
莊子內篇注	王闓運
莊子平議	俞　樾
南華雪心編	劉鳳苞
莊子故	馬其昶
莊子札迻	孫詒讓
莊子點勘	吳汝綸
讀莊子札記	陶鴻慶
莊子斠補	劉師培
莊子集注	阮毓崧
莊子義證	馬敘倫
莊子補證	劉文典
莊子校釋	王叔岷
莊子解故	章炳麟
莊子淺說	林　紓
莊子札記	武延緒
莊子補註	奚　侗

莊子內篇證補　朱桂曜

莊子音義　丁展成

莊子哲學　蔣錫昌

莊子集解補正　胡懷琛

莊子新箋　高亨

莊子新證　于省吾

莊子拾遺　楊樹達

莊子哲學　曹受坤

莊子新釋　張默生

莊子內篇校釋　聞氏

莊子集解內篇補正　劉武

莊子纂箋　錢穆

莊老通辨　錢穆

莊子選注　嚴靈峯

老莊研究　嚴靈峯

道家四子新編　嚴靈峯

莊子淺說　陳啓天
莊子總論及分篇評註　李　勉
莊子今注今譯　陳鼓應
莊子哲學探究　陳鼓應
莊子哲學　陳鼓應
莊子治要　蕭純伯
莊子學說體系闡微　袁宙宗
莊子天下篇講疏　顧　實
讀莊子天下篇疏記　錢基博
莊子選注　沈　洪
莊子詮言　封思毅
莊子研究　葉國慶
莊子連詞今訓　徐德庵
莊子讀本　黃錦鋐
莊子及其文學　黃錦鋐
莊子學案　郎擎霄

書名	作者
莊子學述	莊萬壽
老莊哲學研究	賴榕祥
莊子內篇通義	鄭琳
老莊哲學	胡哲敷
老莊哲學	吳康
禪與老莊	吳怡
莊子衍義	吳怡
逍遙的莊子	吳怡
莊子詮詁	胡遠濬
莊子發微	劉光義
莊子章翼	胡韞玉
莊子義繹	何敬羣
莊子要義	周紹賢
莊子考釋	梁啓超
先秦政治思想史	梁啓超
中國哲學史大綱	胡適

中國哲學史	馮氏
中國學術思想史大綱	林尹
諸子考索	羅根澤
周秦諸子概論	高維昌
諸子通考	蔣伯潛
莊子篇目考	張成秋
先秦道家思想研究	張成秋
莊子	金谷治
莊子	福永光司
中國哲學史概論	渡邊秀方

本書作者葉程義重要學術論文專書目錄

書名	出版者	出版年月	備註
禮記正義引書考（上中下）	政大中文研究所	五八・七	碩士論文
歷代文選㈠——明清文選	正光書局	六二・九	編註清文選
文選李善注引尚書考	正中書局	六四・八	正大叢書
莊子寓言研究	文史哲出版社	九三・九	義聲出版社初版
禮記正義引書考	義聲出版社	七〇・一	
漢魏石刻文學研究（上下）	東吳中文研究所	七六・十二	博士論文
帛書老子校劉師培《老子斠補》疏證	文史哲出版社	七八・四	
老子道經管窺	文史哲出版社	七九・四	
王國維詞論研究	文史哲出版社	八〇・七	
漢魏石刻文學考釋	新文豐出版公司	八六・四	國立編譯館主編

國家圖書館出版品預行編目資料

莊子寓言研究 / 葉程義著. -- 初版. – 臺北市：文史哲, 民 93 印刷
面： 公分.（文史哲學術叢刊）
ISBN 957-549-574-8 (平裝)

1.莊子 – 研究與考訂

121.337　　　　93016573

文史哲學術叢刊 ㉑

莊子寓言研究

著　者：葉　程　義
出版者：文史哲出版社
http://www.lapen.com.tw
登記證字號：行政院新聞局版臺業字五三三七號
發行人：彭　正　雄
發行所：文史哲出版社
印刷者：文史哲出版社
臺北市羅斯福路一段七十二巷四號
郵政劃撥帳號：一六一八〇一七五
電話886-2-23511028・傳真886-2-23965656

實價新臺幣三五〇元

中華民國六十八年（1979）一月義聲初版
中華民國九十三年（2004）九月初版二刷

ISBN 957-549-574-8